# 基督教文化研究丛书

主编 何光沪 高师宁

八编 第 12 册

## 《天主實義》漢意英三語對觀（上）

利瑪竇 著 梅謙立 漢注
孫旭義、奧覓德、格萊博基 譯

花木兰文化事业有限公司

國家圖書館出版品預行編目資料

《天主實義》漢意英三語對觀（上）／利瑪竇 著、梅謙立
漢注；孫旭義、奧覓德、格萊博基 譯 -- 初版 -- 新北市：花
木蘭文化事業有限公司，2022〔民111〕
序 58+ 目 2+156 面；19×26 公分
（基督教文化研究叢書 八編 第 12 冊）
ISBN 978-986-518-701-9（精裝）
1.CST：天主實義 2.CST：天主教 3.CST：神學
240.8 110022056

ISBN-978-986-518-701-9

9 789865 187019

**基督教文化研究叢書**
**八編 第十二冊** ISBN：978-986-518-701-9

# 《天主實義》漢意英三語對觀（上）

| | |
|---|---|
| 作 者 | 利瑪竇 漢注 梅謙立 譯者 孫旭義、奧覓德、格萊博基 |
| 主 編 | 何光滬 高師寧 |
| 執行主編 | 張 欣 |
| 企 劃 | 北京師範大學基督教文藝研究中心 |
| 總 編 輯 | 杜潔祥 |
| 副總編輯 | 楊嘉樂 |
| 編輯主任 | 許郁翎 |
| 編 輯 | 張雅淋、潘玟靜、劉子瑄 美術編輯 陳逸婷 |
| 出 版 | 花木蘭文化事業有限公司 |
| 發 行 人 | 高小娟 |
| 聯絡地址 | 台灣 235 新北市中和區中安街七二號十三樓 |
| | 電話：02-2923-1455／傳真：02-2923-1452 |
| 網 址 | http://www.huamulan.tw 信箱 service@huamulans.com |
| 印 刷 | 普羅文化出版廣告事業 |
| 初 版 | 2022 年 3 月 |
| 定 價 | 八編 16 冊（精裝）台幣 45,000 元 |

# 《天主實義》漢意英三語對觀（上）

利瑪竇 著　梅謙立 漢注
孫旭義、奧覓德、格萊博基 譯

**作者简介**

翻譯者（本書英文由三人共同翻譯，意大利文由孫旭義、奧覓德翻譯）：

孫旭義（Giovanni Sun），山西人，拉特郎大學聖事論神學碩士，博洛尼亞 FTER 福傳神學博士。利瑪竇研究中心主任、研究員，FTER 神學院教授，利瑪竇籌備封聖歷史委員會成員。

奧覓德（Antonio Olmi），意大利人，哲學和神學雙博士，博洛尼亞 FTER 系統神學系主任教授，Sacra Doctrina 期刊主編。主要從神哲學的角度從事研究利瑪竇的著作，特別關注它們與多瑪斯·阿奎那思想之間的深層關係。

格萊博基（Monica Glebocki），英國人，文學與科學文本的專業翻譯和校對員。她一生的大部分時間都在意大利度過，與意大利多所大學、科研機構合作，偶而與利瑪竇研究中心合作。

漢語注釋者：

梅謙立（Thierry Meynard），法國人，中山大學哲學系教授、博士生導師、西學東漸文獻館副館長，兼北京中國學中心主任。主要研究中西思想交流、西方古典哲學、當代新儒家。

## 提　　要

利瑪竇神父撰著的《天主實義》，從各方面來看，均堪稱為世界文學傑作。其中最重要的也許是它以不同的文化和思維方式之間的對話視角，將那些看似彼此疏遠甚或陌生的，但本質上卻因著對真理和公共福祉的共同渴求，而緊密結合在一起。

這部由意大利作家用漢語撰寫的作品源於一個定義明確的歷史情境——十六世紀末葉，耶穌會傳教士與儒學家在中國境內進行的對話——但它的潛在讀者卻是面向大眾的。因此，僅閱讀漢語文本可能無法完全理解書中含義的深度，也沒有任何一種西方語言能夠將利瑪竇嘗試著向中國文人對話者傳達的所有細微差別及其豐富思想完全展現出來。

然而，藉著多種西方語言翻譯而成的一面多棱鏡去觀摩，通過比較的方式，再閱讀《天主實義》的漢語原文，才能找到瑪切拉塔的耶穌會士所依據的思想和語言的原始結構，並懂得他是如何在中國開始了他的睿智探險路。

正因為此，英語和意大利語似乎成了最適合呈現這種綱要的語言：實際上，英語是當代西方的通用語言，而意大利語則是利瑪竇的母語，不但最接近他的詞彙，也最接近他的句法結構，還有他與現實的聯絡方式。

*The true meaning of "Lord of Heaven"*, by Fr Matteo Ricci SJ, can be considered a masterpiece of world literature from manifold points of view. The most significant of them is, perhaps, the perspective of the dialogue between cultures and ways of thinking that appears distant and alien to each other but are, essentially, strongly united by the common aspiration to the shared truth and the common good.

Written in Chinese language by an Italian author, this work originates from a historically well-defined situation — that is to say, the dialogue which took place in China between Jesuit missionaries and Confucian literati at the end of the 16th century — but it is potentially aimed at a universal audience. For that reason, the depth of its implications cannot be completely understood reading the Chinese text only, nor is there a single Western language capable of rendering all the nuances and richness of thought that Ricci tried to convey to his educated Chinese interlocutors.

However, by reading comparatively the Chinese original text of *The true meaning of "Lord of Heaven"* through the multifaceted prism of a multiple translation into more than one Western language, it is possible to find the original structure of thought and language from which the intellectual adventure of the Jesuit from Macerata in China began.

For this purpose, English and Italian seemed to be the most suitable languages to present such a synopsis: actually, English is the common language of the contemporary West, and Italian is Ricci's mother tongue, the closest to his lexicon, to his syntactic constructions, to his way of relating to reality.

# "基督教文化研究丛书"总序

何光沪 高师宁

　　基督教产生两千年来，对西方文化以至世界文化产生了广泛深远的影响——包括政治、社会、家庭在内的人生所有方面，包括文学、中学、哲学在内的所有人文学科，包括人类学、社会学、经济学在内的所有社会科学，包括音乐、美术、建筑在内的所有艺术门类⋯⋯最宽广意义上的"文化"的一切领域，概莫能外。

　　一般公认，从基督教成为国教或从加洛林文艺复兴开始，直到启蒙运动或工业革命为止，欧洲的文化是彻头彻尾、彻里彻外地基督教化的，所以它被称为"基督教文化"，正如中东、南亚和东亚的文化被分别称为"伊斯兰文化"、"印度教文化"和"儒教文化"一样——当然，这些说法细究之下也有问题，例如这些文化的兴衰期限、外来因素和内部多元性等等，或许需要重估。但是，现代学者更应注意到的是，欧洲之外所有人类的生活方式，即文化，都与基督教的传入和影响，发生了或多或少、或深或浅、或直接或间接，或片面或全面的关系或联系，甚至因它而或急或缓、或大或小、或表面或深刻地发生了转变或转型。

　　考虑到这些，现代学术的所谓"基督教文化"研究，就不会限于对"基督教化的"或"基督教性质的"文化的研究，而还要研究全世界各时期各种文化或文化形式与基督教的关系了。这当然是一个多姿多彩的、引人入胜的、万花筒似的研究领域。而且，它也必然需要多种多样的角度和多学科的方法。

　　在中国，远自唐初景教传入，便有了文辞古奥的"大秦景教流行中国碑颂并序"，以及值得研究的"敦煌景教文献"；元朝的"也里可温"问题，催生了民国初期陈垣等人的史学杰作；明末清初的耶稣会士与儒生的交往对话，带

来了中西文化交流的丰硕成果；十九世纪初开始的新教传教和文化活动，更造成了中国社会、政治、文化、教育诸方面、全方位、至今不息的千古巨变……所有这些，为中国（和外国）学者进行上述意义的"基督教文化研究"提供了极其丰富、取之不竭的主题和材料。而这种研究，又必定会对中国在各方面的发展，提供重大的参考价值。

就中国大陆而言，这种研究自 1949 年基本中断，至 1980 年代开始复苏。也许因为积压愈久，爆发愈烈，封闭越久，兴致越高，所以到 1990 年代，以其学者在学术界所占比重之小、资源之匮乏、条件之艰难而言，这一研究的成长之快、成果之多、影响之大、领域之广，堪称奇迹。

然而，作为所谓条件艰难之一例，但却是关键的一例，即发表和出版不易的结果，大量的研究成果，经作者辛苦劳作完成之后，却被束之高阁，与读者不得相见。这是令作者抱恨终天、令读者扼腕叹息的事情，当然也是汉语学界以及中国和华语世界的巨大损失！再举一个意义不小的例子来说，由于出版限制而成果难见天日，一些博士研究生由于在答辩前无法满足学校要求出版的规定而毕业受阻，一些年轻教师由于同样原因而晋升无路，最后的结果是有关学术界因为这些新生力量的改行转业，后继乏人而蒙受损失！

因此，借着花木兰出版社甘为学术奉献的牺牲精神，我们现在推出这套采用多学科方法研究此一主题的"基督教文化研究丛书"，不但是要尽力把这个世界最大宗教对人类文化的巨大影响以及二者关联的方方面面呈现给读者，把中国学者在这些方面研究成果的参考价值贡献给读者，更是要尽力把世纪之交几十年中淹没无闻的学者著作，尤其是年轻世代的学者著作对汉语学术此一领域的贡献展现出来，让世人从这些被发掘出来的矿石之中，得以欣赏它们放射的多彩光辉！

2015 年 2 月 25 日
于香港道风山

# 對觀‧廻環‧間距——
## 對《〈天主實義〉漢意英三語對觀》一書的感性認知

李正榮[1]

　　《〈天主實義〉漢意英三語對觀》的作者孫旭義神父和奧覓德教授希望我為這本書做序，我萬不敢當。第一，此書已經前有韓人輝先生為《大主實義》意大利文譯本做的序言，後有朱理道先生的跋語，更有柯毅林先生長篇前言和奧覓德先生的深入精闢的神學導言，所以，無需再續狗尾了。第二，我對《天主實義》研究甚少，對《天主實義》所涉神學，認識更淺，所以，不可能為《天主實義》、《天主實義意大利文本》、《天主實義英語文本》以及關於這部偉大著作的研究和解說的總匯集做序。

　　但是，因為參與了上言所說的總匯集過程，我很想把過程中的感受講出來，或許可以為這本書的出版留下一個「孵化史」。我也很想把我相遇這部書以及書週邊的人的神奇遭遇講出來，對於我來說，這是我與神聖的靈的一次次「接觸記」和「感化錄」。

　　最初看到《〈天主實義〉漢意英三語對觀》這部書稿，讓我想到一片靜湖的漣漪。

---

1　李正榮，北京師範大學文學院教授，北京師範大學跨文化研究院副院長，北京師範大學基督教文藝研究中心主任，北京師範大學俄羅斯研究中心專家。「萊蒙托夫」紀念獎章獲得者，兩次獲得北京市政府教育教學獎。主要出版著作有《耶穌傳》、《托爾斯泰傳》、《外國文學十萬個為什麼》和《托爾斯泰的體悟與托爾斯泰的小說》等。在國內核心學術期刊《外國文學評論》和《俄羅斯文藝》等發表論文 60 餘篇。在媒體發表各類文章百餘篇。

　　一塊石頭投入靜湖之中，靜湖掀起漣漪。漣漪擴展，滾動到岸邊，盪起碰撞岸邊的波浪，然後，又形成反方向的漣漪波紋，回到原點。利瑪竇從意大利來到中國，《天主實義》是在中國盪起基督教波紋的一塊堅實的巨石，至今仍然波浪兼天湧，其波其湧的高遠，在漢語文化中是難以測度的。《〈天主實義〉漢意英三語對觀》中的意大利文版就是利瑪竇用漢語掀起的基督教傳播波紋的迴紋，在利瑪竇的故國，終於可以清晰的了解自己的神聖使者在中國的作為了。沒有《〈天主實義〉漢意英三語對觀》中的意大利文版，意大利人知道利瑪竇在中國有一場偉大的對話，知道利瑪竇在中國有一番偉大的行為，但是，卻難以知曉利瑪竇以哪樣的言詞把基督的聖言的精髓傳播給說漢語的中國人。《〈天主實義〉漢意英三語對觀》中的意大利文版完成了利瑪竇「回故鄉」的壯舉。而當漢語《天主實義》和意大利語《天主實義》放到一起「對觀」的時候，四百多年前的利瑪竇先生和今日的孫旭義先生、奧覓德先生又「連袂」完成了基督耶穌聖言的傳播開來又傳播開去的壯麗場面。

　　閱讀《〈天主實義〉漢意英三語對觀》的書稿，又讓我回想起童年時候，在春秋兩季仰望天空飛鳥的情境。故鄉是一座小城，每逢春秋，就會有雁陣飛過。如今，不知是因為在大都市，還是因為雁陣已經絕跡，無論春，無論秋，都沒有再見雁陣群渡，再聽雁陣呼叫了。《〈天主實義〉漢意英三語對觀》書稿讓我又見雁陣，又聽雁鳴了。我在羅馬，參拜了依納爵・羅耀拉創立耶穌會時代的小教堂。據說，耶穌會每一位成員離開總部前往傳教的時候，都會來到這個小教堂，既來告別，又受祝福，又領囑託。依納爵・羅耀拉創立耶穌會，似乎是帶飛起一個雁隊，一排排向世界各地飛去，雁隊在地球各地所行之聖事，又以各種形式一排排飛回羅馬。春秋更迭，雁陣往返，這是我們的天空之下的最神奇最偉大的運動。《天主實義》的古漢語文本、《天主實義》的意大利語本、《天主實義》的英語本，排排成陣，花木蘭文化事業有限公司的編輯發揮聰明才智，逐段逐節，三語並置，《天主實義》的詞語和意義也便排排成陣，雁陣有序有列，三語《天主實義》亦有序有列，在三語的排排序列中，讀者可以準確的找到《天主實義》文本中某一個漢語詞句所對應的意大利語詞句和英語詞句。其中的意義又是雁陣無法比喻的。利瑪竇來自意大利，母語是意大利語，而他的「工作語言」是教會的通用語言拉丁語，當他學習了漢語，並用漢語傳播福音的時候，漢語之下，是意大利語和拉丁語的語言空間。事實上是這樣的一種語言轉換生成過程：在 16 世紀末和 17 世紀初，

當利瑪竇用漢語講「天主的實義」的時候，漢語的背後實有拉丁語，有意大利語，還有希臘語的語言空間，因此，在漢語呈現的「天主實義」的內裡，原本就有拉丁語，有意大利語，還有希臘語的語言參與。漢語呈現的「天主實義」背後的語言空間，如果沒有拉丁語，意大利語，以及希臘語加以「對觀」，這個語言空間就是一個謎，當然，可以用漢語呈現的其他基督教的原理來解釋《天主實義》的要義，但是，圍繞「天主實義」的謎一樣的漢語、拉丁語、意大利語以及希臘語的語言空間就不是立體的，不是完整的。當年，利瑪竇繼承前輩，然後自己又苦苦開拓的《天主實義》，內心世界是有一個漢語、拉丁語、意大利語以及希臘語的語言空間的。恢復這個空間，似乎能「復原」利瑪竇當年的內在語言世界。當然，這一「復原」是奢望，是不可能真正「復原」的，但是，孫旭義先生和奧覓德先生的意大利文本《天主實義》能讓這一「復原」工作有所成就。

「復原」利瑪竇創生《天主實義》時的多語種語言空間的意義在哪裡呢？

這又讓我想到我們的地球和圍繞著我們這個地球的大氣環流。創世紀七日之功，我們這個星球不斷旋轉，海陸溝通，人際交往，不同文明，不同文化，交流互鑑。文化之間的傳播和影響，就像地球上的大氣環流，是循環不止的，是永動的，是層流紛紜的。從這樣的視野來看利瑪竇福傳的功績，會有新的認識。《天主實義》是漢語文化的一次革新，在這場革新運動中，東西文明，交流互鑑，中西語言的跨文化運動正是在這種多語言的語言空間中完成。今日，孫先生、奧先生讓我們有機會在漢語和意大利語之間，就「天主實義」的種種重要議題進行跨越。而兩位大德又與格萊博基女士一起，在意大利語之外，將《天主實義》翻譯成英語，這又讓《天主實義》這部書進入到當下最為普及的語言空間之中。從這裡意義上看，《天主實義》字字句句組成雁陣還在繼續飛行，利瑪竇當年在中國靜湖中掀起的巨大漣漪，還在向更高更遠的空間傳遞。在地球之上湧動的語言空間裡，利瑪竇的《天主實義》也在湧動著，而且在更大的範圍內雲湧週遊。這是《天主實義》漢語、意大利語和英語對觀排列的根本意義。《天主實義》漢語、意大利語和英語之間，當然存在著語言的「間距」，這種間距，首先是隔閡，但是，同時，間距也是一種相互鑑見，也是一種互相發揮。漢語有自身的文化歷史，意大利語、英語也有自身的語言體系，當它們都承載「天主的實義」的時候，就構成了「三元意義空間」，「天主的實義」讓各自自為一體的自在自為其一體的景況發生根本變

化，三種語言各自的自在自為獨立體共同組成了「『三位』關聯的一體」，這個「『三位』關聯在一體」的中間，就是「天主實義」。在「『三位』關聯成一體」的語言互鑑中，「天主實義」會更加清晰，更加顯著。1516 年，伊拉斯莫的多語種《新約》出版，是《聖經》歷史的一件大事。現在，《〈天主實義〉漢意英三語對觀》出版，也應該是基督教教理歷史一件大事。

《〈天主實義〉漢意英三語對觀》這部書的對觀，不僅是漢語、意大利語、英語的「三元」對觀，還有角度各異的材料也在共組對觀。

《〈天主實義〉漢意英三語對觀》不僅是漢語、意大利語和英語「『三位』關聯成一體」的成果，其中還有韓大輝先生為《天主實義》意大利文譯本做的序言，韓大輝先生曾任天主教聖座萬民福音傳播部秘書長，以他的眼界來看《天主實義》向意大利的「迴環」，自然有歷史鑑別力，對這一「迴環」的意義也會看得更為清晰。這篇序言讓讀者清晰地看到漢語和意大利語《天主實義》中間的間距和間距中的意義。這篇序言實際上也參與了《天主實義》的多語種對觀。

柯毅林先生是在漢語語境中工作多年的神學家和歷史學家，柯毅林先生的長篇前言是研究利瑪竇《天主實義》生成的重大成果，對利瑪竇傳教的歷史、對利瑪竇與當時中國不同信仰之間的對話歷史、對利瑪竇與天主教總部的關係歷史，都有極細密極準確的研究。在這個研究關照下，再讀《天主實義》的三語對觀，思路會更清晰，更準確。

朱理道先生曾經主理過利瑪竇故鄉意大利瑪切拉塔市的天主教教務，他的跋語是對《天主實義》不同語言對觀之意義的進一步闡釋，也是今日利瑪竇故鄉的對多語種《天主實義》的殷勤態度。

奧覓德先生的導言《〈天主實義〉的神學》，是理解《天主實義》的鑰匙。奧覓德先生是研究托馬斯・阿奎納的大專家，利瑪竇的《天主實義》的背後有相當多的古希臘到中世紀的神學積累，奧覓德先生貫通古今，讓我們讀者有可能深入了解《天主實義》中的概念和概念體系的確指。

以上四種文獻是圍繞《〈天主實義〉漢意英三語對觀》的四組思想漣漪，它們分別以《天主實義》漢意英文本的三元為原點，展開討論，給今日的《〈天主實義〉漢意英三語對觀》讀者提供了一個豐富的參考體系。

漢語版《天主實義》傳疏註釋歷史中，梅謙立詳註是一個珍品，梅謙立兼通英語、漢語、神學、歷史學，其《天主實義》的注疏，解決了《天主實

義》中字詞句章問題和漢語字詞句章所指稱的基督教神學的概念和教理問題。梅謙立先生很願意用自己的《天主實義》註釋，參與孫旭義神父、奧覓德教授的《〈天主實義〉漢意英三語對觀》。

《〈天主實義〉漢意英三語對觀》一書的構想得到《基督教文化研究叢書》主編何光滬、高師寧兩位教授的充份認可和大力支持，終能讓這樣一種特別的體例得以出版。

《基督教文化研究叢書》執行主編，北京師範人學基督教文藝研究中心實際召集人組織者張欣為整套叢書付出巨大努力，更為《〈天主實義〉漢意英三語對觀》的出版多方溝通，悉心籌措，終於能讓這本不同尋常的「對觀」能夠出世。《〈天主實義〉漢意英三語對觀》也許是基督教文化研究的一種新的開端。在基督教中國傳播歷史上，利瑪竇的著作、其他使者的著作，或許都需要多語種對觀，或許都需要在今日世界語言文化高度信息化，充分全球化的語言空間裡展開對觀。

非常感謝促成《〈大主實義〉漢意英三語對觀》的所有神聖的工作和為這工作付出巨大努力的殷勤的人。

2013 年在香港，在意大利瑪切拉塔利瑪竇研究中心主辦的會議上，我結識了利瑪竇研究中心主任孫旭義神父，也結識了博洛尼亞大學教授奧覓德先生。那一次，奧覓德教授關於托馬斯・阿奎納的類比推理的報告，讓我多少懂得一點托馬斯・阿奎納這位中世紀偉大神學家的理路了。而孫旭義神父的漢語、意大利語之間的從容跨越，讓我又非常羨慕。因為有孫神父的全力組織，2016 年 11 月，北京師範大學基督教文藝研究中心邀請意大利和其他國家的但丁學者以「世界・但丁・中國」為題展開討論。在這次但丁研討會上，奧覓德教授的報告又一次讓我看到作為詩人但丁背後的神學的深邃。而在漢語、意大利語、英語的多語種交流交鋒中，又讓我目睹了孫神父的語言跨越才能。那時，我已經知道，孫神父和奧覓德兩位先生正在讓利瑪竇的《天主實義》「迴環」意大利。並知道二位大德還將用英語把《天主實義》的振幅擴大到更廣泛的世界。那時，我雖然知道利瑪竇，但是，利瑪竇對於我僅僅是一個知識點。

2019 年 6 月，受孫旭義神父的邀請，我走進利瑪竇的故鄉瑪切拉塔。

同孫旭義神父、奧覓德教授一起，我們徜徉在利瑪竇命名的街道上，環顧利瑪竇故鄉的劇場，翻閱利瑪竇使用過的瑪切拉塔圖書館的資料，利瑪竇

漸漸在我的思想中發生了巨大的變化，變得立體了，生動了，鮮活了。當我與孫神父、奧教授再一次談起他們的《天主實義》的翻譯工作時，我十分期待早日看到這個成果。

　　瑪切拉塔是一座不大的古城，十分漂亮。古老的城牆圍護著古老的街道，城中心有一個廣場，廣場四周是瑪切拉塔市政廳、瑪切拉塔市政服務部門、瑪切拉塔大學、瑪切拉塔大學圖書館，還有商店和咖啡館。晚上，這裡是利瑪竇的瑪切拉塔同胞們和來瑪切拉塔的客人雜語漫談的地方，熙熙攘攘到很晚。但是，早晨，瑪切拉塔小城是如此安靜，從廣場下行 200 米，就是利瑪竇研究中心，再往下行，右轉就是利瑪竇街道。我從利瑪竇街 1 號沿著利瑪竇的街道前行，初升的陽光灌在整條街道的小方塊鋪路石上，閃爍著烏亮的金色，自己的影子也被初陽拉的長長的，印在這條街道上。這條街幾乎東西橫貫了整個瑪切拉塔城。走到這條街道的西側端點，就是瑪切拉塔小城的另一個廣場——瑪切拉塔圖書館廣場。從這一端逆向回行，狹長街道的樓房中間，是意大利 6 月的太陽。在利瑪竇街往返環行，感受利瑪竇在意大利和中國的往返環行，不由自主會切切看到：同一輪太陽照耀著今日的瑪切拉塔，也曾照耀過澳門、廣州、韶關、南昌……北京。利瑪竇的故鄉人能以利瑪竇為名命名故鄉的一條主要街道，也是孫神父主持的利瑪竇研究中心推動的結果。被寫進中國的中學歷史書中的意大利人利瑪竇，輝煌的回到了自己的家鄉。那時，在利瑪竇街的石頭街面上，我希望孫旭義神父和奧覓德教授早一點完成《天主實義》的英語翻譯，然後，以三語對觀的方式呈獻給中國的澳門、廣州、韶關、南昌、北京，呈獻給瑪切拉塔，呈獻給世界。

　　因為當前出版事務方面的複雜情況，我在瑪切拉塔的幻想，竟然「回返」到我的身邊，我要感謝復旦大學朋友的無私寬懷和誠摯的信任，轉而讓我得到了進一步參與《天主實義》多語種呈現的機會。天意垂憐，兩年新冠疫情之中，我心中總是揣著三語的《天主實義》，其中有好多時間，我用現代計算機多語種翻譯技術，對照英語文本、意大利文本閱讀《天主實義》，閱讀的收穫常常讓我拍案，《天主實義》中的概念，開始有所洞明。於是，我很想能使更多的人，能像我一樣，利用現代計算機語言處理技術，對觀閱讀《天主實義》。這個想法讓我這個利瑪竇研究的門外漢、基督教神學研究的檻外人有機會參與了《〈天主實義〉漢意英三語對觀》的誕生。而台灣花木蘭出版團隊以自由的文化觀，以創新的出版理念，以卓越的排版工藝，終讓這本體例特別

的大書誕生了。

2019 年春天，我與朋友登廬山，汽車在山路上廻環盤轉，廬山雲霧在山間林木間飛動，突然，車窗外閃現出一個身影，讓我吃驚：那不是利瑪竇嗎！利瑪竇怎麼會在廬山深處！

是，是利瑪竇！汽車快速向前，車身迅速靠近，利瑪竇就在公路邊！汽車右行，利瑪竇在公路右側，可以說是近在咫尺。那是一尊利瑪竇的漢白玉雕像，他的背後是一座古老的教堂。只見通體雪白的利瑪竇，靜穆垂垂，身著漢服，手拿書卷，在廬山的密林中佇立。我乘坐的汽車飛快駛過利瑪竇的身邊，繼續前行，我扭頭努力從汽車的後窗回望，利瑪竇只一閃，然後就隱到廬山的密林當中，隱在廬山的濃霧當中了。安頓之後，我立刻原路返回，在廬山的山間密林深處，我終於又找到了通體雪白的利瑪竇。太神奇了。

以前，《天主實義》對於我，也是在雲裡霧裡。閱讀《〈天主實義〉漢意英三語對觀》之後，我能夠在多語種的語言空間中對觀《天主實義》了、能夠在漢英意三語之間廻環《天主實義》的詞句了，也能在多語種的間距中查閱《天主實義》的本義了，那麼「天主實義」能否從隱隱中顯露它的神諭呢？

我閱讀，我對觀，我期待。

2021 年聖誕前夕

# 序 言

韓大輝（Savio HON）

懷著喜樂的心情，我為這本新書作序。它是利瑪竇（1552～1610）於 1603 年在北京出版的《天主實義》[1]（此後縮寫為 *VSSC*）的一本意大利語新譯文。作為一名傳教十，利瑪竇堪當楷模，極富創造力，至今依舊以「西泰——來自西方的偉大智者——的稱號，閃耀在中國歷史上。我衷心地感謝負責翻譯並出版這本書的孫旭義神父、奧覓德神父、以及他們的合作者們。

## 一、《天主實義》與《天主教要》

利瑪竇曾應中國文人學士的邀請，與他們談論關於天主的事情。在他於 1603 年出版的《天主實義》一書中，以 54711 字的篇幅，詳盡地描寫了這些對話，能以這種方式概括如下（L 中士，R 利瑪竇）：

L：我們想瞭解關於天主的事理，您如何教導？（18）

R：我從西方而來，正是為使大家認識我們聖經中所談論的天主。（593）

L：我們看不懂你們的聖經。（21）

R：但我們能用自然的理性來談論天主。（22）

L：當然！人大生具有合理的理性，所以能夠窮究事物的根源，就像鳥擁有兩隻翅膀，可以在山林之上自由翱翔。（27）

R：天主[2]在我們的語言中被稱為「陡斯」（*Deus*）（28），你們的經典中也

---

1 《天主實義》由藍克實（D. Lancashire）及胡國禎譯注，馬愛德（E. Malatesta）主編，*The True Meaning of the Lord of Heaven*, Variètè Sinologigues – New Series 72 (Taipei-Paris-Hong Kong: Ricci Institute 1985)。在該英漢雙語版本內，將文本分成段落並加以編號。在引用中文時，我採用該譯本的編號。

2 天主一詞也指佛教中的神（提婆），同樣，道教也使用該術語詞稱呼他們的一位

論及祂，稱之為上帝。（78.103～106）

　　L：請給我解釋一下。（32）

　　R：從創世之初，天主的真道就已在人心（9）。事實是，普世眾人皆學習和遵守此聖道，從西方到東方，一切大國的聖賢們都曾記載傳授（21）。天主的教義放之四海而皆準。我能以合理的理性證明這一點。（26）

　　L：君子以理為主。如果有理，論點進展順利，否則就會出問題。誰能疏遠理性呢？（27）

　　（之後，論及不同的主題。最終，是這樣結束的）

　　R：天主大發慈悲，親自降生救世。……祂選擇童貞女……並在她腹中取了血肉，降生成人。祂的名字叫耶穌。祂三十三歲時昇天。這些都是天主實際完成的工程（580）。誰願意追隨此聖道，退而玩味於前數篇事理，如果沒有任何疑問，就可以接納聖經，受洗入教。何難之有？（594）

　　L：吾身出自天主，而長久愚昧無知於天主之道……現在，聆聽先生一番講論之後，我獲益良多。您使我認識大父的聖旨，而遵守之。（595）

　　因此，利瑪竇將要理講授和基督信仰教義作了區分。前者在理性自然之光照耀下，為「我們神聖信仰的事物」[3]提供理據；而後者專門教導慕道者或已受洗者。1603 年出版的《天主實義》一書被他稱作 *Catechismus Sinicus*（《中華要理講授》），而另一本於 1605 年出版的《天主教要》，則稱為 *Dottrina Christiana*（《基督信仰教義》）。

　　利瑪竇使用拉丁語將他的《天主實義》描述為《中華要理講授》主要有兩個原因。首先，旨為準備與他對話的當事人受洗，並消除一切可能遇到的障礙。事實上，對利瑪竇而言，一些源自當時其他宗教的教義導致人們無法正確領悟天主，其中尤以佛教思想為甚，我們將在後面討論這點。第二個原因，則是利瑪竇強調重申，在中國古典經書之內，已蘊涵了天主之道。必須對這些文本進行「對我們有利[4]」的詮釋。

---

神（參閱 FR I, n. 236, p. 186）。

3　利瑪竇致函法比神父（De Fabii），於 1592 年 11 月 12 日韶州，摘自利瑪竇：《書信集》，*Lettere (1580-1609)*, edizione realizzata sotto la direzione di P. Corradini, a cura di F. D'Arelli, prefazione di F. Mignini, con un saggio di S. Bozzola, Macerata, Quodlibet, 2001, p. 159.

4　"Procurò molto di tirare alla nostra opinione il Principale della setta de'letterati, che è Confutio, interpretando in nostro favore alcune cose che aveva lasciate scritte dubiose, con che guadagnorno i nostri molta gratia con i letterati che non adorano gli Idoli" 德禮

　　利瑪竇知道如何借助友誼贏得與他對話者的「青睞」。文人學士們首先為科學和藝術品著迷，例如棱鏡、世界地圖、自鳴鐘等，隨後，又被數學和天文學等著作吸引。文人學士的興趣由「實踐研究」（實學）引發，它是那幾十年占主流的思想。「實學」的對話，不僅能夠有效地表達基督信仰，還可以剔除迷信，指出真正的宗教所在。

　　傳教策略與「實學」及「實義」關係十分密切——即，從實學到利瑪竇談論「天主」時採用的「智慧現實之道（realismo sapienziale）」。

## 二、有和無的對立

　　「實」字涵蓋「真實、具體、實際、實質性」之意，徹底與「虛」字對立，它有不真實、虛幻、虛榮、空洞之意。源此，實義（真實之意）和虛義（虛幻之意）之間有天壤之別。例如，馬的意義是實義，因它真實地存在。飛馬的意義則是虛義，因它不存在。

　　說到這方面，我想引用利瑪竇與三槐之間的辯論。

　　1599 年，因著他的世界地圖、星盤、時鐘及其他西方藝術品，使利瑪竇聞名遐邇。然而，一些文人學士想知道利瑪竇是否無愧於鴻儒的尊稱，換句話說，看他是否真能給予人們有效的生命教導。測試他虛實的時機已到。

　　佛教徒李汝禎給利瑪竇發送請帖，邀他與一位叫三槐的名僧相會。利瑪竇原不想去，但並沒有其他的選擇。他的對話者——三槐是一位著名的大師，精通中國文化和哲學，有許多的追隨者。他聽說過這個名叫利瑪竇的外國人，正試圖傳播一種新的宗教，因此正打算一勞永逸地讓他沉默。二人之間的對話並非簡單聊天。首先，這場辯論可以與哥肋雅和年輕達味之間的戰鬥相提並論。在這樣一位聲名赫赫的大人物面前，利瑪竇勝算的機會實在不多。其次，利瑪竇面臨著兩難境地。如果他贏了，那麼會因此得罪了勢力雄厚的僧侶，從而惹禍上身。如果他輸了，那麼就會失去文人學士們的支持，使前往北京的宏偉計劃付之東流。

　　在指定的日期，利瑪竇與他的弟子瞿太素一同前往赴約。大約有三十來

---

賢（Pasquale M. D'Elia）編注，《利瑪竇史料》第三冊 *Fonti Ricciane: documenti originali concernenti Matteo Ricci e la storia delle prime relazioni tra l'Europa e la Cina (1579-1615)*, 3 volumi, Roma, La libreria dello Stato, 1942-1949, qui FR II, Lib. V, cap. II, p. 296；參閱德禮賢，*Prima Introduzione della Filosofia Scolastica in Cina*, in *The Bulletin of the Institute of History and Philology, Academia Sinica* 28 (1956) 149-150.

位客人。三槐坐在最重要的上賓客座上，他迫不及待地使那來自西方的人聲名掃地。在他面前，利瑪竇謙遜地行鞠躬禮，但三槐依然正襟危坐。

「在我們辯論前，」利瑪竇說道：「我想知道您對萬物的第一原則——我們稱之為天主，天地萬物的創造主，有什麼看法。」

三槐坦言承認有一個天地的創造者及主宰者，但同時也宣稱，這位主宰者並沒什麼非凡之處，因為每個人都可以像祂一樣。三槐稱他自己就能創造天地。

「我不請求您創造另外一個天地，」利瑪竇說：「就請給我們創造一個跟這一模一樣的火爐吧。」

聽到這裡，三槐提高了嗓門說，請他做這種事完全不合時宜。利瑪竇反駁說，三槐本來就不應吹噓他無法辦到的事情。

激烈的爭論吸引了所有賓客的目光。

三槐說：「我聽說你精通天文學知識。是真的嗎？」

「略知一二。」

「你談論太陽和月亮。是你升到天上見過日月？還是日月下降到你面前？」

「都不是。我從未上過天，日月也從未下過地。但當人看到一件東西時，在他的心中立刻就形成它的影像。」

「在這種情況下，」三槐肯定道（欣喜自己可以加強證明他的論點）：「你可以在你的心中創造出太陽和月亮。為什麼人們就不能創造天地呢？」

「絕對不會！」利瑪竇回答說：「太陽和月亮真實存在，我能看到它們，所以不是我創造了它們，但我心中有它們的影像。譬如在天空懸掛的一面鏡子，可以映照一切，天地日月盡在其中。因此，它們（日月）的存在在先，如此，鏡子能夠反射出它們的影像。假如它們不存在，就不會有任何的影像在鏡中。」

客人皆叫好。

緊接著又轉移到另一個話題，即人性本善，還是人性本惡的問題。大家討論了一切的內容，卻沒有達成共識。由於利瑪竇在那裡一直沉默靜聽，竟懷疑他是否能聽得懂他們的討論。令他們吃驚的是，利瑪竇不僅把他們每個人的說法簡潔扼要地一一重複，而且直達問題的核心：「如果人的本性是至善之主賞賜的，怎麼能不善呢？」

　　三槐引用佛家權威回答說，天主既不善也不惡。利瑪竇說他自己也可引用天主教教義權威，但他認為，當天的辯論只應基於理性，而非權威。最後，利瑪竇以太陽為例總結說：實際上，就像太陽的本質是光，在它內不包含任何的黑暗一樣，如此，天主的本性就是善，不包含任何的惡。

　　在同一次聚會上，利瑪竇還駁斥了（一些道教、佛教和新儒家的門徒們所主張的）萬物都屬同一本質。所有在場的人都向他投以傾羨的目光，並對其出色的辯論嘖嘖稱讚[5]。

　　辯論的核心是存在，就像利瑪竇描述的：「天下以實有為貴，以虛無為賤。」（72）。關於天主的話題是實義，而非虛義，因它建基於實有存在之上。如果被創造的世界是實有存在，那麼它的創造者（天主）就不可能不是實有存在。

## 三、學習地上事物（下學）及承行上天旨意（上達）之間的相互作用

　　孔子說：「我既不埋怨上天，也不責怪世人。我學習地上的事物目的是為承行上天的旨意。這就是我所是及我所做的。天知道這一切！」（論語十四）[6]

　　利瑪竇闡釋儒家的「上達」及「下學」說：「為承行上天的旨意（上達），需以學習地上的事物（下學）為基礎。普天之下皆以實有為貴」[7]。

　　為利瑪竇而言，批判佛教思想僅是為除去可能阻礙人對天主的正確認識。

　　「他們（佛教徒）建基於虛無，因此得到偽詞。而我們建基於實有，因此獲得圓滿的真理[8]。」

---

5　參閱德禮賢（P. D'Elia），*Fonti Ricciane*（《利瑪竇史料》），II, pp. 73-80；艾儒略（Giulio Aleni），*Vita del Maestro Ricci, Xitai del Grande Occidente*（《大西西泰利先生行跡》，寫於 1630 年），柯毅林（G. Criveller）主編，（Fondazione Civiltà Bresciana, Centro Giulio Aleni – Brescia 2010）nn. 50-53.

6　《論語十四・憲問》：子曰：「不怨天，不尤人，下學而上達，知我者，其天乎？」依據邢昺的權威注釋，那知道世上事物的人，自然能明瞭上天之命。邢昺疏：「下學而上達者，言己下學人事，上知天命。」天命通常譯作「上天所派遣者」。在這裡，我認為譯作「旨意」更恰當，因為「天」或「天主」，在利瑪竇的著作中，是指具有神性的那位（或者大父）。亦即承行上天的旨意（原則）是「為了我們的益處」。

7　《天主實義》第 72 號：「上達以下學為基，天下以實有為貴。」

8　參閱《天主實義》第 374 號：「彼用虛無者偽詞，吾用實有者至理。」

　　隨著那句「天主聖道就在人心」[9]，在孔子的「天知道這一切」的表達方式中，利瑪竇已清楚意識到孔子的感受。道有多種含義，如：道路、言語、藝術、方法、教義、真理、原則等，依此類推。所有這一切都說明，凡不願意浪費自己生命者（16）必須遵循天主在人良心內的指引。文人學士們在利瑪竇身上深刻悟出這一道理，說：「感謝上天，也感謝先生不辭艱難險阻，漂洋過海八萬里，經歷無數風暴巨浪，才抵達這遙遠的東方，旨在傳授這些神聖的教誨，以類比和對比手法，使我能聆聽，深入反省自己如何犯了錯，並獲得數不盡的恩惠。此外，您還使生活在大明朝的我們認識到在天大父的聖旨，繼而遵守之」[10]。

　　《天主實義》的出發點是理性的普遍性。利瑪竇相信，理性適用於所有人，並能獲得真理。「一切理性證明的真理，我不得不承認它是真的」[11]。中國人都有宏偉的願望，不僅想認識真理，而且還要敬拜並實踐真理。正是利瑪竇的這種信念使他這本《中華要理講授》至今仍然具有十分現實的意義。


　　　　　　　　　　　　　　　　　　　　　　　孫旭義　謹譯

---

9　參閱《天主實義》第 9 號：「天主道在人心。」
10　參閱《天主實義》第 595 號：「幸先生不辭八萬里風波，遠傳聖教，彪炳異同，使愚聆之豁然深悟昔日之非，獲惠良多；且使吾大明之世，得承大父聖旨，而遵守之也。」
11　參閱《天主實義》第 25 號：「凡理所真是，我不能不以為真是。」

# 前言　全基於自然理性的一本書
## ——耶穌會在中國傳教大背景下的利瑪竇的要理書

柯毅林（Gianni Criveller）

　　《中國基督宗教手冊》[1]是一本為研究基督教在中國的基礎性著作。比利時學者鐘鳴旦（Nicolas Standaert）透過書籍長期致力於使徒事業，這正是耶穌會士們傳教活動的重要組成部分。在許多「傳教」國家，印刷術是由傳教士們引進的，但在中國他們能引以為榮的卻是其發達的圖書藝術和書籍的廣泛發行，並使之成為一種福傳的卓絕方法。耶穌會傳教士的著作屬於不同的文學體裁。自利瑪竇開始，他們出版了許多書籍，還製作過不少的科學儀器（如世界地圖和星盤等），將那些後來被稱為「科學的使徒事業」付諸實行。至於純粹宗教的著作，鐘鳴旦將其細分成八個不同的類別：（1）人文著作；（2）亞里士多德哲學；（3）教理及神學著作；（4）護教作品；（5）聖賢傳記；（6）聖經學書籍；（7）聖事和禮儀；（8）靈修及祈禱著作。

　　要想充分瞭解利瑪竇的《天主實義》（1603年北京），就有必要在此前言的主題中仔細回味一下，要理講授和基督教義之間的根本區別，它是我於1997年，在《基督教與明末儒學》[2]一書中首次提出的。這種區別是功能性的，旨在為適應傳教的具體需求，編著一些護教及要理的宗教性書籍。在 2001年，鐘鳴旦提出應對教理及神學範疇內的書籍做要理和基督教義的區別[3]。該

---

1　Standeart, *Handbook of Christianity in China*, 2001, pp. 600-631.
2　Criveller, *Preaching Christ in Late Ming China*, 1997, pp. 39-40.
3　Standaert 2001, pp. 608-616.

主題值得進一步深入研究，因為它可以啟發一個重要方面，從而使人認識耶穌會傳教士在中國所採用的方法，並最後分析出利瑪竇撰寫《天主實義》的真正含義。

## 一、什麼是要理書？（catechismo）

今日像以往一樣，要理一詞可指示不同的內涵。對天主教信徒而言，傳統意義上的要理是指基督信仰內最基本內容的總結，以問答形式闡述，便於記憶。典型例子就是碧約十世的《要理問答》，它培養了二十世紀的數代天主教信友。

當代教會訓導指示，要理應該是基督徒信仰的合理表現，與信友生活的文化環境及其歸屬的國家有密切關聯。因此，有些要理書是在一定（明確定義）的文化、社會、國家背景下介紹信仰的，譬如，著名的 1966 年出版的《荷蘭要理》。要理書經常隨著信友（或慕道者）的個人情況而變化：生活狀態、行業、年齡等。因此，有兒童要理、青少年要理、成人要理等分類，顯而易見，是依據不同的年齡、背景，而採用相應的術語編寫要理書。最後，還有 1992 年出版的《天主教要理》。它是希望幫助生活在現代挑戰背景下的教友活出信德的一本巨著，包括信仰基本簡要的內容。它還呼籲世界各地的主教以之為基礎，進一步作地方及區域性的改編處理。

## 二、初期教會的教理講授（catechesi）

一千五百年以來，儘管基督宗教尚未完成一部要理著作，卻有各種形式的教理講授及文本。最初的三個世紀，教理講授是由引導新教友循序漸進地融入信友團體的訓導而成。之後的數個世紀，教理講授多指領洗後的培育，因當時給孩子施行洗禮已成常規。初世紀教會的教理講授包括口頭授課及講道，按希臘字的本義，原本在「戲劇」（dramma）中使用，意思是「回聲」（echeggiare）和「口頭傳授」。在初世紀最著名的訓導源自耶路撒冷的濟利祿、額我略‧尼撒、聖盎博羅削、聖奧斯定、大良一世、大額我略、凱撒里‧亞爾、額我略‧納祥、巴西略、金口若望等。其中尤為重要的是奧斯定和額我略‧尼撒，他們還編撰教理訓導書籍。教理講授後來變成釋奧性的（mistagogico）禮儀形式，換言之，其中蘊含萌生和保密的元素。

中古世紀時期有數目繁多的宗教與教理培育書籍。它們通常是在學習記憶和闡釋信經、天主經、十誡及聖事的基礎上完成的。

## 三、現代的要理講授與基督信仰教義

　　現代意義的要理文學體裁，源自十六世紀宗教改革者的工作，特別是馬丁‧路德（1529 年的兩本要理書以中古世紀的模式為基礎：信經、天主經、十誡、聖事）和卡爾文。面對新教的倡議，德國的伯多祿‧加尼修（1555 年 Petrus Canisius）和法國的埃德蒙‧奧格（1563 年 Edmund Auger）兩位耶穌會士作了回覆。他們編著的要理書可謂功績輝煌，經常被重印和翻譯，並成為耶穌會士傳教時編著要理的典範。

　　脫利騰大公會議頒布的《羅馬要理》（1566 年），就如在其序言中指出的，該作品旨在使信友認識並效法被釘在十字架上的基督。受大公會議委派的羅貝托‧貝拉爾米諾（也可譯作：羅伯‧白敏，Roberto Bellarmino）獲得靈感，編著兩部聞名遐邇的要理書，題目是：《便於記憶的簡短基督教義》（*Dottrina cristiana breve perché si possa imparare a mente*）（1597 年）；《內容更豐富的基督教義》（*Dichiarazione più copiosa della Dottrina cristiana*）（1598 年）。這兩本要理書的編寫風格皆為便於記憶的問答形式（第一本中包括 96 對問答，第二本則有 273 對）。耶穌會士熱羅尼莫‧德‧里帕爾達（Geronimo De Ripalda），加斯帕‧阿斯特（Gaspar Astete）也分別於 1591 年和 1592 年編著了非常成功的兩本要理書。它們對西班牙語系的國家影響深遠，題目分別為《基督教義手冊》（*La Cartilla de la Doctrina Cristiana*）和《基督教義要理》（*Catecismo de la Doctrina Cristiana*）。

　　因此，十六世紀時期還未形成在要理與基督教義之間明顯的區別，甚至有時候被認為兩個術語是可互換的。事實上，術語概念含糊不清一直持續至今。從美國要理《基督教義要理》（*A Catechism of Christian Doctrine*）（1885 年）就可略窺一斑。

　　但仔細一看，就會發現在貝拉爾米諾的兩本《基督信仰教義》內，擁有與《羅馬要理》不同的特性。要理是一本複雜的書籍，有助於理解信仰，並以合理的論據，藉著信仰闡釋現實。要理書主要針對的對象不是普通大眾，而是從事牧靈的工作者、主教、司鐸等，他們在實際工作時，須因人而異、因材施教。

　　《基督信仰教義》則是針對平信徒，特別是兒童和青少年。它的篇幅很少、概括性強、內容簡潔，其目的是易於掌握記憶其要領，而不會輕易忘記。

## 四、耶穌會要理書在亞洲

受這些範本的啟發，耶穌會傳教士們在編著各種宗教資料方面愈形堅定，以能符合這兩個目的。撰寫要理書的目的並不為裸呈基督信仰，而是如何以基督宗教術語去思考。換言之，它代表宗教術語應融入實體文化的對基督信仰的一種闡釋。在亞洲福傳的耶穌會傳教士先驅們早已根植於這類文學體裁。開創者當然首推方濟各・沙勿略（1506～1552 年），他於 1542 年及 1545 年在印度果阿編寫了兩本要理書。

羅伯托・德・諾比利（Roberto de Nobili）是在印度的傳教士，人們常把他與利瑪竇相媲美。他在 1610 年至 1616 年間寫了三本要理書：《關於永生的對話》，《要理二十八講》和《大要理書》[4]。梅謙立（Thierry Meynard）最近證實了利瑪竇的要理（1603）和德・諾比利的《關於永生的對話》（1610）之間有一定的相似之處。除本地學士和西方學士之間的對話模式相同外，還有數百個步驟「幾乎完全相同：說出同樣的想法，論據時採取同樣的方式，甚至舉的例子也一模一樣[5]。」

類似甚或直接引用之處，在范禮安（Alessandro Valignano）1587 年用拉丁文編寫的要理書中更加明顯，《基督信仰要理》（*Catechismus cristianae fidei*）俗稱《日本要理》（*Catechismus japonensis*）（1591 年譯成日文）。它是利瑪竇編著要理書時參考的重要資料。

范禮安的《日本要理》與利瑪竇的《天主實義》之間的密切關係由鐘鳴旦[6]強調指出，兩本書都是八章，其方法與主題結構完全相同。事實上，范禮安的要理書分為兩部分，其中包括十二個「講座」，第一部分有八個，第二部分有四個。《天主實義》的前七章與范禮安的前五個「講座」相對應。在其內討論哲學主題，恰好是一本要理書中最典型的論題。在第一部分的最後三個「講座」，及第二部分的四個「講座」之內，范禮安講述救恩歷史，換句話說，基督信仰教義的內容。梅謙立著重指出，利瑪竇比范禮安在要理與基督教義之間所做的深化區別更顯明（我們會很快回來再細談這點）[7]。

---

4　In titolo originale, in lingua Tamil, del *Catechismo in 28 discorsi è Gnanopatesam in 28 Piracankankal*; il *Grande catechismo*, o *Kandam*, è invece intitolato *Gnanopatesa Kurippitam in 28 Pirasankankalum*. Ringrazio Elisabetta Corsi per questa informazione.

5　Meynard 2012.

6　Standaert 2001, p. 613.

7　Meynard 2013.

## 五、范禮安與利瑪竇的要理書

　　梅謙立還強調指出，范禮安的要理書是利瑪竇《天主實義》的主要來源之一。從范禮安要理書中直接轉引到《天主實義》的部分約等於全書的十五分之一，而這些步驟盡在前四章內。但從主題結構而言，其相似點已擴展到其餘章節。

　　在第一章內，利瑪竇討論了關於天主學問的哲學證明。就證明天主存在和探討受造物的課題，他與儒家對話，運用自己獨特的結構及論點，但其架構仍是范禮安的。第二章集中探討，並質疑在中國的三種教導（佛教、道教和新儒家）：儘管其內容與范禮安的不同，但其構造背景及理論架構卻依然相同。第三章專門討論靈魂的問題，在記述了與馮琦（以後再談）的對話內容後，利瑪竇接著羅明堅的文稿（也是以後再談）續寫。最後，論證靈魂的非物質性和不朽性，再次參考范禮安要理書編寫，但也不缺少那適應中國國情的濃重情境化的一筆。第四章專門辯駁新儒學（宋明理學）的泛神論，利瑪竇採用經院（士林）哲學的相同論據（四因）及范禮安反對日本佛教時所列舉的修辭範例。范禮安與利瑪竇歸咎於佛教和新儒家的虛無主義的本質，稱其缺乏超越性及動因。

## 六、中國第一本要理書

　　在肇慶（1583～1585）初始的三年傳教，利瑪竇跟他的同伴羅明堅一起翻譯中古世紀教理講授的經典文本，並成為十六世紀基督信仰教義的基礎：十誡、天主經、聖母經、信經。二十年後，這些資料又被重新翻譯，編入我們不久將要論述的利瑪竇於 1605 年出版的基督信仰教義，即《天主教要》。從十六世紀八十年代初，傳教士們編著第一本用漢語介紹基督信仰的書籍，即要理書。

　　羅明堅以他的拉丁要理書《神聖正道簡述》（*Vera et brevis divinarum rerum expositio*）為藍本，在中國朋友飽學之士及利瑪竇的幫助下，他寫成《天主實錄》，並於 1584 年 11 月出版發行[8]。根據在歐洲及中國廣泛傳播的文學傳承記載，此書以對話形式寫成。在編寫這本書的過程中，羅明堅需要面對不少的重要問題，首當其衝是術語問題，至少一部分是採用中國宗教文

---

8　德禮賢曾以批判的眼光，對《天主實錄》做研究，並將它翻譯成意大利語，在參
　考文獻中收錄了他分別於 1934 年、1935 年、1956 年編寫的三本書。

獻已使用的術語，特別是佛教術語。儘管基督徒和慕道者僅有幾十人，但這本書還是印了許多冊，以使更多的文人學士傳閱。它是一本系統介紹天主教信仰的書籍，其中並無任何特別適應中國國情之處。究其原因是由於他們進入中國內陸時間不長，能幫助傳教士的文人學士也為數不多。

於 1603 年利瑪竇出版的《天主實義》跟羅明堅的要理書有相似之處，也是利瑪竇構思著書的靈感來源之一。例如，在第三章中，利瑪竇在闡述亞里士多德是如何談論生魂、覺魂、靈魂的章節時，幾乎逐字逐句摘自羅明堅的要理書。

許多耶穌會傳教士嘗試著編著要理書，其中艾儒略[9]（Giulio Aleni）寫的要理書於 1628 年出版，羅歷山（亞歷山大‧羅德 Alessandro de Rhodes）在越南寫的要理書也於 1651 年出版。

雖然這些要理書有許多相似點，甚至它們真正或獨有的文學標識亦如此，但我們也不必過分詫異。畢竟這些文本可追溯到同一時代，具有相同的歐洲典範，都是由那些受過經院神哲學培育的人撰寫而成。作者們大都相信，那由聖多瑪斯倡導的理性，以他的自然神學（或哲學神學）的理念，是宗教溝通最有效普遍的方法。

## 七、教理講授對話

漢學家耶穌會士德禮賢（Pasquale D'Elia）於 1935 年發現，羅明堅的講道內容在 1585 年的一本書中也有收集，曾被誤歸於利瑪竇名下。德禮賢還稱之為《教理對話》[10]（*Conversazioni catechetiche*）。該文本的重要性卻至今鮮為人知，用漢語書寫，共九頁，分十八段。它就像個備忘錄一樣，記載了傳教士們初到中國，與那些前去他們住所拜訪的文士的對話。因此，它是利瑪竇和羅明堅初到中國「傳教行實」最古老的證據，是為深入瞭解他們傳教方法的發展過程極具價值的文字。前三段主要討論天主的唯一性，受造物及來世的酬報。第四段介紹人敬重天主就應像子女孝敬父母，臣民效忠皇帝一般。第五段論及天主降生成人。論述基督的部分涵蓋了整篇《教理對話》的將近

---

9 艾儒略（Giulio Aleni：1582～1649）是第一個以漢語編寫利瑪竇傳記的人，也是利瑪竇的福傳方法的忠實追隨者。曾留下二十來本很重要的著作，於 1628 年出版了他的要理書，題名《萬物真原》。

10 Il manoscritto fu trovato negli archivi della Compagnia di Gesù a Roma: vedi D'Elia (1935), pp. 43-53.

一半的內容。從這份資料可推斷出，耶穌會士剛進入中國居住的前幾年，應用了絕對完全傳統的直接傳道方式，但利瑪竇以他 1603 年的《天主實義》明顯地超越了它。

## 八、利瑪竇的轉折點

自十六世紀九十年代初，羅明堅返回意大利後，利瑪竇開始深刻反省，並修訂了傳教方法，終於在 1595 年做出了重大的轉折。利瑪竇很可能於 1591 年，在遠東教務視察員范禮安的鼓勵下，著手將《四書》譯成拉丁文。這份艱辛的工作使他對儒家思想有了更深入的領悟。1593 年，致函總會長，利瑪竇稱自己正在翻譯四書，並跟他的同會兄弟，年輕有才的石方西（Francesco de Petris）切磋譯文，只可惜他幾個月後就英年早逝，從而導致利瑪竇的心情無比沮喪。自 1595 年，利瑪竇聲稱已把四書譯成拉丁文，並加寫注釋，郵寄一份給羅馬。

利瑪竇正準備著給他的傳教策略做一個決定性的「儒學」轉折，並加強儒學和基督信仰間的關係，把在他不同著作中多次提及的「適應」政策付諸實行[11]。適應的方法（metodo dell'accomodamento）是耶穌會傳教活動的核心，這種理念的神學基礎源自多瑪斯思想[12]和鹿特丹的伊拉斯謨（Erasmo da Rotterdam）[13]。對伊麗莎白·科西（Elisabetta Corsi）而言，「適應」是一種詮釋工具（手法），尤適用於處理複雜的文化及宗教問題，和它們在教義方面的含義[14]。這就是范禮安所定義的「溫和方式」（「modo soave」）。

古典儒學和後期注釋家的儒學（新儒學）之間的區別，是利瑪竇詮釋儒學的關鍵。他主張「上帝」與「天」等古代詞彙指具有位格及超越性（的唯一真神）。其結果自然是，利瑪竇採用古典文學中已有的「上帝」與「天」等用語，連同「天主」這個新詞彙（至少當時如此認為，我們會再次返回到這個問題上），來翻譯唯一真神的名稱。

在中國定居十年來後，利瑪竇不僅脫掉僧袍，而且對佛道二教也持批

---

11 Per esempio nei due seguenti passaggi: Ricci a Girolamo Costa, 14 agosto 1599, in Ricci, *Lettere*, p. 363; *Fonti Ricciane* II, p. 482.

12 *Summa theologica*, prima pars, quaestio I, articulus 10.

13 In *Ratio Verae Theologiae* (1518), Erasmo da Rotterdam introdusse il concetto di *accommodatio Christi* per illustrare la sua *philosophia Christi*: Cristo ha adattato se stesso ad ogni persona ed ogni situazione, agli ebrei e ai gentili.

14 Vedi Corsi, "La retórica de la imagen visual", 2008, pp. 94-95.

判態度。利瑪竇曾與多位著名佛教高僧有過幾次激烈爭論，特別是與袾宏的論辯。在袾宏 1608 年出版的《天說》一書內反駁《天主實義》中排佛的內容。

皈依天主教的文淵閣大學士徐光啟（洗名保祿）非常具有說服力地以一句座右銘總結這種新傳教策略說，基督宗教可以「補儒易佛」[15]。

## 九、論述我們信仰的、全基於自然理性的一本書

從利瑪竇的作品中可以明顯看出，要理與基督教義的區別。如前所述，他已把這種差別闡釋地清清楚楚。1592 年利瑪竇寫道：羅明堅的要理書「為我們神聖信仰的事物提供理據」[16]。沒錯，要理的目的就是為論證信仰的表達方式，而基督教義的目的則是為學習（背誦）信仰的事物。換句話說，因作者、讀者、情況、文化背景等的迥異，要理的內容也應隨之變化。但基督信仰教義卻永不變更，代代相傳著那不可更改的基本信條。按照慣例，印刷刊行時皆匿名，就像利瑪竇 1605 年所做的一樣。作者沒有屬於自己的原創，僅遵照他所領受的傳授於人，因此，絕不能在作品上署名，而占為己有。

儘管要理與基督教義皆為福傳的兩部截然不同類型的書籍，但傳教士們撰寫的一切宗教書籍卻又不盡相同[17]。之前那些研究《天主實義》[18]的導論中，甚至從未提及這種差別。然而，利瑪竇不僅在他的著作中精準廣泛地作了區分，而且數十位耶穌會士作家在他們的眾多作品中也都曾提及。

利瑪竇的《天主實義》經多年精心準備才得以出版。它是一本介紹天主存在和賞善罰惡等基本觀念的書籍，其中與儒士對話，與佛道二教辯駁。《天主教要》（按字義：「關於天主的重要學說」，1605 年 3 月），含有為慕道者及信友準備的基督信仰教義的完整報導：這些訓導需有傳教士在場為慕道者和信徒講解其內容。我們從利瑪竇（1609 年）親口講述的話中，可以更好地知道他對基督教義與要理的描述，及其特有的含義，還有二者之間的差異。引文稍微有點長，但條理清晰，值得全看：

> 瑪竇神父在其他神父們的幫助下，印刷了新版《天主教要》，加

---

15 Questa sentenza appare per la prima volta nella prefazione (scritta dallo stesso Xu Guangqi) all'edizione del 1612 de *Il vero significato di 'Signore del Cielo'*.

16 Ricci a De Fabii, 12 novembre 1592, in *Lettere*, p. 159.

17 在我撰寫的《晚明基督論》（*Preaching Christ in Late Ming China*）書中，我犯了一個錯誤，即主張所有宗教方面的書籍不外乎是要理和基督教義兩類書。

18 Vedi Malatesta (a cura di) 1985, Ferrario 2004, Chiricosta (a cura di) 2006.

插祈禱文及其他為新基督徒必須瞭解的事物，其內附加一些簡短闡釋，特別是論及七件聖事時。這是十分必要的。在他為新版《天主教要》撰寫更詳盡闡釋的同時，神父〔利瑪竇〕先出版了《天主實義》；那是他已準備多年的書，並且我們所有的傳教士都在使用這個手抄本。這本書並不包括有關我們神聖信仰的全部奧跡——只針對慕道者和基督徒闡述——而只是一些最基本的，特別是那些以某種方式，可用自然理性證實和以理性之光領悟的奧跡。如此，它同時適用於基督徒及非基督徒，有助於他們理解，在其他遙遠之地亦然，在那裡他們不能這麼快皈依信仰，這本書能為其他信德奧跡和啟示學問開闢道路。……所有這一切不僅藉著從我們的聖師（神學家）那裡發掘的許多理據和論題得以證實，還大量引證他們古典文籍的權威——是神父在閱讀這些典籍時發現並記錄的——因此，增強了不少該作品的權威性及可信性。[19]

　　早在 1594 年，利瑪竇致函科斯塔（Costa），信中曾雄辯地描述了《天主實義》是「一本我們信仰事物的書，全基於自然理性，旨在散發到中國各地」[20]。要理是一本深具中國文化及古籍背景的介紹基督信仰的書。1609 年，利瑪竇致函在日本的副省會長巴範濟（Francesco Pasio）時，給予以下神學解釋：

假如我們細細專研這些典籍，自然會發現裏面極少有相反理性（lume della ragione）的內容，卻有無數合乎天理良心之事。……在這個國度，人們十分重視文學，自然而然，其學問及觀點都基於理性。……為此，首先以理性強調證實我們神聖信仰之事，然後進一步使該國重要人士心悅誠服，應該並非難事。[21]

## 十、利瑪竇要理中的耶穌

　　利瑪竇僅在《天主實義》的最後幾段，才介紹天主降生成人，並將耶穌描寫成一位師傅和行奇蹟者。按常理而言，讓文人儒士把耶穌視為相當於中華哲學傳統意義上的一位西方大師，也許他們對祂的興趣會更濃厚一些。利瑪竇強調說，正是遵行耶穌的教導，才使「許多西方國家取得了重大的進步」

19 *Fonti Ricciane*, II, pp. 289-98.
20 Ricci a Costa, 12 ottobre 1594, in *Lettere*, p. 189.
21 Ricci a Pasio, 15 febbraio 1609, in *Lettere* 2001, pp. 517-518.

（590）。然而，利瑪竇並未將耶穌和孔子直接進行比較，從而使人把耶穌僅僅看作世界文明的大師。介紹耶穌時，祂被描述地超越古往今來一切的聖賢及君王。雖然利瑪竇在與儒士對話時不遺餘力，但他強調基督的卓越性卻不容置疑。

那些批評利瑪竇的人看到《天主實義》，只在結尾時，才論及基督，且很簡短，絲毫沒有提及祂的苦難死亡與復活，於是他們得出結論說，利瑪竇所介紹的「基督信仰中卻沒有基督」（有人竟稱利瑪竇的教導為「天主信仰主義」（Tianzhu-ismo），換言之，就彷彿天主教是與基督信仰迥然不同的宗教）。其實，對我們來說，這種說法的愚昧無知是顯而易見的，因為該說法不僅無視利瑪竇特意在要理與基督教義之間所做的區分，就連一般意義上的「適應法」也視若無睹。

在利瑪竇的方法與基督宗教初世紀的教理之間，有些驚人的相似之處。初世紀的基督宗教，規定在講授教理時，需逐步引人進入信仰的奧秘（arcana）。利瑪竇也是如此，他提出循序漸進的方式，分階段引導人走向信仰。由利瑪竇創建的教會團體，從某種意義上說，可稱之為「初期教會」。在初世紀，十字架不可顯眾是明文規定的。眾所周知，在利瑪竇親身經歷了一系列關於十字架的嚴重事件後，他在決定宣道的時機和公開示眾十字架時，變得異常謹慎。有目共睹，托缽修會的傳教士們，自 1632 年在中國傳教時，大多採用公開和直接的宣道方法，在大街上，手持十字架（完全複製了在歐洲「內部傳教」的模式）。對他們而言，被釘在十字架上的基督是宣道的起點。但為利瑪竇及許多他的同會會士們卻並非如此。基督是終點，而非起點，福傳之路應循序漸進。

## 十一、基督信仰教義，亦或「必需品」

利瑪竇在《天主實義》中寫道，以邀請悔改，接受洗禮，加入教會為結束。

> 在此書尾聲處，聲明還有其他內容，關於我們的救主基督降臨塵世，為拯救人類，並教導世人。還敦促中國人詢問神父們關於祂的真正教義，在其他書內載有更多的教導。[22]

需要詢問的「教義」，當然就是，超自然啟示（rivelazione positiva）的教

---

22 *Fonti Ricciane*, II, pp. 298.

導，為接受洗禮和實踐基督徒的生活必不可少。這文本是：

> 在其他神父們的幫助下，〔利瑪竇〕完成的。該文本載有祈禱詞及其他為新基督徒必須掌握的內容，加上基督信仰教義〔《天主實錄》〕的一些其他東西，附加簡短聲明，尤其是七件聖事。在準備另外一本更新的、內容更豐富的關於基督信仰教義書的同時，〔利瑪竇〕神父出版了《天主實義》[23]。

　　基督信仰教義的內容是專為傳教士們，或接受過專業培育的其他傳教人員準備的，需在他們的特定工作場所，給聽眾做出必要的解釋。其內容不再侷限於理性範疇，或者引經據典，而有其隱晦性。如此一來，耶穌會士們在重新編撰教義時，自覺或不自覺地採用了東方風格的傳授信仰教義的方式。師傅通常不會輕易透露其教導，只有在徒弟請求後，並且師傅還要被徒弟接受宗教信息的能力及誠意所感動才去教化他。

## 十二、間接與直接宣道

　　利瑪竇善於闡述複雜的神學內容，並且是一位中國社會文化動態的鑒賞家。他提出更深層次的重要區別：間接與直接的宣道，會隨著對話者，文人學士、或慕道者，或已洗禮者的變化而變。由上所述，我們得知宣道時，有要理與教義的區別。在與文人學士聚會時，他採用對話及辯論的間接方式。這是一種早在中國及西方經典著作中普遍應用的模式。

　　利瑪竇的對話者及其同會會士有機會提出問題。討論的內容通常涉及科學、倫理和哲學題材。利瑪竇引導談話內容走向宗教主題，並在其上有可能達成一致。在這些聚會中，經常遵循著一種在《天主實義》內已使用的結構模式。

## 十三、「天主」是新詞彙？

　　天主一詞是為把唯一真神的名稱譯作中文，於 1583 年，由利瑪竇和羅明堅採用。選擇該詞的緣由相當有趣。在羅明堅與巴範濟（後遷至日本）嘗試著短暫居住中國大陸，於 1583 年 9 月 10 日（利瑪竇與羅明堅在肇慶開始傳教的日期）前，他們多次嘗試中的一次駐留中國內陸期間，一位商人對傳教士宣講的道理表現出了極大的興趣，遂在他家修建一座祭壇，並在牌匾上題

---

23 *Fonti Ricciane*, II, pp. 298.

寫了兩個大字：天主。

利瑪竇和羅明堅，當時十有八九，認為它是一個新詞彙，因而適宜在中國採用的一個新概念，來稱呼基督徒的唯一真神。儘管它與「天」字有連續性，也許恰恰相反，「天主」似乎更好於「天」，因為它能使人擺脫「天」關於其超驗性的歧義的窘境。這種歧義源自於儒家和新儒家賦予該詞的不同含義。

事實上，「天主」並非新詞。它在佛教經典內出現過一百多次，鑒於佛教經典數目龐大，有八十五卷之多，因此使用頻率並不算高。中國佛教使用「天」這個詞來翻譯梵文中的提婆（Deva）。後者是一個術語，專指無以數計的超自然的存有（天神），儘管他們超群絕倫，但仍受制於輪迴（samsara），即輪迴轉世的週期。因此「天主」在佛教術語中，可譯為「天神之主」。佛教認為有很多層天，每層天又都充滿無數天神，天主可以理解為是指提婆之主，專門負責管理其他小提婆的神。因為有許多層天，故此也有多個天主。但在佛教經典中，天主一詞最常見的是用來翻譯印度教中的因陀羅（Indra），或者佛教中的帝釋天（Sadra）的精神。在《佛說帝釋所問經》中記載著因陀羅或帝釋天與釋迦牟尼的對話，因陀羅或帝釋天被譯作天主。

這是漢學家耶穌會士甘易逢（Yves Raguin）首先告訴我的，天主一詞在佛教和道教文學中都曾出現。那是在 1998 年的一封私人往來信件中提及的。甘易逢認為，利瑪竇積年累月後，已對中國宗教有了更深刻的認識，為此，他不可能會不知道，天主一詞已是在宗教典籍中使用的術語。因此，這彷彿就是要理書題名為《天主實義》的緣由。

竊以為，當發現宗教文獻中已採用天主一詞時，利瑪竇很不開心。但他可能覺得那時再回頭為時已晚。就像保祿在雅典力圖解釋一座祭壇上的題詞「給未識之神」（宗 17：23）一樣，利瑪竇開始著手糾正人們對天主的誤解，並指明其真正含義。儘管我們無法以利瑪竇留下的明確文字證實這一切，但我還是相信，這種解釋有其合理性。

在我們介紹的翻譯作品中，利瑪竇之書的題目譯作《*Il vero significato di "Signore del Cielo"*》。對我而言，是譯作意大利語的最好方式，它可以使人理解利瑪竇原計劃做的事情，換言之，他並不解釋「天主」本身，而是「天主」一詞的含義。

## 十四、編寫《天主實義》的漫長過程

我們再回到十六世紀九十年代初的「儒式」轉變：需要一本新要理書來適應新環境。范禮安認為 1584 年由羅明堅編輯（利瑪竇參與）的要理書，已不再適宜傳教的新需求。新要理書不僅需要更多地考慮加入中國背景及護教方面的因素，而且還需擺脫源自佛教的術語，甚至有必要對佛教和道教進行強烈批判。

1593 年初，范禮安給利瑪竇下達命令，讓他重編要理書，那是他們在澳門的最後一次會面。聚會時，范禮安交給利瑪竇一本他以拉丁文撰寫的要理書作為起點，這本書我們在上面已經談過。范禮安要求利瑪竇也編撰一本拉丁文版的要理書，一方面是為將來上司審批使用，另一方面也希望在日本推廣。利瑪竇聘請一名秀才當私塾，很有可能就在 1593 年他開始編寫要理書，同時把四書譯作拉丁文，這一點我們在上面也已提及。1594 年 10 月 12 日，要理書的編撰工作已十分確定地開始了，因為這一天，利瑪竇寫信給他的朋友熱羅尼莫‧科斯塔（Gerolamo Costa）說，已著手編寫一本關於「我們信仰的、完全基於自然理性的」的書[24]。

大約在 1596 年年底，初稿已完成，正是因為這個緣故，他的一些中國合作者敦促他早日出版。但利瑪竇需要獲得教會當局的批准，換言之，需要當時駐澳門的日本主教路易斯‧塞凱拉（Luis Cerqueira）、巡視員范禮安、及中國教務負責人孟三德（Duarte De Sande）的審批。利瑪竇向他們遞呈一份拉丁文的概要內容，其書名根據不同版本，翻譯也不盡相同：《天主真論》（*De Deo verax disputatio*）；《天主實證》（*Coeli Domini verax eplicatio*）；《天學實義》（*Dei vera essentia*）；《天主實論》（*Dei solida ratio*）。

范禮安及孟三德於 1598 年夏，仔細審閱利瑪竇呈遞給他們的手稿，並在拉丁文稿上做了大量修訂，以至於利瑪竇聲稱，他必須進行「作品翻新的工作」[25]。同年，孟三德來到中國，隨身攜帶經修改過的手稿，但未能如願與利瑪竇見面，因他已在前往北京的路上，遂把手稿留在韶州。該手稿直到 1601 年，才交給利瑪竇。

此外，還須宗教裁判所駐印度果阿的代表授權才能出版。另一方面則是利瑪竇的中國合作者們，特別是馮應京，極力主張及早付印。他們宣稱利瑪

---

24 Ricci a Costa, 12 ottobre 1594, in *Lettere*, p. 189.
25 *Fonti Ricciane*, II, p. 292.

寶沒有任何合理的藉口可以延遲出版事宜，因為這本書內蘊含著急需治療中國自身弊病的良藥。該事件由艾儒略寫的《大西西泰利先生形跡》所記述。艾儒略這樣描述，馮應京請求利瑪竇將《天主實義》

> 速梓以傳，利子以文藻未敷，未敢輕許。馮公曰：「譬如垂死之人，急需藥療之，如必待包裹裝飾，其人已不可起矣。斯文為救世良藥，無可緩也。」於是並《二十五言》梓行世，馮公兩為文並其首。厥後，諸書行世，人心漸明。[26]

事實上，利瑪竇延遲付印事宜實在情有可原，因他必須先得到宗教裁判所的許可。在跟他朋友科斯塔書信往來時，利瑪竇經常推心置腹，並偶而發發牢騷，抱怨那些無論是從實際生活，還是從文化層面，都距離中國極其遙遠的人，但他們還要審斷中國事物的荒謬事實：

> 為什麼在這裡付印任何東西都需要許多我們的機構審批，而我卻什麼也不能做。那邊要審查中國的東西，但他們卻什麼也不知道，也看不見。[27]

1606 年，利瑪竇正式明確請求耶穌會總會長，授權他可以不通過那些對中國一無所知的上級的屈辱性的審批，就能直接刊印書籍[28]。授權於 1612 年才批下來，那時利瑪竇已去世。

## 十五、利瑪竇的中國對話者

在十來年的編寫過程中，也是等待出版許可（imprimatur）的期間，利瑪竇有很多機會與朋友、弟子及對手們探討他書中涉及的主題。這些談話不但對書的風格產生了影響，也進而成為他要理書的內容。對利瑪竇影響最大的要理書編撰合作者有徐光啟（保祿），李之藻（良），馮應京。如前所述，馮應京對該書的出版印刷起了關鍵性作用：他不僅寫序（早在 1601 年），潤色書稿，而且慷慨解囊資助出版費用，當時他還在監獄裏。事實上，他是被冤枉而下獄的受害者，於 1604 年平冤昭雪後出獄。《天主實義》的第三章講述了利瑪竇與馮應京探討關於靈魂不死的對話內容，在利瑪竇之後寫的另一部作品，1608 年在北京出版的《畸人十篇》的第二章也記載了其內容。

1602 年在寫給龍華民（Nicolò Longobardo）的一封信中，利瑪竇稱馮應

---

26  Aleni, Vita del Maestro Ricci, p. 65.
27  Ricci a Costa, 14 agosto 1599; in Lettere, p. 364.
28  Ricci ad Acquaviva, 15 agosto 1606; in Lettere, p. 429.

京是一位「偉大的文學家，也是我們的好朋友」[29]，而且是「一位聖賢」[30]。他擔任審校工作十分審慎負責，做「任何一筆一劃的更動前，必先跟我商討」[31]。如前所述，利瑪竇極重要的合作者及朋友堅稱付印已刻不容緩，不僅要盡快出版《天主實義》，連同在南京 1599 年至 1600 年已完成的《二十五言》也要一起印刷。馮應京還負責編輯新版《交友論》，它於 1595 年在南昌首次刊行。利瑪竇十分敬重愛戴此人，在《耶穌會與天主教進入中國史》[32]一書中曾以數頁篇幅描述他[33]。1607 年馮應京未領洗逝世，但利瑪竇希望他已獲得救贖，因他曾為傳教士們做出巨大的貢獻，用感人肺腑的以下話語寫道：

> 願天主使那位為我們傳教士做過貢獻，極切盼望幫助、推廣，
> 並遵循這神聖的信仰的人，願天主以此算作他的洗禮，賜予他靈魂
> 的得救。[34]

另一位影響要理書編撰的學者是李之藻，在耶穌會內部資料則以他的聖名良（Leone）稱之。他與徐光啟一起成為鼎力相助利瑪竇的好朋友，也是信仰天主教的最重要的朝廷命官。於 1610 年他才由利瑪竇手中接受洗禮。1565 年出生於杭州，於 1601 年在北京結識利瑪竇。利瑪竇製作的世界地圖給他留下的印象極其深刻，遂立志深入研究西方科學知識。在《天主實義》的第五章，利瑪竇記錄了與李之藻的對話內容，關於齋戒的真正動機，並不是為了避免宰殺動物，而是為了克己。其對話內容在《畸人十篇》第六章也有記載。

李之藻編輯第三版的《天主實義》，1607 年在杭州出版發行。他做了一些修改，並完善其風格。1610 年，他出資在京南建堂（南堂，即今北京的主教座堂），並主管利瑪竇的葬禮。1623 年是他最終辭官告歸的一年，此前他曾在工部、水部、曆局等擔任顯職，於 1630 年病逝。其重要作品是 1628 年的《天

---

29 Ricci a Longobardo, 2 settembre 1602; in *Lettere*, p. 369.
30 Ricci a Maselli, maggio 1605; in *Lettere*, p. 377.
31 Ricci a Longobardo, 2 settembre 1602; in *Lettere*, p. 369.
32 譯者按，利瑪竇著，金尼閣編，原拉丁文題名 *De Christiana Expeditione apud Sinas Suscepta ab Societate Iesu*《基督教遠征中國史》，意大利語題名 *Della entrata della Compagnia di Giesù e Christianità nella Cina*。1983 年漢譯本名為《利瑪竇中國劄記》，2014 年最新漢譯本則名為《耶穌會與天主教進入中國史》。
33 *Fonti Ricciane* II, pp. 162-168.
34 *Fonti Ricciane* II, p. 168.

學初函》，它是關於科學、倫理、哲學等主題的彙編，分理、器二編，共十九種書，五十二冊，與一些傳教士合作而成。《天主實義》被收集於理編。

## 十六、非基督徒文人學士與利瑪竇的對話交流

還有其他的中國非基督徒文人學士，為編撰要理書做出了貢獻。其中一些人在艾儒略撰寫的利瑪竇傳記，書名為《大西西泰利先生形跡》（1630 年漢語著作）中提及。艾儒略寫道，他們

> 相與質疑送難，著而成書，名曰《天學實義》。[35]

除已提及的馮應京外，還有官至相國的葉向高，與利瑪竇及艾儒略相交甚深，他對天主教在中國開始之際產生了積極的影響；李戴（之後再談）；兵部侍郎蕭大亨；工部右侍郎、浙江巡撫王汝訓；禮部侍郎祝矞都；勇敢的都御史曹都諫（曹于汴）；吳左海（以後再談）；都水司郎中龔道立。

李戴，1531 年生於河南，曾擔任顯職。當他在北京結識利瑪竇時任職吏部尚書。他寫過幾部作品，其靈感源自於佛道二教，並與它們的關係很近。當他跟利瑪竇對話時，曾埋怨他對佛教的論戰。與李戴對話論及時光流逝的主題，它影響了《天主實義》的某些部分，並成為《畸人十篇》第一章的題材。

吳中明，號左海，任屬今安徽省（古江南省）的瑞汀兩府推官，後升陝西布政，廣西巡撫。他於 1599 年結識利瑪竇，時任南京戶部侍郎。那年，吳左海請求利瑪竇製作更完整的二版世界地圖，並出資刻板，還附上讚揚地圖和作者的序言（南京 1600 年）。他與利瑪竇探討關於良心反省作為提升道德操守的對話，成為《天主實義》第七章一些段落的靈感題材，並成為《畸人十篇》第七章的主題。

禮部尚書馮琦，1558 年生於山東臨朐。他經常在京都會見利瑪竇，並決心要成為一名基督徒，但在他領受洗禮前，1603 年猝然逝世，年僅 44 歲。利瑪竇在《耶穌會與天主教進入中國史》和《畸人十篇》都曾提及此人，稱馮琦原想把服侍上天的教理（天主教）引入中國，以對抗佛道教的學說[36]。利瑪竇和馮琦的對話內容成為《畸人十篇》第二章的題材，並在適當調整後，穿插

---

35 Aleni, *Vita del Maestro Ricci*. pp. 64-65。譯作白話文：「與利瑪竇交往時，他們提出自己的疑問，為尋求疑難的解答，因而成書，題名為《天學實義》（亦同《天主實義》）」。

36 *Fonti Ricciane* II, p. 156.

在《天主實義》第三章的開頭。談話主題涉及人類的苦難，其積極作用在於它展現了人生活在此世，只是僑居，有為來世準備的必要。

張養默天賦極高，是利瑪竇好友王肯堂的弟子。張養默對利瑪竇的態度呈交替狀：先是好奇，然後疑惑，最後為高度敬佩。艾儒略長篇敘述張養默，使其成為許多文人學士的典範，有益於利瑪竇所教導的天文學，同時反對佛教教義[37]。

《畸人十篇》第九章及第十章中與利瑪竇對話的兩人，一位是已皈依天主教的郭若瑟，利瑪竇在《耶穌會與天主教進入中國史》也曾談及此人[38]；另一位是身份不明的財主。他們探討關於倫理道德的主題，如試圖預測未來的錯誤之處，富人的貪婪及吝嗇。這些主題也是《天主實義》中一些段落的靈感淵源。

《天主實義》第四章記載著，於 1601 年至 1602 年間，利瑪竇與佛教士子黃輝在北京書信往來的交流內容。黃輝有一本臨時性的《天主實義》手抄本，因為在出版前人們已爭相傳閱。他做出一系列的注解以辯駁利瑪竇在書中排佛的論點。與黃輝的交流也影響了《二十五言》（1605 年）的內容。《二十五言》是依據希臘斯多葛派哲學家愛比克泰德（Epitteto）著的《手冊》改編而成，曾被當做一種基督教的替代品，《四十二章經》的佛經。

《天主實義》第四章及第七章的內容記載了，於 1599 年初發生在南京，利瑪竇與佛教高僧三槐之間，值得紀念的一場辯論。1545 年生於南京的三槐，以其智慧、佛教知識及詩歌才華，在當時極負盛名。激烈的辯論引起很大的反響，辯論中好像利瑪竇更勝一籌（據耶穌會士描述），利瑪竇[39]及艾儒略[40]都曾記載。辯論的主題涉及人類本性是善還是惡，以及天下事物是否皆一體的理論。

## 十七、徐光啟（保祿博士）的皈依

《天主實義》的優美之處可謂多不勝數，其優點還在於它促使徐光啟（洗名保祿）皈依基督信仰。官拜禮部尚書兼文淵閣大學士，又是科學家的徐光啟，在中國的天主教史上當屬最重要的人物，他的真福品案已在審理程

---

37 Aleni, Vita del Maestro Ricci, pp. 54-55.
38 Fonti Ricciane II, pp. 314-315.
39 Fonti Ricciane II, pp. 75-78
40 Aleni, Vita del Maestro Ricci, pp. 56-59.

序中。以利瑪竇在《耶穌會與天主教進入中國史》書中採用的令人欣悅的說法，可稱他為「中國基督教會內顯要人物的中流砥柱」[41]。徐光啟是中國史上一位舉足輕重的大學士、科學家及政治家。1562 年 4 月 24 日生於上海，他克服重重困難，1604 年殿試時，才考中進士。1595 年在韶州，他初次結識郭居靜（Lazzaro Cattaneo），並從郭神父那裡對基督信仰有了初步認識，於 1600 年在南京與利瑪竇會晤後，才開始他皈依信仰的道路。那時候徐光啟做了個夢，或者看到神視，當時他不懂其中的含義，幾年後，在北京，利瑪竇把它解釋為天主親自啟示給他的有關三位一體的深奧道理。徐光啟曾在科學及宗教領域與利瑪竇密切合作，對利瑪竇欽佩萬分，並把他當作自己的父親。1608 年，在他的家鄉上海，大力推廣基督教信仰，直到今日上海依舊是天主教在中國的主要中心之一。

1603 年 1 月，徐光啟前往南京，請教羅如望（João Da Rocha），旨在加深信仰的研究。經過一整天的信仰探討，他帶回家一本尚未出版的《天主實義》手稿。當時能看到那些傳閱手稿的人都是十分傑出的文人學士，他們不但在閱讀時獲益匪淺，而且還有助於文稿的改進與完善。徐光啟通宵達旦地研讀要理書。如此，他被徹底說服，終於克服一切阻力，成為受洗的第一人，不久後他官拜禮部尚書兼文淵閣大學士（宰相級）管理國家大事。這件具有歷史意義的大事於 1603 年 1 月 15 日，發生在南京。徐光啟取洗名保祿，因傳教士們對他寄予厚望，並希望他能成為他人民的宗徒。鑒於此，徐光啟變成耶穌會士們[42]在歐洲十七世紀出版發行有關中國作品中的「保祿博士」[43]。

## 十八、要理書的刊行

自 1594 年始，利瑪竇至少提及二十來次他的要理書，或者更好地說是《天主實義》，告知我們關於編寫、印刷及人們對該作品的反應。

《天主實義》第一版於 1603 年 8 月 22 日完成，並於 1603 年 10 月至 12 月間在北京出版，刊行數日二百冊。

---

41 *Fonti Ricciane* II, p. 308.

42 Vedi i best-seller di Nicolas Trigault (1615), Daniello Bartoli (1663) e Athanasius Kicher (1667).

43 藉著閱讀《天主實義》手稿，徐光啟最終決定皈依天主教信仰的事蹟，在不同史料內都有記述，in *Della entrata, Fonti Ricciane* II, p. 254, e da Aleni in *Vita del Maestro Ricci*, p. 67.

范禮安指令於 1605 年在廣州刊行第二版《天主實義》，以便給日本運送一批。1607 年的新版，如上所述，是由李之藻編輯在杭州出版的。該版的一副本現珍藏於羅馬道明會圖書館（Casanatense）內。其後又多次重印並翻譯，於 1627 年由李之藻再版，隨後的幾個世紀陸續多次再版。利瑪竇要理書名被譯作意大利語：於 1827 年是《天主正觀》（*Genuina nozione di Dio*）[44]，於 1942 年由德禮賢譯作《天主實論》（*Solido trattato su Dio*）[45]。

## 十九、要理書引起的反響

利瑪竇公開表示他自己對這部作品十分滿意，還著重強調他的朋友們皆熱情迎接基督信仰的喜訊。利瑪竇重點指出，這本書成為他傳教工作的轉折點，因為它使眾人皆知他在中國的終極意義，清除掉一切能夠讓人誤解的地方：

> 去年出版了中文編寫的《天主實義》，它是我多年來辛苦的結晶，非常成功，凡喜愛真理的人都很欣賞它。[46]

> 以《天主實義》明示這些人，我們離鄉背井來到中國的真正目的，但由此產生的效果不盡相同，因為有些人對此仍執懷疑的態度，認為我們尚有其他不良企圖。[47]

利瑪竇還記述了反對者的批評之音，並指出他們無法對傳教士們採取破壞性的行動。1608 年，利瑪竇向總會長克勞迪奧·阿誇維瓦（Claudio Acquaviva）彙報說，那想詆毀此書的企圖被他的文上好友們，包括基督徒與非基督徒，一舉挫敗：

> 我可以說，這本《天主實義》深受那些願意認識真理之士的喜愛，但卻令那些沉迷於虛偽之中的人大為不快，他們對作者常常口誅筆伐。去年乃會試之年，全國十五省篩選出三百名進士〔考取功名、步入仕途的必經之路〕。其中一位對我們不太友善的進士撰文出書惡意誹謗我們，並對《天主實義》肆意攻擊。有人把這件事告知保祿進士〔徐光啟〕。依靠天主的助祐，主考官不但是我的好友，且在翰林院位高權重。他不願見到這位新進士在書中誣衊我們的信

---

44 Ferrero, p. 133.
45 *Fonti Ricciane*, I, p. 379.
46 Ricci ad Alaleoni, 26 luglio 1605, in *Lettere*, p. 419.
47 Ricci a Maselli, maggio 1605; *Lettere*, p. 376.

仰，而略加修改，使原本反對我們的詞句，變作駁斥邪神偶像的文章，如此一來，彷彿作者也變成我們的好友。經由徐保祿的協助，我親眼看了那位進士的原稿，還有已被修改的文章〔指禮部尚書楊道賓〕。[48]

在此前幾年，寫信給他的朋友，利瑪竇突出描寫一些人反對他的要理書：

有些人因著《天主實義》更加仇視我們，並開始羞辱我們。不過，這種不利的效果早就在我們的意料之中，我們相信天主會幫助我們的。通常情況下，進士或翰林的普遍反應是，對其內容新穎、理據確鑿，無不感到驚奇。許多人告訴我，此書已把那些拜偶像的邪教擊潰，面對我們的理據，他們根本無力辯駁。[49]

而那些尋求黑暗的人，看到它就煩躁不安，因其中有我們神聖信仰的光輝照耀。[50]

《天主實義》在國外，如韓國、越南、日本等，也很受歡迎。利瑪竇本人多次見證了這一點：

李之藻還不是基督徒，但相信他快要領洗了。他把我寫的關於天主之事的要理書再版了一次。這本書不只是為基督徒而編撰，也同樣地適用於非基督徒，如此一來，能使更多人認識我們神聖的信仰。該要理書不但在中國大受歡迎，在日本也甚受重視。在日本的副省會長巴範濟神父寫信告訴我們說，來自中國的這本權威著作派上了大用場，因此，范禮安神父讓人在廣東省再次印刷。[51]

由利瑪竇書信的其他片段印證《天主實義》在日本也大受歡迎的事實：「從日本方面來信告訴我，因為許多日本人也懂漢語，所以它在那裡也深受重視。」[52]儘管在日本已有范禮安編寫的要理書！

梅謙立（Thierry Meynard）指出，與范禮安編寫的日本要理書不同之處在於，利瑪竇「已深入到一種更具有語境的表達形式，在許多情況下，彰顯其對中國文化的讚賞。利瑪竇所取得的成就真是令人印象深刻，特別是要記得，在利瑪竇抵華五十年前，天主教會在日本就已經開始，但沒有任何作品能達

---

48 Ricci ad Aquaviva, 22 agosto 1608, in *Lettere*, p. 488.
49 Ricci a Maselli, maggio 1605; *Lettere*, p. 376.
50 Ricci ad Alaleoni, 26 luglio 1605, in *Lettere*, p. 419.
51 Ricci a Costa, 6 Marzo 1608, in *Lettere*, pp. 459-460.
52 Ricci ad Acquaviva, 22 agosto 1608, in *Lettere*, p. 488.

到同樣的深度……。毫無疑問，利瑪竇將亞洲和西方思想之間的辯論提升到了一個新的水平」[53]。我們在此發現了徒弟超越師傅，青出於藍而勝於藍的案例之一。

## 二十、「在中國的士兵們的痛苦煎熬」

　　1605 年，他寄送兩本《天主實義》給總會長阿誇維瓦，並請求他讓教宗保祿五世以及所有對它感興趣的人觀賞。利瑪竇確信他完成了一項十分重要的工作，因此他渴望在羅馬，雖然人們不懂漢語，但至少能意識到其中所蘊涵著的意義、困難及艱辛：

> 即便沒多大用處，但至少可以讓大家知道，那些在中國傳教的「士兵們」要耗費多少心血，才能把這些漢字記在腦海裏。我們又是多麼地需要天主相幫，多麼需要在基督內的神父及兄弟們為我們祈禱。[54]

　　《天主實義》是利瑪竇作品中最著名的書，也是他自認為最重要的作品。事實上，也的確如此，至今它仍是在中國的天主教史上最重要的一本書。

孫旭義　謹譯

## 參考書目

1. Quando si rimanda a *Della entrata*, ci si riferisce all'opera di Ricci *Della entrata della Compagnia di Giesù e Christianità nella Cina* (scritta a Pechino tra il 1609 e 1610), che Pasquale D'Elia ha riprodotto in *Fonti Ricciane*. Il testo tradotto e ampliato da Nicolas Trigault fu pubblicato in Augsburg nel 1615 sotto il titolo *De Christiana expeditione apud Sinas suscepta ab Societate Jesu*.

2. Quando si rimanda a *Fonti Ricciane*, ci si riferisce all'abbondante apparato critico di D'Elia in *Fonti Ricciane. Documenti originali concernenti Matteo Ricci e la storia delle prime relazioni tra l'Europa e la Cina (1579-1615)*, a

---

53 Meynard 2013.
54 Ricci a Acquaviva, 26 luglio 1605, *Lettere*, p. 416.

cura di Pasquale M. D'Elia, 3 voll. Roma: Libreria dello Stato, 1942-1949.

3. Matteo Ricci, *Lettere (1580-1609)*, (a cura di Francesco D'Arelli) Quodlibet, Macerata, 2001.

4. Matteo Ricci S.J., *The True Meaning of the Lord of Heaven (T'ien-chu Shuih-i)*. Translated, with Introduction and Notes by Douglas Lancashire and Peter Hu Kuo-chen, S. J. A Chinese-English Edition, edited by Edward J. Malatesta, S. J. Variétés Sinologiques – New Series 72. Ricci Institute Taipei-Paris-Hong Kong, 1985.

5. Matteo Ricci, *Il vero significato del Signore del Cielo*, traduzione e cura di Alessandra Chiricosta. Roma: Urbaniana University Press, 2006.

6. Giulio Aleni, *Vita del Maestro Ricci, Xitai del Grande Occidente* (a cura di Gianni Criveller). Brescia: Fondazione Civiltà Bresciana, Centro Giulio Aleni, 2010.

7. Daniello Bartoli, *Dell'istoria della compagnia di Gesù. La Cina, terza parte dell'Asia*, vol. III. Roma: Stamperia del Varese, 1663.

8. Elisabetta Corsi, "El debate actual sobre el relativismo y la producción en las misiones católicas durante la primera edad moderna: ¿Una lección para el presente ?", in Elisabetta Corsi (2008), a cura, *Órdenes religiosas entre América y Asia. Ideas para una historia misionera de los espacios coloniales*, El Colegio de México, Città del Messico 2008, pp. 17-54.

9. Elisabetta Corsi, "La retórica de la imagen visual en la experiencia misional de la Compañía de Jesús en China (siglos XVII-XVIII): una evaluación a partir del estado de los estudios", in Perla Chinchilla & Antonella Romano, a cura, *Escrituras de la modernidad: Los jesuitas entre cultura retórica y cultura científica*, Universidad Iberoamericana, Città del Messico 2008, pp. 94-95.

10. Gianni Criveller, *Dar razón de las cosas de nuestra santa fe. Géneros literarios y misión jesuita en Chinaal final del periodo Ming.* In (edited by) Antonella Romano, *Escrituras de la modernidad. Los jesuitas entre Cultura Retórica y Cultura Científica.* D. F. Mexico: Universidad Iberoamericana, A. C. Mexico, 2008, pp. 207-238.

11. Gianni Criveller, *Matteo Ricci. Missione e ragione. Una biografia Intellettuale*. Milano: PIMEdit, 2010.

12. Gianni Criveller, *Preaching Christ in late Ming China. The Jesuits's Presentation of Christ from Matteo Ricci to Giulio Aleni*. Taipei-Brescia: Ricci Institute & Fondazione Civiltà Bresciana, 1997.

13. Pasquale D'Elia, "Il Domma cattolico integralmente presentato da Matteo Ricci ai letterati della Cina", in *La Civiltà Cattolica*, 2, 1935, pp. 35-53.

14. Pasquale D'Elia, "Prima introduzione della filosofia scolastica in Cina (1584-1603)", in *The Bulletin of the Institute of History and Philology, Academia Sinica*, 28, 1956, pp. 141-197.

15. Pasquale D'Elia, "Quadro storico-sinologico del primo libro di dottrina cristiana in Cinese", in *Archivium Historicum Societatis Iesu*, 3, 1934, pp. 193-222.

16. Michele Ferrero, *The Cultivation of Virtue in Matteo Ricci's "The True Meaning of the Lord of Heaven"*. Taipei: Fu Jen Catholic University Press, 2004.

17. Athanasius Kircher, *China Monumentis, qua Sacris qua Profanis, Nec non variis Naturæ & Artis Spectaculis, Aliarumque rerum memorabilium Argumentis Illustrata*. Amsterdam: apud Jacobum a Meurs, 1667.

18. Thierry Meynard, "Ricci's Tianzhu Shiyi and Its Japanese Source" (2013). Articolo sottoposto al *Japanese Journal of Religious Studies*, ma non ancora pubblicato. Il Prof. Meynard l'ha gentilmente condiviso con l'autore di questa introduzione.

19. Thierry Meynard, "Some issues in the natural theology of Ricci and De Nobili", in *Satya Nilayam, Chennai Journal of Intercultural Philosophy* (February 2012), pp. 47-58.

20. Nicolas Standaert (edited by), *Handbook of Christianity in China*. Leiden-Boston: Brill-Könl, 2001.

# 導言 《天主實義》的神學

Antonio Olmi（奧覓德）

## 一、耶穌會士利瑪竇神父作品內的神學及要理

「你們往普天下去，向一切受造物宣傳福音，信而受洗的必要得救；但不信的必被判罪」[1]。耶穌基督所託付給門徒們的傳教使命包括傳遞和不斷深入認識信德寶藏（*depositum fidei*），即全部啟示信仰的內容[2]：這正是要理講授及神學在教會內扮演的角色。

要理講授（catechesi）主要是一種對基督信仰啟示內容的傳遞。它是「信仰的培育」[3]，其「決定性目標……不僅是與耶穌基督接觸，而是與祂共融且親密交往」[4]。傳教宣講——屬於要理範疇，但不等同於要理本身[5]——特別是為宣報福音做準備的，目的是為昭明基督信仰的理性層面；一方面，「採納」[6]與信仰本身相融的文化富源，另一方面，也「醫治」[7]並「轉變」[8]「那些與天主國相背的評判準則、思維模式或生活風格」[9]。

---

1 Mc 16, 15-16.
2 Cf. 1Tm 6, 20; 2 Tm 1, 13-14.
3 *Catechismo della Chiesa Cattolica* [CCC], 15 agosto 1997, 5.
4 Giovanni Paolo II, *Catechesi tradendae*, Esortazione apostolica circa la catechesi del nostro tempo, 16 ottobre 1979, 5.
5 Cf. *CCC*, 6.
6 Concilio Vaticano II, *Lumen Gentium* [LG], Costituzione dogmatica sulla Chiesa, 21 novembre 1964, 13.
7 *LG*, 17.
8 Paolo VI, *Evangelii nuntiandi*, Esortazione apostolica, 8 dicembre 1975, 19.
9 Congregazione per il Clero, *Concilium Vaticanum II*, Direttorio generale per la catechesi, 15 agosto 1997, 109.

神學卻在於它對啟示教義的深化。以「真正的科學知識」[10]為基礎，該學科「隱含著對信德理性的信仰探索」[11]；審視「一切隱藏在基督奧跡中的真理」[12]；且致力於那能使人不斷改善其對聖經與聖傳所「傳授的事實及言語的領悟」[13]。從「牧民關懷和全球性福傳使命」[14]來縱觀教會訓導，神學「若不在教會信仰的積極共融生活內，就無法得到詮釋」[15]——無論在任何時代及文化中，信仰都需要被捍衛並踐行。

　　儘管要理講授與神學有形式上的區別，但二者之間明顯存在著密切的聯繫；二者尤其在福傳事業上通力合作，彼此強化。事實上，為實現「成功護教」[16]，基督信仰喜訊的本位化（inculturazione）（或者，文化會通 interculturazione）[17]具有極重要的意義。凡致力於不同文明社會前沿的福傳者，都有捍衛所宣講喜訊的純淨性的義務：首當其衝的是應介紹「完整的福音信息，不疏漏任何最基本的內容，或對信仰寶藏進行篩選」[18]；彰顯出「正宗的福音信息，保證其完整純潔無暇，既不因怕被拒絕而降低其需求，也絕不附加其中原本沒有的重擔」[19]。

　　那麼，是否意味著每一位優秀的傳教士都必須是神學家呢？

　　答案取決於人們賦予該名詞的定義。如果我們將「神學家」理解為狹義

---

10　Congregazione per la Dottrina della Fede, *Donum veritatis*, Istruzione sulla vocazione ecclesiale del teologo, 24 maggio 1990, 9.

11　Congregazione per la Dottrina della Fede, *Donum veritatis*, 1.

12　Concilio Vaticano II, *Dei Verbum* [*DV*], Costituzione dogmatica sulla divina rivelazione, 18 novembre 1965, 24.

13　*DV*, 8.

14　Commissione Teologica Internazionale, "Magistero e teologia", 1975, in ID., *Documenti 1964-2004*, ESD, Bologna 2006, 97.

15　Commissione Teologica Internazionale, "Magistero e teologia", 100.

16　Congregazione per il Clero, *Concilium Vaticanum II*, 109.

17　Il termine "inculturazione", inteso come "lo sforzo della Chiesa per far penetrare il messaggio di Cristo in un determinato ambiente socioculturale, invitandolo a credere secondo tutti i suoi valori propri [...] conciliabili con il Vangelo" (Commissione Teologica Internazionale, "Fede e inculturazione", 1989, in ID., *Documenti 1964-2004*, 359) è stato assunto in numerosi documenti del Magistero (cf. Congregazione per il Clero, *Concilium Vaticanum II*, 109 nota 370). Su questa parola sono state avanzate autorevoli riserve; tra le più significative quelle di papa Benedetto XVI, che ha suggerito al suo posto l'uso di "incontro delle culture" o di "interculturalità" (cf. J. Ratzinger, *Fede. Verità. Tolleranza. Il cristianesimo e le religioni del mondo*, Cantagalli, Siena 2003, 60-74).

18　Congregazione per il Clero, *Concilium Vaticanum II*, 112; cf. Giovanni Paolo II, *Catechesi tradendae*, 30.

19　Congregazione per il Clero, *Concilium Vaticanum II*, 112.

的「神學專家」——主要致力於研究及教授這門學科的人——那麼答案是否定的；福傳要理講授並不特別要求傳教士從事學術意義上的科學研究。

相反，如果將「神學家」理解為，凡是深入反思天主啟示的奧秘，以加深理解，並使之更易於通傳他人者，那麼，在異於西方文化領域內福傳的每一位傳教士，為使基督信仰在本地文化範疇內「合乎理性」[20]，努力尋求對教會信仰有一種新的理解體認，就是在神學研究方面做出原創性的，有時甚至是基礎性的貢獻。

在此意義上，「神學家」的名號對於利瑪竇神父可謂名符其實。

這位瑪切拉塔的耶穌會士非常具有洞察力，從一開始就決志要「將天主教信仰帶到北京，然後遍布整個神州大地」[21]：這是一項異常艱辛的任務——在複雜的「傳教策略」環境下[22]——它需要將信仰喜訊先翻譯成在他同時代的中華文化能理解的術語[23]，還須掌握在教義的明晰度和審慎的牧靈工作之間的平衡[24]。為此，他的「信仰培育」直接針對所接觸的人與其所處的文化環境；由此他雙管齊下採用「間接宣道」和「直接宣道」兩個層面的培育，換言之，就是藉著《天主實義》（要理）及《天主教要》（基督教義）而培育信仰[25]。

直接宣道是利瑪竇要理講義的巔峰——它以基督教義為核心——針對慕道者和受洗者。其核心內容涵蓋信經綱要、十誡、真福、德性、天主經、聖母經、聖事，加上必要的對聖經及教會傳承的引證和詮釋。關於直接宣道的，利瑪竇最具代表性的作品有，1584年出版的《天主實錄》，這是他與另外一位耶穌會神父羅明堅（Michele Ruggieri）的合作成果；1584年刊行的《祖

---

20 Cf. 1Pt 3, 15.

21 G. Criveller, *Matteo Ricci, missione e ragione. Una biografia intellettuale*, PIMEdit, Milano 2010, 57. Il proposito di Ricci è ribadito più volte nella sua corrispondenza: cf. M. Ricci, *Lettere*, a cura di F. D'Arelli, Quodlibet, Macerata 2001, 85; 290; 339; 361-362; 369; 371-372; 389; 395-396; 403-404.

22 Cf. J. W. Witek, "The Missionary Strategy of Matteo Ricci in China during the late Ming Dynasty", in F. D'Arelli, ed., *Le Marche e l'Oriente. Una tradizione ininterrrotta da Matteo Ricci a Giuseppe Tucci*, IsIAO, Roma 1998, 33-55.

23 Cf. Giovanni Paolo II, "Discorso", in M. Cigliano, ed., *Atti del Convegno Internazionale di Studi Ricciani. Macerata-Roma, 22-25 Ottobre 1982*, Centro Studi Ricciani, Macerata 1984, 275.

24 Cf. Benedetto XVI, "Preghiere e stima per la Chiesa e per il nobile popolo cinese", in *L'Osservatore Romano*, 30 maggio 2010, 8.

25 Cf. G. Criveller, *Matteo Ricci, missione e ragione*, 74.

傳天主十誡》，也是他與羅神父同力合作的結晶；還有 1605 年出版的《天主教要》。

　　這一類的要理講義，對於領洗前的準備和基督徒生活的延續是至關重要的，主要直接針對那些已明志願意加入教會的人士；偶而也針對一些非基督徒，但通常都是傳教士們對他們皈依信仰懷著很大希望的人[26]。利瑪竇在神學方面的興趣側重於篩選適宜的術語，旨在將基督教義提綱挈領地譯作漢語；這是極為敏感的問題，一如在利瑪竇逝世後出現的「禮儀之爭」，主要圍繞在由這位瑪切拉塔的耶穌會士用以稱呼唯一真神的名字：天主、上帝及天[27]。

　　對於基督教教義的明晰教導，需要前期的認真籌備——也可以說間接福傳。這一類教理的實行顯示出了利瑪竇的傳教天賦，而在過去的幾個世紀裏他的方法曾被極大的曲解[28]，但現今已昭然若揭：聖教宗若望保祿二世曾將這位瑪切拉塔的耶穌會士與聖尤思定及亞歷山大里亞的聖克萊門特相提並論[29]，榮休教宗本篤十六曾評價說「利瑪竇是繼第一位傳教士若望·孟高維諾主教之後，中國近代福傳史上一位真正的璀璨明星」[30]。

　　間接福傳導源於「適應性模式」：「我在一切事情上皆入鄉隨俗」——利瑪竇曾言——「誠為所需，諸般言辭、達意之於西化哲思及吾邦之物，蓋相校而改之」[31]。但這位瑪切拉塔的耶穌會士，藉著不斷完善其適應中國文化本有的術語及概念，力求通傳一些新的事物給中國文明，他無意探索一種以自身為目標的「文化對話」，也無心將自己標榜為「文化使者」（僅從「世俗」層面而言）[32]。相反，他意在「校正」與其對話之人的思想——具備西方的「正確理性」（recta ratio）與儒學「正名」的雙重意義[33]，使之貫通廣袤的科學、哲學及倫理的領域；在嚴謹地研究學習這些學科真理後，最後引導與其對話者面對那無與倫比的真理：啟示性的天主的奧秘。

---

26 Cf. M. Ricci, "Lettera al p. Fabio de Fabii S. I., 9 maggio 1605", in ID., *Lettere*, 386.

27 Cf. G. Criveller, *Matteo Ricci, missione e ragione*, 82-84.

28 Sul triplice fraintendimento della figura e dell'opera di Ricci cf. A. Olmi, "Ragione e fede nel *Catechismo* di Matteo Ricci", in *Rivista di Teologia dell'Evangelizzazione*, 15 (2011), 1, 51-57.

29 Cf. Giovanni Paolo II, "Discorso", 275.

30 Benedetto XVI, "Preghiere e stima per la Chiesa e per il nobile popolo cinese", 8.

31 Cf. M. Ricci, "Lettera al p. Girolamo Costa S. I., 14 agosto 1599", in ID., *Lettere*, 363.

32 Cf. A. Olmi, "Ragione e fede nel *Catechismo* di Matteo Ricci", 55-56.

33 Cf.孔子，論語[*Dialoghi*], 13, 3.

　　在利瑪竇的諸多作品中，可被理解為間接福傳的工具有涉及科學、數學、幾何學、及天文學的研究，大部分皆是與別人合作的成果：例如 1584 年出版的《輿地山海全圖》；1607 年的《測量法義》；1607 年的《渾蓋通憲圖說》；1607 年的《幾何原本》；1607～1608 年間的《乾坤體義》；1613 年《同文算指》；1614 年的《圜容較義》及其他等。還有一些《未經中介人之手，而是自身對古西域哲理的發揮》[34]：譬如 1595 年的《交友論》；1595～1596 年間的《西國記法》。還有關於詩詞和倫理的作品，諸如 1605 年的《二十五言》；1608 年的《畸人十篇》；1608 年的《西琴曲意八章》。

　　然而，在利瑪竇所有這些間接福傳作品中最卓著、最完整、最有效的當屬《天主實義》（亦稱《要理書》）：他於 1603 年在北京予以出版[35]。利氏其他作品也取得很大的成功，如《畸人十篇》；《交友論》一書則被公認最具代表性，它體現了利瑪竇與中國文化及文人墨客之間的關係。不過，只有《天主實義》才可謂一部傑作，因為它不僅是福傳要理講授，更是通用的神學文獻。

　　時隔僅數年，較之前的意語譯本[36]，又出現了一本新意語譯本，也可證明該作品的重要性。它呈現給讀者的不僅在於其文筆優雅，更在於其內蘊涵的神學寶藏；迄今為止仍被大多的利瑪竇評論家所低估或者忽視[37]。

　　這種誤解可以被（部分地）諒解，因為利瑪竇本人既不承認他是一位嚴格意義上的「神學家」，也不是神學方面的學者，而且也不曾自認在神學領域做出顯著的貢獻；甚至也沒有提供「真正」詮釋性的鎖鑰，以協助人閱讀《天

---

34 M. Redaelli, Il mappamondo con la Cina al centro. Fonti antiche e mediazione culturale nell'opera di Matteo Ricci S.J., Edizioni ETS, Pisa 2007, 17.

35 L'uso del termine "catechismo", in riferimento a quest'opera, è stato contestato da alcuni; cf. D. Lancashire – P. Hu Kuo-chen, "Translators' Introduction", in M. Ricci, The True Meaning of the Lord of Heaven, Institut Ricci-Ricci Institute, Taipei-Paris-Hong Kong 1985, 15. Ma è lo stesso gesuita maceratese a chiamare Catechismo il VSSC: cf. ID., Lettere, 337; 369; 376; 378; 383; 384; 391; 399; 416; 419; 428; 449; 459; 472; 488; 519; ID., Della entrata della Compagnia di Giesù e Christianità nella Cina, direzione di P. Corradini, a cura di M. Del Gatto, Quodlibet, Macerata 20062 259; 317; 372; 375; 377; 416; 434; 454; 470; 475; 480; 546; 568; 569.

36 Cf. M. Ricci, Il vero significato del "Signore del Cielo", tr. it. di A. Chiricosta, Urbaniana University Press, Roma 2006. La traduzione della Chiricosta segue molto da vicino la già cit. traduzione inglese di D. Lancashire e P. Hu Kuo-chen: M. Ricci, The True Meaning of the Lord of Heaven.

37 Cf., ad esempio, la valutazione sostanzialmente negativa della prospettiva teologica del VSSC, espressa in D. Lancashire – P. Hu Kuo-chen, "Translators' Introduction", 47-53.

主實義》，從而使人系統地研究領悟天主的奧跡。

　　儘管如此，也不難發現啟迪並引導《要理書》中的主人公（西士及中士）借著對話尋求至高真理的模式——如果願意，亦可稱作範式（*paradigma*）[38]——認識到這種方法的寶貴價值，對當代（特別是）西方神學尤為重要。

## 二、利瑪竇的神學範式

　　《天主實義》中兩位對話者，通過神哲學知識，進行環環緊扣主題的辯論，可定義為：「以邏各斯為中心的智慧現實主義」（*realismo sapienziale logocentrico*）。

　　這裡的「現實主義」是指關於世界、人類、天主的概念，完全基於對事實的服從。

　　對事實的臣服意味著，首先，並不懷疑感官認知的價值：換言之，相信透過感官所有的活生生的經驗——視覺、聽覺、嗅覺、味覺、觸覺——這些並非虛幻，給出一個「物體」的確切影像，而那些「物體」獨立存在於認知之外。

　　除了對感官認知的信任外，還應最大程度地「對客觀事物的認知」（senso della realtà）[39]的考量：它是介於感官和理智的一種功能，類似於動物性本能作用在人身上，能使人直覺感知具體的倫理生活和認知的普遍原理[40]。這些原理構建出一些最原始的參照點，使人在現實中能夠為自己定向；凡對這些參照點一無所知，或者不會利用它們的人，就根本無法生存，更不必說人性的圓滿實現[41]。

---

38　Nel duplice senso del παράδειγμα platonico e aristotelico, cioè "modello" ed "esempio" (cf. Platone, *Timeo*, 29 b; Aristotele, *Analitici primi*, II, 24, 68 b 38).

39　Il "senso della realtà" – che alcuni autori chiamano "senso comune", con una locuzione che si presta a fraintendimenti – può essere inteso nell'accezione *soggettiva* (la facoltà che conosce le "verità originarie"), e nell'accezione *oggettiva* (l'insieme delle "verità originarie"). In generale, sull'argomento cf. P. Faggiotto, "Senso comune", in Centro studi filosofici di Gallarate, ed., *Enciclopedia filosofica*, IV, Sansoni, Firenze 1957, 546-547; A. Livi, *Filosofia del senso comune. Logica della scienza & della fede*, Ares, Milano 1990; ID., *Il senso comune tra razionalismo e scetticismo. Vico, Reid, Jacobi, Moore*, Massimo, Milano 1992. Cf. anche il classico R. Garrigou- Lagrange, *Le sens commun. La philosophie de l'être et les formules dogmatiques*, Nouvelle Librairie Nationale, Paris 1922.

40　Cf. Tommaso d'Aquion, *Summa Theologiae* [*STh*], I, 78, 4.

41　Cf. A. Olmi, "Sacralità del male e colpa originaria", in Id., ed., *Il peccato originale tra teologia e scienza*, ESD, Bologna 2008, 172.

　　人在認知能力上高於動物的特別標記就在於其理性：能從感官認知的具體性中提取出一般概念；能判斷，即肯定或否定與現實相對應的理念；會推理，即由一個判斷進入到另一個判斷，或從已知推論出真實的結論[42]。

　　當理智直覺性地把握可理解的真理——特別是第一原理，由對客觀事物的認知的非反思方式捕獲的原理——透過推理理性從一個概念進入到下一個概念：從某種意義上來說，「推理之於智力作用，猶如運動之於休憩，探索之於擁有」[43]。

　　理性之責任即在於將人領入真理及德性，引人朝向真知與善願；果真如此，就可謂有了正理（ορθὸς λόγος）——「正直理性」[44]。然而，理性也可能受情感支配，從而否定那些原本應服膺的普遍原理，其實，正是這些原理構建合理的論證。從理性混亂無序的運用，產生了無數宗教和哲學理念，但它們並不符合「對客觀事物的認知」[45]。

　　自然理性——屬於人的本性，人即是理性動物[46]——可以獲得完善，以把握那些大眾普遍接受的日常經驗範疇外的知識。科學理性是透過嚴謹的反覆驗證來探討宇宙的某些特定層面的；而哲學理性所關注的則是客觀事物的整體，以全景角度審視之，同時也囊括其特有細節。

　　然而，自然理性只能勉強抵達因果鏈的巔峰，也能獲得某些關於一切存有的至高根源的知識，而這種認知不僅有其侷限性，也很模糊。科學理性，根據其特有的驗證模式，將該方向的一切探索排除在外；哲學理性，雖有能力認識天主的存在，並定義祂的相關屬性，但是以純粹抽象的方式認識的。此外，這種認知的確實性，也因著人自身的理智與意志之間的客觀分歧產生偏差。該分歧阻礙思想正確地「運作」——也就是說，需要承認這種認知當中含有假設的成分，並且使思想能夠進一步發展，最終引導人遵照真與善的指示而行動。

　　對於協調頭腦和心靈，融合智力與情感，統一「抽象」認知和「相同本性」（connaturalità）[47]認知的嘗試，需要一份偉大的、熱情的、對真理完全的

---

42 Cf. *STh*, I, 79; 85.

43 *STh*, I, 79, 8.

44 Cf. Giovanni Paolo II, *Fides et ratio*, Lettera enciclica circa i rapporti tra fede e ragione, 14 settembre 1998, 4.

45 Cf. A. Livi, *Filosofia del senso comune*, 151.

46 Cf. Aristotele, *Politica*, I, 2, 1253 a 9; *STh*, I-II, 71, 2; II-II, 34, 5.

47 ESD, 1992.

愛；因為在有侷限的人性中，只有在人獲得理性德行最高級的智慧時[48]，才可以實現。智者透過經驗知道，對事物的深層認知，既來自理智又來自情感，二者同等重要。智者意識到要抵達真理的圓滿，不僅思想，還需整個的人去順應客觀事物。若要達到該境界，智者會下定決心，完全融入宇宙的秩序（物理的及倫理的）——換言之，遵照美德而生活。

　　借助於「智慧現實主義」，我們可以指示那在智慧理性中所發現的概念，引領人實現人之所是，並使人圓滿忠信地服從於客觀事實。

　　在某種意義上，智慧現實主義也是《天主實義》裏中國文士的觀點；作為儒學代表的他，倡導人生的首要意義在於修身養性，其實現方法是透過德性及正確地運用理性。正是在這裡，西方思想與中國「古典」思想顯而易見地不謀而合[49]。站在西士的角度看，智者不僅可以和諧地融入自然秩序中，更能夠管理它；「智者安排治理一切事物井然有序」（sapientis est ordinare）[50]。以中士的角度來看，君子——是值得效法的典範，也是儒學教育的終向——之所以有資格平天下，是因為已懂得修其身：不僅可以給萬物正名，還能在宇宙內的客觀事物及各種社會關係中給自己定位。

　　　　齊景公問政於孔子。孔子對曰：「君君，臣臣，父父，子子」。

　　公曰：「善哉！信如君不君，臣不臣，父不父，子不子，雖有粟，吾得而食諸？」[51]

　　但本性智慧無法使人對客觀事物有一種極限認知——或者是對絕對實體（Realtà suprema）的認知。無論是西士，還是中士，皆主張人靠著本性智慧無法在德性上臻於圓滿。除非憑著那在耶穌基督內對天主啟示的信德，人才能夠找到圓滿的真理，踏上那條引領人從惡習進入生命，使德性達至圓滿的道路，參與真福的天主性生命——道路、真理和生命，也就是耶穌基督本身，道成肉身的天主子[52]。

　　擁有啟示的信仰，除了信耶穌基督外，別無其他——相信耶穌基督是天

---

48　Cf. Tommaso d'Aquion, *Summa contra Gentiles*, IV, 12; *STh*, I, 1, 6; I-II, 57, 2 ad 2; II-II, 45, 2.

49　Ci riferiamo qui al confucianesimo dei testi canonici, considerato da Ricci come l'espressione più autentica della cultura cinese. Cf. A. Cheng, *Storia del pensiero cinese*. I. *Dalle origini allo "studio del Mistero"*, Einaudi, Torino 2000, 71-77.

50　Aristotele, *Metafisica*, I, 2, 982 a 18.; cf. *STh*, I, 1, 6 sc 1.

51　孔子，《論語》，12，11。

52　Cf. Gv 14, 6.

主「聖言」：這一術語（譯自希臘文 Λόγος 邏各斯）同時指，理性及言語——也就是說，具備通傳能力的理性。天主借著聖言創造了世界；時期一滿，就在基督內重整「上天下地的一切」[53]。

宇宙萬物，皆在聖言內，借著聖言，天父永恆的智慧[54]而受造，一切都是為了具有天主肖像[55]的人，他被召與具有神性位格的祂建立關係。有賴於對神性邏各斯（大寫 Λόγος）的參與，人性邏各斯（小寫 λόγος），才得以對客觀實體有所明瞭，進一步提升到智慧理性，並接受信德的光照[56]。

> 神性的天主就是那位顯示給我們如同邏各斯，行動起來也像邏各斯，為我們的益處仍在滿溢的愛中行動。當然，就如同聖保祿所說的，這愛「遠超」知識，且正因為如此，這份愛的感知力也遠勝單純思想所能及的（參弗 3：19），然而，它仍是那邏各斯天主的愛，為此基督徒的敬禮，亦如聖保祿所言，λογικη-λατρεία，是一種與永恆聖言及我們理性相協調的敬禮。（參羅 12：1）[57]。

因此，從天主教信仰的視角來看，利瑪竇神父以英雄般的方式生活出來的信仰，智慧現實主義——無論是西方文明，還是中國文明，都對這理念有廣泛的共識——成了「以邏各斯為中心的智慧現實主義」：意識到 ορθòς λόγος、正理、正名，都是人參與邏各斯聖言（Verbo-Λόγος），人參與神性的智慧理性（Sapienza-Ragione）；只有在運用「正理」（retta ragione）時，才能認識耶穌基督，並「按照理性生活」（亦即德行生活），才會讓我們跟他相遇。

在這裡我們還要重申，利瑪竇並不是一位神學家；儘管他沒有明確地從「現實—智慧—以邏各斯為中心」的觀點做神學反思，但事實上，他已經這樣

---

53 Ef 1, 10.

54 Sulla Sapienza come appropriazione del Verbo in teologia trinitaria, cf. A. Olmi, "Il concetto di appropriazione nel pensiero di Tommaso d'Aquino", in *Sacra Doctrina* 51 (2006), 2, 68-128.

55 Gn 1, 26.

56 "Il Dio veramente divino è quel Dio che si è mostrato come *logos* e come *logos* ha agito e agisce pieno di amore in nostro favore. Certo, l'amore, come dice Paolo, "sorpassa" la conoscenza ed è per questo capace di percepire più del semplice pensiero (cf. Ef 3, 19), tuttavia esso rimane l'amore del Dio-*Logos*, per cui il culto cristiano è, come dice ancora Paolo, λογικη λατρεία – un culto che concorda con il Verbo eterno e con la nostra ragione (cf. Rm 12, 1)" (Benedetto XVI, *Fede, ragione e università. Ricordi e riflessioni*, Discorso con i rappresentanti della scienza, 12 settembre 2006).

57 Benedetto XVI, *Fede, ragione e università. Ricordi e riflessioni*, Discorso con i rappresentanti della scienza, 12 settembre 2006.

做了。然而，這神學——實際體現在「適應性」的教理講授中——促使他藉著理性向華人宣講福音，並非因為它是最具「策略性」的途徑，換言之，僅出於考量其有效性及合理性；不是以對話的樂趣為目的；也不是為實現「文化匯通」，而是因為在一切文化之中和在所有人身上的第一粒「聖言的種子」[58]，就是理性本身。因此，正確使用人的理性——尤其是智慧理性——是最快捷、最穩妥的方式，以接近天主的言理，透過聆聽福音的宣講，信仰基督其人。

## 三、對客觀事物的順服

《天主實義》具體分為序言及八章正文。在序言中，利瑪竇以第一人稱，表達了他熱切渴望引領高貴的中華民族真正認識天主：

「但其理隱而難明，廣播而難盡知，知而難言，然而不可不學」。（14）

從第一章就以西士與中士的對話為開始；前者以一系列嚴謹的論證向後者證明天主的存有、至一性及完美性（第一章）；新儒家，道家和佛家的宗教哲學在理念上的錯誤（第二章）；人靈魂的不朽，及靈魂與生魂（動物魂）的本質區別（第三章）；新儒家及佛家的錯誤教導，其認為天主在萬物之內，將天主與萬物視為一體（第四章）；佛教的靈魂輪迴說的謬誤（第五章）；道教倫理的缺陷，地獄及天堂的真實存有（第六章）；人性本善，和基督宗教倫理的合理性（第七章）；天主教會人士獨身的合理性旨在為更好地傳道（第八章）；最後以簡述救恩史作結；中士雖未皈依信仰，卻承諾將要沉思默想從西士聽聞的一切：

「吾靜思之不勝大快，且不勝深悲焉。吾當退於私居，溫繹所授，紀而錄之，以志不忘，期以盡聞歸元真道。」（596）[59]

一旦發現了利瑪竇思想中的神學模式，就不難理清《天主實義》所要表達的內容。「現實」、「智慧」及「邏各斯中心」的三條中心線索，並非延續性展開，而是在辯論中交替出現；西士層層遞進地引述其一或者其他，穿插於不同的論據與修辭論述中：邏輯論證、實際範例、智慧類比、詩歌意境、

---

58 「聖言的種子」一詞，源自聖猶斯定（S. Giustino）以希臘文表達的「λόγοι σπερματικόι」。教父猶斯定認為只有在基督內，神性邏各斯才圓滿彰顯；而每個人——今天也可以說每個文化——的理性都擁有神性邏各斯的種子（σπέρμα）。參閱 B. Althaner, *Patrologia*, tr. It, Marietti, Torino 1977, 70-71.

59 至此而後，括號內的數字是指在該譯本正文使用的編號。

文學重溫、聖經引注，基督聖徒們的見證。對於這一整套概念及語言工具的運用，利瑪竇意在抓住那虛擬的中士——及真實的讀者！——為的是讓他們與「正理」相符，不抗拒來自神性邏各斯的恩寵：「反覆論辯，難脫此理。」（93）

借西士之口，利瑪竇呼籲使用正理（recta ratio），其根本前提建基於存在的客觀事實，且獨立於人的思想：「譬如西域獅子，知者信其有，愚人或不信，然而獅子本有，彼不信者，能滅獅子之類哉？」（179）

客觀事物的存有不僅僅侷限於為感官所察覺的範疇：「嗟嗟，愚者以目所不睹之為無也，猶瞽者不見天，不信天有日也。然日光實在，目自不見，何患無日？」（9）

客觀事物不是由單質構成，而是包含了無數類別式樣，其美就在於它的多樣性。「令天下物均紅色，誰不厭之？或紅、或綠、或白、或青，日觀之不厭矣」。（252）另外，單靠物體外在表象，並不能說明其本質相同：「鳳凰飛，蝙蝠亦飛，則鳳凰蝙蝠同歟？事物有一二情相似，而其實大異不同者。」（130）

其次，客觀事物可以被認知，人借助理性，可以辨別是非曲直：「人人有是非之心，不通此理，如失本心，寧聽其餘誕哉？」（75）

如果人不認識，就不會去愛：「愛之機在明達」（469）。另外，理性不僅可以把握感官所不及的物體，「外顯以推內隱，以其然驗其所以然」（182），而且理性還能確保其對客觀事物的認知，遠高出感官認知一籌：「以目睹物不如以理度之。夫目，或有所差，惟理無謬也……置直木於澄水中而浸其半，以目視之如曲焉；以理度之，則仍自為直，其木非曲也。」（181）

「上達以下學為基」（72）；為把握客觀事物的核心原理，不僅需從已顯明之處，演繹推導出隱晦之處，還要利用表象特徵如同內在本性之驗證，「觀其現，而達其隱」（272）。

最後，「必言顧行，乃可信焉」（218）；「立教者，萬類之理，當各類以本名」（190）。

第三點，客觀事物井然有序。可能正是它使西士中士會通，並成為最重要的根源性佐證。存在一條宇宙秩序不可動搖的、唯一的原理，這原理統御客觀事物存在的所有範疇，包括物質的、倫理的、社會的：「一家止有一長，二之則罪；一國惟得一君，二之則罪；乾坤亦特由一主，二之豈非宇宙間重

大罪犯乎？」（490）

　　客觀事物的不同組成部分的秩序包含其功用的多樣性：「令一身悉為首腹，胡以行動？令全身皆為手足，胡以見聞，胡以養生乎？」（531）。再者，「凡物類各有本性所向，必至是而定止焉。」（382）。這意味著一種道德秩序的存在：「吾言正意為為善本，惟謂行吾正，勿行吾邪；偷盜之事固邪也，雖襲之以義意，不為正矣。」（339）。

　　第四點，有果必有因。西士多次，並以多種表達方式，談到因果原理：「凡物不能自成，必須外為者以成之」（34）；「惟是靈者生靈，覺者生覺耳」（91）；「人從人生，畜從畜生，凡物莫不皆然」（43）。將此原理拓展延伸到整個客觀事物，就能證明有超乎一切的至高無上的第一因的存在：「必須推及每類初宗，皆不在於本類能生，必有原始特異之類化生萬類者──即吾所稱天主是也」（40）。

　　絕對動因必須是獨一無二的，因此，只能是唯一的天主。「使疑天地之間，物之本主有二尊。不知所云二者，是相等乎？否乎？如非相等，必有一微，其微者自不可謂公尊。其公尊者大德成全，蔑以加焉；如曰相等，一之已足，何用多乎？」（49）

　　第五點，有（存在）與無（非存在）之間，沒有中間道路：「凡事物，有即有，無即無」（180）。不相矛盾原理也以不同方式表達：「且理無二是」（494）；「善惡無間，非善即惡，非惡即善」（397）；「人不生則死，未死則生，固無弗生弗死者也」（397）；如果真有可能「合有與無、虛與實，則吾能合水與火、方與圓、東與西、天與地也，而天下無事不可也」（514）。

　　在《天主實義》中，利瑪竇也談到關於人的一些初始真理。人具有位格：「人以形、神兩端，相結成人，然神之精超於形，故智者以神為真己，以形為藏己之器」（442）。人的本性「兼得有形、無形兩端者也……此靈魂之為神也」（143）。人「能行善惡」（431），因此，行為本身決定其在倫理層面的責任。

　　人具有理性：此乃人有別於動物的根本所在，「無大乎靈才也。靈才者，能辨是非，別真偽，而難欺之以理之所無」（23）。另外，「是以魚鱉樂潛川淵，而不冀遊於山嶺；兔鹿性喜走山嶺，而不欲潛遊於水中」（155），「人之所願，乃知無窮之真，乃好無量之好」（383）。

　　與此同時，人也很可憐：脆弱且無力，無法挖掘並發揮自身的全部潛

力，因為人的「才之蔽耳」（290）。「人器之陋，不足以盛天主之巨理也」
（57）；「於是不寧、不足也」（127），儘管人傾向於服從理性，但還是被情慾
所拖累。

在與中士的對話過程中，西士不斷提示，只有以客觀事物的確定性為基
礎，有時才能讓人從自然理性過渡到哲學理性，更準確地說是，到「形而上
學的理性」，亦即亞里士多德－多瑪斯傳統中，將原初真理系統化的方式。西
士談及萬物的四因：「作者（動力因），模者（形式因），質者（質料因），為者
（目的因）」（45），「此於工事俱可觀焉」（45）。指自立者與依賴者之間的區
別：「物之不恃別體以為物，而自能成立，……斯屬自立之品者；物之不能立，
而托他體以為其物，……斯屬依賴之品者」（83）。以亞里士多德的物理闡釋
宇宙的形成：「凡天下之物，莫不以火氣水土四行相結以成。然火性熱乾，則
背於水，水性冷濕也；氣性濕熱，則背於土，土性乾冷也。」（138）。

有時人性也以實體形而上學的範疇來說明：「世界上存在著三種形式的
魂。最低級的稱之為「生魂」，即為草木所有……中級的稱之為「覺魂」，即在
禽獸體內……最高級的稱之為「理性魂」，也即人的「靈魂」；靈魂包含了生
魂和覺魂，不但可使人生長繁衍，還讓人擁有感覺意識，且又能使人思考，
明辨埋義。」（133）。

亞里士多德－多瑪斯的哲學概念，在普遍語言範疇內有其優勢，可更嚴
謹地表達關於客觀事物的更精準的認知。但它們皆屬於一種以非常「西方化」
的視野來描述世界、人和神，毫無疑問，與中華文明中「古典」的視野截然不
同。在《天主實義》中，利瑪竇嘗試著在文化交流的大背景下使用這些概念，
並未作太多的闡釋——幾乎將其置於術語的普遍範疇的同等水平——這可能
也是作品中最容易產生問題的一項環節，因為對於中國讀者太艱澀。

## 四、智慧的愛情

面對神性奧跡時，人的理性「永不能徹悟那些真理，不可能像瞭解合乎
理性自身的內容一樣。因為神性奧跡本身如此地超越受造物的理智，竟致它
雖受到在信德中已接受的神性啟示的光照，但為信仰的面紗所遮蓋，彷彿籠
罩在一種迷霧中，我們幾時住在這可朽的肉身內，『就是與主遠離，因為我們
現今只是憑信德往來，並非憑目睹』（格後 5：6～7）。」[60]

---

60 Concilio Vaticano I, *Dei Filius*, Costituzione dogmatica sulla fede cattolica, 24 aprile

　　誠然，自然理性能夠「在信德光照之下，勤奮地靠著天主的恩寵，獲得關於奧跡某方面的領悟，一方面是借其本性自然所認識事物的「類比」（Analogia），另一方面也是藉著奧跡本身的相互關係及人生終極意義」[61]；例如，理性對天主的存在及其重要屬性可確切知曉。

　　這種認知完全取決於它對智力的依賴程度，屬於「抽象」知識——對於至高存有者的生活實體相去甚遠。還有另外一種認知——「天賦」知識（cognitio per quandam connaturalitatem），換言之，「情感」認知（cognitio affectiva），或者「傾斜式」認知（per modum inclinations）[62]，——當理性不能直接捕獲其對象時（通過表象），就會間接地從事物本身所產生的效果去認識它。「情感認知」（conoscere affettivamente）不同於「靠感情認知」（conoscere con l'affetto）（不可能為之定義！），不過，感情認知是認識被某事物喚醒的情感；借助於此種共鳴，明瞭事物本身的美善——明白事物的美好程度。

　　天賦認知是智者特有的一種能力。憑著行善的美德實踐，智者不但能識辨善，而且可與其感同身受，懂得「以心靈的眼目觀看」，可感知深刻又微妙的真理，這完全不是抽象認知所能完成的[63]。

　　《天主實義》中的西士，除了運用形而上學和自然理性以外，還應用了智慧理性；與華夏文化相當志趣相投，這正是中西匯通的富饒土壤。「智慧真理」是在有德之士的情感認知的直覺中孕育而成，它比那由對客觀事物的認知而獲得的初始真理更加深奧，也比普通人理性概括的更加深沉；不像其他可借自身能力通傳之，需要對話人特別地敏銳，因為如果能夠與之交談，最好能以象徵性的圖像和詩意的典故，而不是論證和證據。

　　智慧理性特別關注的是人本身。因為人「超拔萬類，內稟神靈，外睹物理，察其末而知其本，視其固然而知其所以然，故能不辭今世之苦勞，以專精修道，圖身後萬世之安樂也」（24）。

　　「夫德之為業，人類本業也」（305）；還有，「夫修己之學，世人崇業。凡不欲徒稟生命與禽匯等者，必於是殫力焉。修己功成，始稱君子；他技雖

---

1870, 4 (H. Denzinger – P. Hünermann, *Enchiridion symbolorum definitionum et declarationum de rebus fidei et morum* [*DH*], 3016).

61　Concilio Vaticano I, *Dei Filius*, 4 (*DH*, 3016).

62　La terminologia riportata è usata da Tommaso d'Aquino in diversi luoghi della sua opera; cf. M. D'Avenia, *La conoscenza per connaturalità in S. Tommaso d'Aquino*, 141-145.

63　Cf. *STh*, II-II, 97, 2 ad 2; 162, 3 ad 1.

隆，終不免小人類也。成德乃真福祿；無德之幸，誤謂之幸，實居其患也（16）。

君子深知這現世，「非人世也，禽獸之本處所也」（127）；「豈可以今世幾微之樂姑為饜足者？一蚊之小，不可飽龍象；一粒之微，弗克實太倉」（159）。

故此，意識到這點後，「君子常自習其心，快以道德之事，不令含憂困而有望乎外；又時簡略體膚之樂，恐其透於心，而侵奪其本樂焉。大德行之樂乃靈魂之本樂也，吾以茲與天神侔矣；飲食之娛乃身之竊偷也，吾以茲與禽獸同矣」（310）。

出於對德行及美善的不懈追求，君子自然而然會有對天主訴求，在自己的思想及內心深處轉向真神。因為他們深知「天主道在人心」（9）；也深信「天下莫著明乎是也」（28）。因此，其行事為人，「欽若上尊，非特焚香祭祀，在常想萬物原父造化大功，而知其必至智以營此，至能以成此，至善以備此，以致各物萬類所需都無缺欠」（13）。

孔子不太關心宗教話題，至少不是以清晰直接的方式論及。他更注重的是人與其在社會中的角色。因此，正如《論語》所記載的：「樊遲問知，子曰：『務民之義，敬鬼神而遠之，可謂知矣。[64]』另有：「季路問事鬼神。子曰：『未能事人，焉能事鬼？』[65]

然而，利瑪竇對儒家四書五經的某些章節給予闡釋，談到「吾（基督宗教的）天主，乃古經書所稱上帝也」（104）；他從未懷疑過中國古代智慧，已對獨一無二的、超驗的天主有了認知。

中士也毫無保留地接受了西士的詮釋：「天主之為『大父母』也，『大君』也，為眾祖之所出，眾君之所命，生養萬物，奚可錯認而忘之？」（115）

在經過對佛家、道家和新儒家的宇宙觀進行辯論後（第二章）；在接受了人的靈魂與動物生魂的根本區別後（第三章）；在承認人與其他存有之間的本質不同，拒絕一切形式的一元論及泛神論後（第四章）；在明白輪迴的不可能性及實行齋戒的真正含義後（第五章）；中士面臨接受一個為他很陌生的倫理報酬的思想，他說：「《春秋》者，孔聖之親筆，言是非，不言利害也」（348）。

---

64 孔子，《論語》，6，22。
65 孔子，《論語》，11，12。

　　借著智慧理性直覺的引導，西士使與他對話的人，認為報酬的思想可以接受，善有善報：「王天下顧非利哉？人孰不悅利於朋友？利於親戚？如利不可經心，則何以欲歸之友親乎？仁之方曰：『不欲諸己，勿加諸人。』既不宜望利以為己，猶必當廣利以為人。以是知利無所傷於德也」（351）。

　　第七章智慧之路不斷攀升，當西士探討仁愛的論題時：「司明之大功在義，司愛之大本在仁，故君子以仁義為重焉。二者相須，一不可廢。然惟司明者明仁之善，而後司愛者愛而存之；司愛者愛義之德，而後司明者察而求之。但仁也者，又為義之至精。仁盛，則司明者滋明，故君子之學，又以仁為主焉」（451）。

　　在所有德性中，「仁，尊德也，德之為學，不以強奪，不以久藏毀而殺」（452）。但為在仁愛上不斷進步，還需愛善：「然於善有未通，則必不能愛。……是故愛之機在明達，而欲致力以廣仁，先須竭心以通天主之事理，乃識從其教也」（469）。

　　最終，致力善行取決於人對天主的認識與愛慕的程度：「其為天主也，正其所以成也……意益高者，學益尊，如學者之意止於一己，何高之有？至於為天主，其尊乃不可加矣，孰以為賤乎？」（457）

　　現今，「愛天主者，固奉敬之，必顯其功德，揚其聲教，傳其聖道，闢彼異端者」（476）。另一方面，「然愛天主之效，莫誠乎愛人也。所謂仁者愛人，不愛人，何以驗其誠敬上帝歟？」（477）

　　第八章中，中士在天主教傳教士的生活見證中發現，由西士所通傳的善表，就是為愛天主，而奉獻自己的生命去愛近人：「若謹慎以殉義，殉義以檢心，檢心以修身，修身以廣仁，廣仁以答天主恩也」（544）。

　　進入對真理的領悟與分享之境，西士讓中士認識到智慧理性——在人性本真上——已無法再突破。此刻，中士既領略到天主的偉大及美善，又深深體悟到人類的悲苦，他爆發出《天主實義》全程最亮點的祈求：「其既為世人慈父，烏忍我儕久居暗晦，不認本原大父，貿貿此道途？曷不自降世界親引群迷，俾萬國之子者明睹真父，了無二尚，豈不快哉？」（574）

## 五、參與神性邏各斯

　　鑑於《天主實義》利瑪竇著的要理教授的基本神學導言——也就是「人物之理，皆天主跡也」（216）——對直接宣講與間接宣講的界定，不能與抽

象區分的「理性神學」和「積極信仰」混為一談。原因就在於人性邏各斯參與神性邏各斯──就如同在基督內呈現出的一樣,「天主不可見的肖像」[66],人是按造物主的「肖像和模樣」而造成的──智慧理性不由自主地遠眺天主奧秘的光明深淵;信仰啟示的內容一旦被認識,就不會再感到陌生:「漸漸生長的『聖言的種子』,已在那聆聽之人的心中,在耶穌基督內救恩的奧跡臻於圓滿。教會必須認清那在天主聖神內淨化與光照的進程,是聖神開啟一切聆聽聖言者的心靈和理智,使他們服從信德[67]。」

在《天主實義》的一開始,利瑪竇就明確地援引聖經、教會聖傳、聖人行實、基督徒的信仰及優良傳統,因此,這一切都顯得不足為奇。在序言中,原罪也隱約可見:「人流之抗罔,無罪不犯。巧奪人世,猶未饜足,至以圖僭天帝之位,而欲越居其上」(4)。

另外,利瑪竇也以相當明確的方式來表達天主至聖聖三的奧跡,當談及在默觀到天主的全能、全知及其無窮美善時,「始為知大倫者云」(13)。

第一章,西士明確指出「天主」和「神」的本性:「夫即天主」──掌管宇宙,統御萬有,祂的存在可被自然理性所瞭解──「吾西國所稱『陡斯』是也」(28)。然後,他又論述,「有西土聖人,名謂奧梧斯悌諾〔奧斯定〕,欲一概通天主之說,而書之於冊」(54):敘述了孩童的寓言故事,企望把整個海水全部傾入他在沙灘上挖的小洞裏。

第二章,利瑪竇借「第二人稱」口吻,傾力反對將佛教「空」及道教「無」的一面,與另一面的天主相提並論,它是站不住腳的聯合空論,因為「空無」根本不能與「天主」的絕對超驗有任何的相比性:「此屈於理之言,請勿以斯稱天主也。夫神之有性,有才有德,較吾形之匯益精益高,其理益實,何得特因無此形,隨謂之『無』且『虛』乎?」(76)

第三章,除了提出理性的論證外,西士將《聖經》作為權威論點(163),旨在詮釋靈魂的不朽。之後,他緊接著介紹天主教的末世論:「增光於心,則卒騰天上之大光;增瞑於心,則卒降地下之大瞑,誰能排此理之大端哉?」(167)

第四章,還提及關於創世和天使的墮落:「天主經有傳:昔者天主化生天

66 Col 1, 15.
67 Pontificio Consiglio per il Dialogo Interreligioso – Congregazione per l'Evangelizzazione dei Popoli, *Dialogo e annuncio*, Riflessioni e orientamenti sul dialogo interreligioso e l'annuncio del Vangelo di Gesù Cristo, 19 maggio 1991, 70.

地,即化生諸神之匯,其間有一鉅神,名謂輅齊拂兒,其視己如是靈明,便傲然曰:「吾可謂與天主同等矣」。天主怒而並其從者數萬神變為魔鬼,降置之於地獄。自是天地間,始有魔鬼,有地獄矣」(208)。

第五章,論及魔鬼及其誘惑之能事:「魔鬼欲誑人而從其類」(266)。同時,也談到原罪及其後果:「自我輩忤逆上帝,物始亦忤逆我,則此害非天主初旨,乃我自招之耳。」(293)

第六章,詳述天主教關於天堂及地獄的教導,也提及煉獄的存在:「天主經云:『人改惡之後,或自悔之深,或以苦勞本身自懲,於以求天主之宥,天主必且赦之,而死後即可昇天也。倘悔不深,自苦不及前罪,則地獄之內另有一處以置此等人,或受數日數年之殃,以補在世不滿之罪報也,補之盡則以躋天。』」(401)。

之前,西士談到聖方濟各,「往時蔽邑」(368);為了闡明永生的意義,摘錄了聖方濟各行實一段關於朱尼伯祿(Giunipero)的敘述。

第七章,雙重愛的誡命——智慧理性已意識到了——直接源自天主,「非一夫之言;天主親貽正經,諸國之聖賢傳之,天下之英俊僉從之」(473)。因此,「夫仁之說,可約而以二言窮之,曰:『愛天主,為天主無以尚;而為天主者,愛人如己也。』行斯二者,百行全備矣。然二亦一而已。」(468)

簡要介紹了「天主之經」(485),亦即「天主經」,還指出聖經的不可錯誤性;「凡經半句不真,決非天主之經也。天主者,豈能欺人,傳其偽理乎?」(496)

最後,在第八章內,西士描述教會的體制:提到教宗,說他「專以繼天主頒教諭世為己職,異端邪說不得作於列國之間」(532);談及主日罷工,在那一天要停止工作,「皆聚於聖殿,謁禮拜祭,以聽談道解經者終日」(524);論及獻身與獨身生活,可使那些為愛天主而獨身的人,「愈靖以成己,愈便以及人也」(538)。

著作的最後幾頁談到救恩史,並指向耶穌基督:「(天主)於是大發慈悲,親來救世,普覺群品。於一千六百有三年前,歲次庚申,當漢朝哀帝元壽二年冬至後三日,擇貞女為母,無所交感,托胎降生,名號為耶穌——耶穌即謂救世也——躬自立訓,弘化於西土三十三年,復升歸天。」(580)

毫無疑問,關於基督信仰的啟示內容,還有很多要講的;如本質性的信仰內容,天主聖子為了我們降生成人,死而復活等。儘管如此,《天主實義》

及引導、啟發本書的神學，在中國福傳上是必不可缺的；因為它們引領人，不僅運用理性及言語，而且發揮到理性及言語的極限——在那建立並啟發人性邏各斯的神性邏各斯面前，人性邏各斯就是在中國文化中真正的「聖言的種子」，在渴望思想時，無需（超越）思想；在期盼言語時，無需（超越）言語：

> 「荃者所以在魚，得魚而忘荃；蹄者所以在兔，得兔而忘蹄；
> 言者所以在意，得意而忘言。吾安得夫忘言之人，而與之言哉」[68]。

孫旭義　謹譯

---

68 莊子，《莊子》，26，13。

目次

# Introduction
# 天主實義引
# Introduzione

1.

All doctrines about universal peace and righteous government of a country are centred on unity. Therefore, the wise and the virtuous have always advised the ministers to be loyal towards their one lord. Amongst the Five Human Relationships the most important is the one concerning the king, and the first of the Three Bonds in Human Relations is that binding the king to his ministers. A just person should understand this and act accordingly.[1]

平治[2]庸理，惟竟於一，故賢聖勸臣以忠。忠也者，無二之謂也。五倫甲乎君，君臣為三綱之首，夫正義之士，此明此行。

Tutte le dottrine sulla pace universale e sul giusto governo delle nazioni sono incentrate nell'unità; perciò gli uomini sapienti e virtuosi hanno sempre

---

1 The Five Human Relationships (五倫 wǔlún) of Confucian ethics are: king-minister, father-son, husband-wife, older brother-younger brother, friend-friend. The Three Bonds (三綱 sāngāng), within the Five Relationships, are the hierarchical relations between sovereign and minister, father and son, husband and wife.

2 平治，《大學》中的重要概念，出自「國治而後天下平」一語；庸理，《中庸》中的重要概念，朱熹的《中庸章句集注》中載有程子語，曰「庸者，天下之定理」。

consigliato ai ministri di essere leali verso l'unico signore. Tra le cinque relazioni umane la più importante è quella che riguarda il re, e il primo dei tre vincoli nelle relazioni umane è quello che lega il re ai suoi ministri; un uomo retto dovrebbe comprenderlo, e comportarsi di conseguenza.[3]

## 2.

In ancient times, whenever many heroes fought against each other dividing the country in periods of anarchy, and when it was uncertain who would be the rightful lord, every just man examined carefully who could be such a lord, ready to sacrifice his own life for him. This decision was irrevocable.

在古昔，值世之亂，群雄分爭，真主未決，懷義者莫不深察正統所在焉，則奉身殉之，罔或與易也。

Nei tempi antichi, quando in periodo di anarchia molti eroi combattevano tra loro dividendo il paese ed era incerto chi fosse il legittimo signore, tutti gli uomini retti scrutavano chi potesse esserlo, pronti a sacrificare la vita per lui; questa decisione era irrevocabile.

## 3.

Every country or nation has its own lord; how is it possible that only heaven and earth do not have a lord ? A nation must be united under one ruler; how is it possible that heaven and earth have two lords ? Thus the noble man cannot but recognize the Origin of heaven and earth, the Maker of creation, and then elevate his mind to Him.

邦國有主，天地獨無主乎？國統於一，天地有二主乎？故乾坤之原、造化之宗，君子不可不識而仰思焉。

Ogni paese o nazione ha il suo signore; com'è possibile che solo il cielo e la terra non abbiano un signore ? Una nazione deve essere unita sotto un unico signore; com'è possibile che il cielo e la terra abbiano due signori ? Perciò

---

3 Le cinque relazioni (五倫 wǔlún) dell'etica confuciana sono: sovrano-ministro, padre-figlio, marito-moglie, fratello maggiore-fratello minore, amico-amico. I tre vincoli (三綱 sāngāng), nell'ambito delle cinque relazioni, sono i rapporti gerarchici tra sovrano e ministro, padre e figlio, marito e moglie.

l'uomo nobile non può non riconoscere l'Origine del cielo e della terra, l'Artefice della creazione, ed elevare a Lui la mente.

## 4.

However, some rebelled and committed all sorts of sins;[4] they were not satisfied with taking possession of the human world, and even tried to usurp the seat of the Ruler of Heaven, aspiring to place themselves over Him.[5] But Heaven was too high for them to ascend to Him; their desire was impossible to satisfy. Therefore, they spread false and evil doctrines, and lied to the common people in order to efface every trace of the Lord of Heaven. They also promised happiness and benefits so that people should respect and worship them; thus, both they and the people sinned against the Supreme Ruler.[6]

人流[7]之抗罔，無罪不犯，巧奪人世，猶未饜足，至於圖僭　天帝[8]之位，而欲越居其上。惟天之高，不可梯升，人慾難遂，因而謬布邪說，欺誑細民，以泯沒　天主之跡，妄以福利許人，使人欽崇而祭祀之。

Tuttavia, alcuni si ribellarono e commisero ogni sorta di peccati;[9] non si accontentarono di impadronirsi del mondo degli uomini, ma tentarono di usurpare il posto del Sovrano del Cielo e ambirono a porre se stessi al di sopra di Lui.[10] Il Cielo però è troppo alto perché essi potessero ascendere sino a Lui; il desiderio di costoro era impossibile da soddisfare. Essi perciò diffusero

---

4 See *Gn* 6:5.

5 The word "Heaven" is written with a capital letter whenever it refers to God: such as in expressions like "Sovereign of Heaven" (天帝 Tiāndì), or "Lord of Heaven" (天主 Tiānzhǔ).

6 The expression "Supreme Ruler" (上帝 Shàngdì) originally referred to the supreme god of the 商 Shāng dynasty (about 1600-1046 BC); it is used by Ricci to indicate God.

7 根據利瑪竇在 BC 本中所寫的拉丁文簡介，人流即「惡人」（*impiores homines*）。

8 天帝，FJ 本作「天主」。原文「天帝」前空一字格，以示敬意。下文如在天主、天帝、上帝、中國、中華等之前空格均同此，在《引》中凡 12 處。

9 Cf. *Gn* 6, 5.

10 La parola "Cielo" è scritta con l'iniziale maiuscola quando si riferisce a Dio: come nelle espressioni "Sovrano del Cielo" (天帝 Tiāndì), o "Signore del Cielo" (天主 Tiānzhǔ).

dottrine false e malvagie, e mentirono alle gente comune per far sparire ogni traccia del Signore del Cielo. Promisero anche felicità e benefici affinché la gente li rispettasse e li venerasse; così, sia gli uni sia gli altri peccarono contro il Sovrano Supremo.[11]

## 5.

Consequently, Heaven sent down great calamities, generation after generation, evermore grievous.[12] Nevertheless, mankind did not ask itself the reason why. Alas! Alas! Does this not indicate that people have made thieves their lord ? Were virtuous persons not to appear, those monsters would fan the flames, and then real honesty and true loyalty would be destroyed.

蓋彼此皆獲罪於　上帝[13]，所以天之[14]降災，世世以重也，而人莫思其故。哀哉！哀哉！豈非認偷為主者乎？聖人不出，醜類胥煽，誠實之理，幾於銷滅矣。

Per questo motivo il Cielo ha fatto scendere grandi calamità, generazione dopo generazione sempre più gravi;[15] però l'umanità non se ne è chiesta la ragione. Ahimé! Ahimé! Ciò non indica forse che gli uomini hanno fatto dei ladri il loro signore ? Se non comparissero persone virtuose quei mostri soffierebbero sul fuoco, e allora la vera onestà e la vera fedeltà sarebbero distrutte.

## 6.

I, Matteo, left my country as a young man, travelled the wide world, and discovered that the doctrines which poison human beings have reached every

---

11 L'espressione "ovrano Supremo" (上帝 Shàngdì), originariamente riferita al dio supremo della dinastia 商 Shāng (circa 1600-1046 a.C.), è usata da Ricci per indicare Dio.

12 See *Gn* 6:17.

13 上帝，FJ 本作「天主」。利瑪竇同時採用「天主」和「上帝」，不過，天主出現 350 次，上帝只有 94 次。利瑪竇去世之後，1629 年，耶穌會士決定不再用「上帝」，並且，當他們重版《天主實義》時，以天主、上主、真主來代替「上帝」。後來，隨著禮儀之爭，巴黎大學及梵蒂岡都禁止用「上帝」。

14 之，FJ 本作「主」。

15 Cf. *Gn* 6, 17.

corner of the earth. I thought that the Chinese, the people of Yao and Shun, the disciples of the Duke of Zhou and Zhongni, had not changed the doctrines and teachings about Heaven, and had not allowed them to be contaminated.[16]

竇也從幼出鄉，廣遊天下，視此厲毒無陬不及，意 中國堯舜之氓、周公仲尼之徒，天理天學[17]，必不能移而染焉。

Io, Matteo, ho lasciato il mio paese quando ero ancora ragazzo, ho viaggiato per il vasto mondo e ho scoperto che le dottrine velenose per gli uomini hanno raggiunto tutti gli angoli della terra. Credevo che i cinesi, popolo di Yao e Shun, discepoli del duca di Zhou e di Zhongni, non avessero mutato le dottrine e gli insegnamenti riguardanti il Cielo, e non avessero consentito che venissero contaminati.[18]

## 7.

But inevitably, some of them consented to it. I would humbly like to prove this, but I am just a lone traveller coming from afar, and my spoken and written language is different from Chinese; I can neither open my mouth nor move my hands. Because of my foolishness, I fear, the more I try to explain the less I succeed in being clear.

而亦間有不免者。竊欲為之一證，復惟遐方孤旅，言語文字與 中華異，口手不能開動，短材質鹵莽，恐欲昭而彌暝之。

---

16 The emperors 堯 Yáo and 舜 Shùn, also known as the Two Emperors, are almost mythological figures belonging to the group of the Three Sovereigns and Five Emperors (三皇五帝 Sānhuáng-Wǔdì), who lived between 2850 and 2205 BC, during the period preceding the 夏 Xià dynasty. The Duke of 周 Zhōu, who lived around 1100 BC, was considered by Confucius as an exemplarily wise and virtuous politician. 仲尼 Zhōngní is the "courtesy name" of Confucius (孔夫子 Kǒngfūzǐ, also known as 孔子 Kǒngzǐ, 551-479 BC).

17 天，FJ 本作「大」。「天理」指示宋明理學的哲理。這裡的「天學」指示關於天主的認識，即神學。

18 Gli imperatori 堯 Yáo e 舜 Shùn, detti anche i Due Imperatori, sono figure quasi mitologiche appartenenti al gruppo dei Tre Sovrani e Cinque Imperatori (三皇五帝 Sānhuáng-Wǔdì), vissuti tra il 2850 e il 2205 a.C., nel periodo precedente la dinastia 夏 Xià. Il duca di 周 Zhōu, vissuto intorno al 1100 a.C., venne considerato da Confucio come il modello dell'uomo politico saggio e virtuoso. 仲尼 Zhōngní è il nome di cortesia di Confucio (孔夫子 Kǒngfūzǐ, conosciuto anche come 孔子 Kǒngzǐ, 551-479 a.C.).

Tuttavia, inevitabilmente, qualcuno di loro lo ha permesso. Vorrei umilmente dimostrarlo, ma sono un viaggiatore solitario proveniente da lontano, e la mia lingua parlata e scritta è diversa da quella cinese; non posso aprire bocca né muovere le mani. A causa della mia ottusità, io temo, più cerco di spiegare meno riesco ad essere chiaro.

## 8.

Humbly, for a long time, I have deplored such a situation. For more than twenty years every morning and evening I prayed in tears, looking at Heaven: raising my eyes to the Lord of Heaven I realized that He has mercy on human beings and forgives them, and that the day would surely come when the true doctrines would be made known and the false ones would be corrected. Finally, one day two or three friends told me that, despite not being able to speak properly, I could not remain silent if I saw a thief; if I shouted and a strong and compassionate man were nearby, he would chase and attack the felon. So I wrote down these dialogues which occurred between me and some Chinese scholars, and collected them into a book.

鄙懷久有慨焉，二十餘年，[19]旦夕瞻天泣禱，仰惟　天主矜宥生靈[20]，必有開曉匡正之日。忽承二三友人見示，謂雖不識正音，見偷不聲，固為不可，或傍有仁惻矯毅，聞聲興起攻之。竇乃述答中士下問[21]吾儕之意，以成一帙。[22]

Umilmente, per molto tempo, ho deplorato questa situazione, e da più di vent'anni ogni mattina e ogni sera prego in lacrime guardando il Cielo: volgendo lo sguardo al Signore del Cielo mi rendo conto che Egli ha pietà degli esseri umani e li perdona, e che sicuramente verrà il giorno in cui saranno rese

---

19 1582 年 8 月 7 日，利瑪竇到達澳門。當他寫這篇序時（1603 年 8 月 22 日），他來中國剛好二十年零幾天。

20 生靈指代人。

21 下問，出自《論語・公冶長》：「子貢問曰：孔文子何以謂之文也？子曰：敏而好學，不恥下問，是以謂之文也。」作者在此表自謙之意。

22 「二三友人」中有馮應京，不過，在《天主教傳入中國史》中，利瑪竇不用妨礙盜賊的比喻，而用醫生治療病人的比喻（參見 D'Elia, *Fonte Ricciane*, N. 710, p. 301）。關於《天主實義》的寫作過程，參見引論。

note le dottrine vere e saranno corrette quelle false. Finalmente, un giorno, due o tre amici mi dissero che, pur non essendo in grado di parlare correttamente, non potevo rimanere in silenzio vedendo un ladro; se avessi gridato e un uomo compassionevole e forte fosse stato lì vicino, l'avrebbe inseguito e attaccato. Perciò ho messo per iscritto questi dialoghi intercorsi tra me e alcuni letterati cinesi, e li ho raccolti in un libro.

## 9.

Alas, a foolish man who thinks that what his eyes cannot see does not exist, is like a blind man who believes no sun to be in the sky because he does not see the sky. On the contrary, sunlight actually exists; even though the blind man's eyes cannot see it, does the sun perhaps not exist? The Way of the Lord of Heaven is already present in the hearts of people,[23] but they do not understand it immediately; and furthermore, they are not inclined to reflect on this issue.

嗟嗟，愚者以目所不覩之為無也，猶瞽者不見天，不信天有日也。然日光實在，日自不見，何患無日？　天主道在人心，人自个覺，又不欲省。[24]

Ahimé, uno stolto che pensi non esistere ciò che i suoi occhi non vedono è come un cieco che creda non esserci il sole in cielo, perché non vede il cielo. Invece la luce del sole c'è realmente; anche se gli occhi del cieco non possono vederlo, forse il sole non esiste? La Via del Signore del Cielo è già presente nei cuori degli uomini,[25] ma essi non la comprendono immediatamente; e inoltre, non sono inclini a riflettere su tale questione.

## 10.

People do not know that the Lord of Heaven, despite not having a visible body, is like the Great Eye, which sees everything; like the Big Ear, from which

---

23 See *Rm* 1:19.

24 《羅馬書》一 19～20：「因為認識天主為他們是很明顯的事，原來天主已將自己顯示給他們了。其實，自從天主創世以來，祂那看不見的美善，即祂永遠的大能和祂為神的本性，都可憑祂所造的萬物，辨認洞察出來，以致人無可推諉。」

25 Cf *Rm* 1,19.

nothing escapes; like the Big Foot, which arrives everywhere. For a good son, He is like the benevolence of the father and mother ; for a bad one, He is like the judicial power of the courts.

不知天之主宰，雖無其形，然全為目，則無所不見；全為耳，則無所不聞；全為足，則無所不到。[26]在肖子，如父母之恩也；在不肖，如憲判之威也。

Gli uomini ignorano che il Signore del Cielo, malgrado non abbia un corpo visibile, è come il Grande Occhio a cui nulla sfugge nel vedere; è come il Grande Orecchio a cui nulla sfugge nell'udire; è come il Grande Piede, non c'è luogo a cui non arrivi. Per un figlio buono, è come il favore del padre e della madre; per uno cattivo, è come il potere dell'autorità giudiziaria.

## 11.

All people who do good believe with certainty in the existence of a supremely honoured One, who rules the world. If such a supremely honoured One did not exist, or if He existed and did not intervene in human affairs, would this not shut the door to doing good and open the road to doing evil ?

凡為善者必信有　上尊者[27]理夫世界；若云無是尊，或有而弗預人事，豈不塞行善之門，而大開行惡之路也乎？

Tutti gli uomini che agiscono bene credono con certezza nell'esistenza di Colui che è sommamente onorato e che governa il mondo. Se Colui che è sommamente onorato non esistesse, o se esistesse e non intervenisse nelle faccende umane, ciò non chiuderebbe la porta all'agire bene e aprirebbe la strada all'agire male ?

## 12.

When they see that lightning only strikes dry trees, but not wrongdoers, they doubt that there exists a God above. They do not know that the net of Heaven is spread everywhere, and that no one who has acted with malice can

---

26 利瑪竇用人形的方式來談天主，不過，這種說法如今看起來有一點奇怪。

27 上尊出現五次（11、13、29、230、548）；意思比較接近尊主五次（30、31、49、226）。

escape His judgment; the later it will come, the more severe it will be.

人見霹靂之響徒擊枯樹，而不即及於不仁之人，則疑上無主焉。不知天之[28]報咎，恢恢不漏，遲則彌重耳。[29]

Quando si vede che i fulmini colpiscono soltanto gli alberi secchi, ma non le persone malvagie, si dubita che lassù in alto esista un Signore. Si ignora che la rete del Cielo è stesa ovunque, e che nessuno che abbia agito con cattiveria può sfuggire al Suo giudizio; più tardi esso giungerà, più severo sarà.

## 13.

Therefore, the way we admire and adore the supremely honoured One is not limited to lighting incense and making sacrifices to worship Him, but also consists in often meditating on the great work of the original Father, the creator of all things. By so doing we can understand that the ten thousand species will not lack anything of need: because it is thanks to His omniscience that He administers the universe, thanks to His omnipotence that He creates it, thanks to His infinite goodness that He makes it perfect. Thus, we begin to know Him who lives in the Great Relationship.[30]

顧吾人欽若[31] 上尊，非特焚香祭祀，在常想萬物原父造化大功，而知其必至智以營此，至能以成此，至善以備此，以致各物萬類所需，都無缺欠，始為知大倫者云。

Pertanto, il nostro modo di ammirare e adorare Colui che è sommamente onorato non si limita soltanto ad accendere incenso e a fare sacrifici per venerarlo, ma consiste anche nel meditare spesso sulla grande opera del Padre originario, creatore di tutte le cose. Così facendo possiamo capire che alle diecimila specie non mancherà nulla del necessario: poiché è grazie alla Sua onniscienza che Egli amministra l'universo, grazie alla Sua onnipotenza che lo crea, grazie alla Sua infinita bontà che lo rende perfetto. E allora, iniziamo a

---

28 之，FJ 本作「主」。

29 天主作為倫理生活的必需基礎，這樣的論說在第六卷被展開。

30 The expression "the Great Relationship" could be a reference to the Holy Trinity.

31 欽若，敬順。出自《尚書·堯典》：「乃命羲和，欽若昊天，曆象日月星辰，敬授民時。」

conoscere Colui che vive nella Grande Relazione.[32]

14.

However, because His doctrine is so mysterious, it is difficult to understand; because its contents arc so vast, it is difficult to know them completely; and even what is understood is difficult to explain. Nevertheless, we cannot but study it.

但其理隱而難明，廣博而難盡知，知而難言。然而不可不學。

In ogni caso, poiché la Sua dottrina è così misteriosa, è difficile da comprendere; poiché i Suoi contenuti sono così vasti, è difficile conoscerli completamente; e anche ciò che si comprende è difficile da spiegare. E tuttavia, non possiamo non studiarlo.

15.

Although we know so little about the Lord of Heaven, the advantage of knowing this little is far superior to a more extensive knowledge of many other things.[33] My hope is that the reader of this *True meaning* will not underestimate the doctrine about the Lord of Heaven because of the poverty of my writing. The universe cannot contain the Lord of Heaven, so how could this booklet contain Him ?[34]

雖知　天主之寡[35]，其寡之益，尚勝於知他事之多。[36]願觀《實義》者，勿以文微而微　天主之義也。若夫　天主，天地莫載，小篇孰載之？[37]

---

32 Nell'espressione "Grande Relazione" (大倫 Dàlún) è possibile ravvisare un riferimento alla Santissima Trinità.

33 See Thomas Aquinas, *Summa Theologiae* [*STh*], I, 1, 5 ad 1.

34 See *Jb* 38:3; *Jn* 21:25; *Rm* 11:33.

35 寡，FJ 本作「寬」。

36 見聖多瑪斯・阿奎那《神學大全》（St. Thomas Aquinas, *Summa Theologiae*）第一冊，第 9 頁（高旭東、陳家華等譯，碧嶽學社，中華道明會出版，2008 年版）:「可能有的極微少的有關最高事物的知識，也比最確實的有關最低事物的知識，更值得思慕。」

37 見《若望福音》二一 25:「耶穌所行的還有許多別的事；假使要一一寫出來，我想所要寫的書，連這世界也容不下。」

Malgrado la nostra cognizione così scarsa del Signore del Cielo, il vantaggio di conoscere questo poco è decisamente superiore al sapere molto di altre cose.[38] La mia speranza è che il lettore di questo *Vero significato* non sottovaluti la dottrina che riguarda il Signore del Cielo a causa della povertà del mio scritto. L'universo non può contenere il Signore del Cielo, come potrebbe contenerLo questo libretto?[39]

> Date: the thirty-first year of Wanli, that is, the year Guimao,
> the seventh month, the day after the full moon[40].
> Written by Matteo Ricci
> 時萬曆三十一年歲次癸卯七月既望利瑪竇書[41]
> Data: trentunesimo anno di Wanli, ovvero l'anno Guimao,
> il settimo mese, il giorno successivo alla luna piena[42].
> Scritto da Matteo Ricci

---

38 Cf. Tommaso d'Aquino, *Summa Theologiae* [*STh*], I, 1, 5 ad 1.

39 Cf. *Gb* 38,3; *Gv* 21,25; *Rm* 11,33.

40 萬曆 Wànlì is the name given by the emperor 朱翊鈞 Zhū Yìjūn, of the 明 Míng dynasty, to the period of his reign (1573-1619). The year 癸卯 guǐmǎo is the fortieth of each calendar cycle, which indicated the years with pairs of signs taken from two series: the Ten Celestial Trunks (天干 tiāngān) and the Twelve Earthly Branches (地支 dìzhī). The day indicated by Ricci corresponds, in the Gregorian calendar, to the 22nd of August, 1603.

41 即 1603 年 8 月 22 日。

42 萬曆 Wànlì è il nome dato al periodo del suo regno (1573-1619) dall'imperatore 朱翊鈞 Zhū Yìjūn, della dinastia 明 Míng. L'anno 癸卯 guǐmǎo è il quarantesimo di ogni ciclo del calendario ottenuto indicando gli anni con coppie di segni tratti da due serie: i dieci tronchi celesti (天干 tiāngān) e i dodici rami terrestri (地支 dìzhī). Il giorno indicato da Ricci corrisponde, nel calendario gregoriano, al 22 agosto 1603.

# First Part
# 上　卷　燕貽堂較梓[1]
## Parte I

---

# Chapter 1: On the creation of Heaven, Earth and ten thousand beings from the Lord of Heaven, and on the way He exercises His authority over them and keeps them alive

## 首　篇　論天主始製天地萬物而主宰安養之

Capitolo I: Intorno alla creazione del Cielo, della Terra e dei diecimila esseri da parte del Signore del Cielo, e a come Egli eserciti la Sua autorità su di essi e li mantenga in vita

16.

*The Chinese Scholar says*: The search for self-perfection is a goal considered by everybody of supreme importance. Anyone who wishes to measure up to the life which was given to him and does not want to be compared to an animal, must certainly exert himself to the highest degree. He who succeeds in perfecting himself can be considered a noble man; otherwise, despite having other qualities, he will remain a petty man.[1] To succed in the achievement of virtue is true happiness and true wealth; happiness without virtue is not authentic, but is established on tribulation.

中士曰：夫修己[2]之學，世人崇業。凡不欲徒稟生命與禽彙等者，必於是殫力焉。修己功成，始稱君子；他技雖隆，終不免小人類也。成德乃真福祿；無德之幸，誤謂之幸，實居其患耳。

*Il Letterato Cinese dice*: La ricerca della perfezione di sé è un obiettivo considerato da tutti di importanza suprema. Chiunque voglia essere all'altezza della vita che gli è stata donata e non voglia essere paragonato a un animale, certamente deve impegnarsi al massimo grado. Chi riesce nel perfezionamento di sé può essere considerato un uomo nobile; altrimenti, malgrado abbia altre doti, rimarrà un uomo meschino.[3] Riuscire nella virtù è la vera felicità e la vera ricchezza; la felicità senza virtù non è autentica, ma si fonda sulla tribolazione.

---

1 The expression "noble man" (君子 jūnzǐ), literally "son of lord", was used by Confucius to indicate the person who excels in virtue. It can also be translated as "superior man", "man of quality", "man of value". The expression "petty man" (小人 xiǎorén), literally "little man", can also be translated as "lower man", "worthless man", and indicates, in the Confucian tradition, the person who has qualities opposite to those characterizing the "noble man".

2 修己，出自《論語・憲問》。原文為，子路問孔子，子曰：「修己以敬」；曰：「如斯而已乎？」曰：「修己以安人」；曰：「如斯而已乎？」曰：「修己以安百姓。修己以安百姓，堯舜其猶病諸？」

3 L'espressione "uomo nobile" (君子 jūnzǐ), alla lettera "figlio di signore", utilizzata da Confucio per indicare l'essere umano che eccelle nella virtù, può anche tradursi come "uomo superiore", "uomo di qualità", "uomo di valore". L'espressione "uomo meschino" (小人 xiǎorén), alla lettera "uomo piccolo", può essere tradotta anche come "uomo inferiore", "uomo dappoco", e indica, nella tradizione confuciana, la persona dalle qualità opposte a quelle che caratterizzano l' "uomo nobile".

17.

When someone travels, he is bound to the road only because he wants to arrive at his destination. Therefore, the reason for keeping the road in good condition is not given from the road itself, but from the place to which it leads. Now, where does the Way of self-perfection lead us? Although this is clear in this world, this is not clear after death.

世之人，路有所至而止，所以繕其路，非為其路，乃為其路所至而止也。吾所修己之道，將奚所至歟？本世所及，雖已略明，死後之事，未知何如。[4]

Quando qualcuno viaggia, dipende dalla strada solo perché vuole giungere a destinazione; perciò la ragione di mantenerla in buone condizioni non è data dalla strada in sé, ma dal luogo a cui essa conduce. Ora, dove ci porta la Via del perfezionamento di noi stessi? Malgrado sia chiaro in questo mondo, non lo è dopo la morte.

18.

I have heard that you, Sir, have travelled around the world; that you instruct people about the Scripture and the will of the Lord of Heaven; and that you encourage them to do good. Therefore, I would like to receive your teachings.

聞先生周流天下，傳授天主經旨，迪人為善，願領大教。

Ho sentito dire che Lei, Signore, ha viaggiato per tutto il mondo, insegna alle persone la Scrittura e la volontà del Signore del Cielo, e le incoraggia a compiere il bene; vorrei pertanto ricevere il Suo insegnamento.

19.

*The Western Scholar replies*: I am grateful for your consideration, but I do not know what you wish to ask about the Lord of Heaven.

---

4　羅明堅有類似的說法：「今世之事雖略明，死後之理誠未知何如也」(《新編西竺國天主實錄》第九頁，Chinese Christian Texts from the Roman Archives of the Societies of Jesus, vol. 1, pp. 1-85, edited by Nicolas Standaert & Andrian Dudink, Taipei, Taipei Ricci Institute, 2002。以下簡稱《天主實錄》)。儒家很少討論死亡，不過，中士一開始想知道關於「死後之事」。可以比較《論語》11.11：「未知生，焉知死？。」

西士曰：賢賜顧，不識欲問天主何情何事？

*Il Letterato Occidentale replica*: Le sono grato per la Sua considerazione, ma non so che cosa Lei voglia chiedere a proposito del Signore del Cielo.

## 20.

*The Chinese Scholar says*: I have heard that the teachings of your revered religion are so profound and mysterious that they cannot be explained in just a few words. However, your admirable nation only worships the Lord of Heaven; it is said that in the beginning He created heaven and earth,[5] mankind and all things, and that He exercises authority over them and keeps them alive. In my ignorance, I never heard anything about these matters, and none of our sages and scholars of ancient times has ever spoken about them. I do hope to receive your teachings.

中士曰：聞尊教道淵而旨玄，不能以片言悉。但貴國惟崇奉天主，謂其始製乾坤人物，而主宰安養之者。愚生未習聞，諸先正未嘗講。幸以誨我。

*Il Letterato Cinese dice*: Ho sentito dire che gli insegnamenti della Sua riverita religione sono così profondi e misteriosi da non poter essere spiegati in due parole. Però la sua ammirabile nazione venera soltanto il Signore del Cielo; si dice che al principio Egli abbia creato il cielo e la terra,[6] gli uomini e tutte le cose, e che eserciti la Sua autorità su di essi e li mantenga in vita. Io, nella mia ignoranza, non ho mai sentito nulla riguardo a ciò, e nessuno dei nostri sapienti e letterati dei tempi antichi ne ha parlato. Spero di poter ricevere i Suoi insegnamenti.

## 21.

*The Western Scholar replies*: The doctrine on the Lord of Heaven is not the doctrine of one man, or one family, or one country; all the great nations, from the West to the East, have learned it and observe it. What has been transmitted by sages and scholars since the Lord of Heaven created heaven and earth,

---

5 See *Gn* 1:1.
6 Cf. *Gn* 1,1.

mankind and all things, has been handed down to the present times through the Scripture and Tradition, so as to leave no room for doubt. The scholars of your esteemed nation, however, have seldom had contact with others; therefore, they cannot understand the languages and the culture of our countries, and know little of our peoples.

西士曰：此天主道，非一人一家一國之道。自西徂東，諸大邦咸習守之。聖賢所傳，自天主開闢天地、降[7]生民物至今，經傳授受，無容疑也。但貴邦儒者鮮適他國，故不能明吾域之文語，諳其人物。

*Il Letterato Occidentale replica*: La dottrina del Signore del Cielo non è la dottrina di un uomo, di una famiglia, o di un paese; tutte le grandi nazioni, da Occidente a Oriente, l'hanno appresa e la osservano. Ciò che è stato trasmesso dai sapienti e dai letterati da quando il Signore del Cielo ha creato il cielo e la terra, gli uomini e tutte le cose è stato tramandato sinora attraverso la Scrittura e la Tradizione, in modo tale da non metterci in condizione di dubitare. I letterati della Sua stimata nazione, però, hanno avuto raramente contatti con le altre; perciò non possono comprendere la lingua e la cultura dei nostri paesi, e conoscono poco dei nostri popoli.

## 22.

I will try to explain the Catholic religion of the Lord of Heaven to prove that it is the true religion; but, for the moment, I will not speak of the large number of believers and their virtues, or of that which the Scripture and Tradition say. First of all, I will present the reasons upon which it is based.[8]

吾將譯天主之公教[9]，以徵其為[10]真教。姑未論其尊信者之眾且賢，與其經傳之所云，且先舉其所據之理。[11]

---

7 降，FJ 本作「化」。

8 See *STh*, I, 1, 8.

9 公教等於今天所謂的宗教。

10 其為二字不清，據 FJ 本補。

11 我們這裡看出，利瑪竇的出發點並不是聖經而是哲學。關於他跟洪恩的爭論，利瑪竇寫道，他「也會引述天主教方面的權威，但他不願意，因為今天的討論是以理性為依據，不是以權威」（《中國傳教史》，第 316 頁）。不過，利瑪竇經常「以權威」引用四書五經。

Cercherò di spiegare la religione cattolica del Signore del Cielo per dimostrare che è la vera religione; ma per il momento non parlerò del gran numero dei credenti e della loro virtù, o di che cosa dicano la Scrittura e la Tradizione. Prima di tutto presenterò le ragioni su cui essa si fonda.[12]

## 23.

Of all things which distinguish man from animals, none is greater than the intellectual faculty.[13] The intellect can distinguish between right and wrong, truth and falsehood, and it is difficult to deceive it with anything unreasonable. The stupidity of animals is such that, although they can perceive with the senses and move like humans, they are incapable of knowing the principles of reality. For this reason they only want to drink, eat, mate at the right time, reproduce their own kind, and so on.

凡人之所以異於禽獸[14]，無大乎靈才也。靈才者，能辯是非，別真偽，而難欺之以理之所無。[15]禽獸之愚，雖有知覺運動，差同於人，而不能明達先後內外之理。緣此，其心但圖飲啄[16]，與夫得時匹配，孳生厥類云耳。

Di tutte le cose che distinguono l'uomo dagli animali nessuna è più grande della facoltà intellettiva.[17] L'intelletto può distinguere il giusto dall'errato, il vero dal falso, ed è difficile ingannarlo con qualcosa che non sia ragionevole. La stupidità degli animali è tale che, sebbene riescano a percepire con i sensi e siano capaci di muoversi come l'uomo, non sono in grado di conoscere i princìpi della realtà. Per questo motivo essi desiderano soltanto bere, mangiare, accoppiarsi al tempo giusto, riprodurre la propria specie e così via.

---

12 Cf. *STh*, I, 1, 8.

13 See *STh*, I, 76.

14 《孟子・梁惠王上》，孟子曰：「人之所以異於禽獸者幾希，庶民去之，君子存之。舜明於庶物，察於人倫，由仁義行，非行仁義也。」

15 利瑪竇發明靈才這種新的詞語指示我們今天所謂的理智（intellect）。

16 啄，BC 本作「喙」。

17 Cf. *STh*, I, 76.

24.

Man transcends the ten thousand species because he has a spiritual soul within, and the ability to know the principles of things without.[18] By observing what happens to beings he is able to go back to their cause, and noting their existence he can deduce their origin; thus, without leaving this world of troubles he can devote himself, with depth and concentration, to the practice of the Way, and prepare himself to ten thousand generations of peace and joy after death.

人則超拔萬類，內稟神靈[19]，外覩物理，察其末而知其本，視其固然而知其所以然[20]，故能不辭今世之苦勞，以專精修道，圖身後萬世之安樂也。

L'uomo trascende le diecimila specie perché è dotato di un'anima spirituale dentro di sé, e della capacità di conoscere i princìpi delle cose al di fuori di sé.[21] Osservando ciò che accade agli esseri è in grado di risalirne alla causa, e constatando la loro esistenza può dedurne l'origine; perciò senza abbandonare questo mondo di affanni egli può dedicarsi con profondità e concentrazione alla pratica della Via, e prepararsi a diecimila generazioni di pace e di gioia dopo la morte.

25.

What is proven true by the intellect cannot forcibly be considered false. Everything which reason shows to be true, I cannot but acknowledge as true; everything which reason shows to be false, I cannot but acknowledge as false.[22] Reason has the same relationship to man as the sun, spreading its light everywhere, has to the world. To abandon principles established by the intellect and to comply with the opinions of others is like obscuring the light of the sun

---

18 See *STh*, I, 75, 1-4.
19 見《神學大全》第一集 75 題 3 節，第三冊第 7 頁：「但是亞里斯多德《靈魂論》卷三第四章主張，在魂的活動中，只有理解不需要身體器官。」另外，神靈是佛教的術語。
20 利瑪竇把亞里士多德的「原因」翻譯成「所以然」。這個詞出現於荀子、墨子、莊子的著作中。二程云：「窮物理者，窮其所以然也。天之高，地之厚，鬼神之幽顯，必有所以然者。」（《二程集·河南程氏粹言卷二》，中華書局，2004 年版，第 1272 頁）。
21 Cf. *STh*, I, 75, 1-4.
22 See *STh*, I, 16, 1-2.

and searching for an object with a lantern.

　　靈才所顯，不能強之以殉夫不真者。凡理所真是，我不能不以為真是；理所偽誕，不能不以為偽誕。斯於人身，猶太陽於世間，普遍光明。捨靈才所是之理，而殉他人之所傳，無異乎尋覓物，方遮日光而持燈燭也。[23]

　　Ciò che è dimostrato vero dall'intelletto non può artificiosamente essere considerato falso. Tutto ciò che la ragione mostra essere vero, non posso non riconoscerlo come vero; tutto ciò che la ragione mostra essere falso, non posso non riconoscerlo come falso.[24] La ragione ha con l'uomo la stessa relazione che il sole, diffondendo ovunque la sua luce, ha con il mondo. Abbandonare i princìpi accertati dall'intelletto e conformarsi alle opinioni altrui è come oscurare la luce del sole, e cercare un oggetto con una lanterna.

## 26.

　　Now you, Sir, desire to learn the doctrine of the Catholic Church on the Lord of Heaven; I will explain it clearly, and my analysis will be based on reason.[25] Should you find any statement unacceptable, I hope you will discuss it with me, without deceiving me in any way. Since we are discussing the orthodox doctrine of the Lord of Heaven, we cannot permit that modesty takes the place of truth.

　　今子欲聞天主教原，則吾直陳此理以對。但仗理剖析，或有異論，當悉折辯，勿以誕我。此論天主正道，公事也，不可以私遜廢之。

　　Ora Lei, Signore, desidera apprendere la dottrina della Chiesa cattolica sul Signore del Cielo; la esporrò con chiarezza, e la mia analisi sarà basata sulla ragione.[26] Se Lei trovasse inaccettabile una qualsiasi affermazione spero che ne discuta con me, e che non mi inganni in alcun modo. Poiché stiamo discutendo la dottrina ortodossa del Signore del Cielo non si può permettere che la modestia

---

23 李奭學說明：「可能曲典希臘犬儒哲學戴奧吉尼士（Diogenes of Sinope, c. 400 ～325 BCE）的故事。他曾在白天打著燈籠，人問其故，對曰：『欲尋誠實之人』」（第126頁）。

24 Cf. *STh*, I, 16, 1-2.

25 See *STh*, I, 2, 2; 12, 12.

26 Cf. *STh*, I, 2, 2; 12, 12.

prenda il posto della verità.

## 27.

*The Chinese Scholar says*: What harm is there in that ? A bird has wings to soar over the mountain forests, a person is endowed with reason and righteousness to probe the depth of things. Therefore, in any discussion it is essential to put truth above all. The truth and its aspects are exceedingly extensive; even though a man is wise he will always ignore some of them. What is unknown to a man, however, can be known to a nation; what is unknown to a nation can be known to a thousand nations. The noble man bases his life on truth; in its presence he complies with it, in its absence he makes opposition. Who could find that strange ?

中士曰：茲何傷乎？鳥得羽翼，以翔山林；人稟義理，以窮事物。故論惟尚理焉耳。理之體用廣甚，雖聖賢亦有所不知焉。一人不能知，一國或能知之；一國不能知，而千國之人或能知之。君子以理為主，理在則順，理不在則咈，誰得而異之？

*Il Letterato Cinese dice*: Che male c'è in questo ? L'uccello possiede le ali per librarsi sulle foreste della montagna, la persona è dotata di ragione e di rettitudine per sondare la profondità delle cose. Perciò in ogni discussione è essenziale porre la verità al di sopra di tutto. La verità e le sue diramazioni sono straordinariamente estese; per quanto un uomo sia sapiente, ne ignorerà sempre alcuni aspetti. Ciò che è sconosciuto a un uomo, però, può essere conosciuto da una nazione; ciò che è sconosciuto a una nazione può essere conosciuto da mille nazioni. L'uomo nobile fonda la propria vita sulla verità; in sua presenza le si adegua, in sua assenza fa opposizione. Chi può trovarlo strano ?

## 28.

*The Western Scholar replies*: You, Sir, wish first to inquire about the One who created heaven, earth and the ten thousand beings, and exercises His unchanging authority over them. I believe that nothing under heaven is more evident than the truth of His existence.[27] Is there anyone who has never raised

---

27 See *STh*, I, 2, 1.

his eyes and gazed at the sky ? In so doing, there is no one who does not quietly sigh within himself while saying: "There must surely be Someone in the midst of it who governs it." That Someone is none other than the Lord of Heaven, who in our Western countries is called *Deus*.[28] Now I will select two or three arguments to prove His real existence.

　　西士曰：子欲先詢所謂始製作天地萬物、而時主宰之者，予謂天下莫著明乎是也。人誰不仰目觀天？觀天之際，誰不默自歎曰：「斯其中必有主之者哉！」夫即天主，吾西國所稱「陡斯」是也。[29]茲為子特揭二三理端以證之。[30]

*Il Letterato Occidentale replica*: Lei, Signore, desidera innanzitutto indagare su Colui che ha creato il cielo, la terra e i diecimila esseri, e che esercita su di essi la Sua immutabile autorità. Ritengo che nulla sotto il cielo sia più evidente della verità della Sua esistenza.[31] Chi non ha mai alzato gli occhi e guardato il cielo ? Così facendo, non c'è nessuno che non sospiri silenziosamente dentro di sé e non dica:"Dev'esserci sicuramente Qualcuno lì in mezzo che lo governa!". Questo Qualcuno non è altri che il Signore del Cielo, il quale nei nostri paesi d'Occidente viene chiamato *Deus*.[32] Sceglierò ora due o tre argomenti per dimostrarne la reale esistenza.

## 29.

First. What we are capable of doing spontaneously, without previous learning, can be considered innate. Today, in the ten thousand nations under heaven, all people naturally possess an inner capacity which enables them,

---

28 The characters 陡斯 dǒu sī, used here, correspond phonetically to the Latin *Deus*.

29 夫即天主吾西國所稱陡斯是也，FJ 本作「夫天主即西國所稱陡斯是也」。陡斯是拉丁文 *Deus* 的音譯。

30 關於天主的存在，利瑪竇的證明與阿奎那的五個證明不完全一致，也跟羅明堅的證明有一些不同。一般的教理教材先證明，因為有一個世界，所以有一個創造主，然後證明，因為世界有秩序，所以有一個統治者。利瑪竇把這個順序倒過來，要先從世界的秩序論證，因為這種思路比較符合宋明理學，更容易被接受。

31 Cf. *STh*, I, 2, 1.

32 I caratteri 陡斯 Dǒu sī, usati in questo caso, corrispondono foneticamente al latino *Deus*.

without any mutual communication, to worship the One who is considered worthy of the highest honour. Those who suffer in misery beg Him to be saved, and appeal to Him as to a father and mother of mercy; those who act wickedly have their heart clenched with terror and fear, as if they were afraid of an enemy nation. Does all this, perhaps, not show the existence of that supremely honoured One who governs the world and the hearts of people, and moves them to give Him honour of their own accord ?

其一曰：吾不待學之能，為良能[33]也。今天下萬國，各有自然之誠情，莫相告諭，而皆敬一上尊。被難者籲哀望救，如望慈父母焉；為惡者捫心驚[34]懼，如懼一敵國焉。則豈非有此達尊，能主宰世間人心，而使之自能尊乎？

Primo. Ciò di cui siamo capaci spontaneamente, senza averlo appreso, può considerarsi innato. Oggi, nelle diecimila nazioni sotto il cielo, tutti hanno naturalmente una capacità interiore che li induce, senza bisogno di parlarne, a venerare Colui che è considerato degno del sommo onore. Chi soffre in miseria Lo implora per essere salvato, e si rivolge a Lui come a un padre e a una madre misericordiosi; chi agisce malvagiamente ha il cuore stretto dallo spavento e dalla paura, come se temesse una nazione nemica. Tutto ciò non indica forse l'esistenza di quell'Uno sommamente onorato che governa il mondo e i cuori degli uomini, e che li muove naturalmente a darGli onore ?

## 30.

Second. Objects devoid of soul and perceptions cannot move

---

33 良能，見《孟子・盡心上》：「人之所不學而能者，其良能也。」第一個論據就是在人心中有道德法。阿奎那沒有提出，不過，利瑪竇很聰明地把這個論據放在首位，因為儒家極力追問倫理學的基礎。儒家以為倫理學的基礎在於個人的「良能」，後來宋明理學以「理」或「心」來解釋。利瑪竇提供另外一個終極基礎，即天主。其實，他在翻譯范禮安的話（*Catechismus japonensis: quum innumerae sint in toto terrarum orbe nationes, omnes, aut faltem ferè omnes confitentur, esse divinam aliquam vim, divinumque Numen: quod pertimescunt & horrent gentes, cùm mala perpetrant: quod precibus placant, quum sibi iratum esse arbitrantur: cuius opem, & auxilium implorant, quum aerumnis & calamitatibus affliguntur*，第 9 頁）。

34 驚，BC 本作「警」。

independently, in a regular and orderly manner, from their natural place. In order for this to happen, it is necessary that an external intelligence should come to their aid. Let us imagine that you suspend a stone in the air, or place it on water; it is forced to fall until it reaches the bottom, unable to move again. The reason why the stone falls by its own power lies in the fact that neither air nor water is its natural place.[35] A wind rising from the ground can move within its natural place, but its movements are fortuitous and lacking any order. And again: the sun, moon, and stars are wonderfully attached to the heavens, each having the firmament as its natural place; but are they devoid of soul and perceptions. Now, when we observe the highest heaven, we see that it moves from the East while the heavens of the sun, moon, and stars conversely move from the West; everything follows the law of its own nature and stays in its own place, without the slightest error. If there were no Supreme Lord to implement the mediation and to exercise authority, would it be possible to avoid confusion ? For example: if a boat crossing a river or the sea and being besieged by wind and waves is in no danger of sinking, one can deduce, even not seeing the helmsman, that certainly it is piloted by someone experienced in the art of navigation. For this reason the boat can make its way safely.

其二曰：物之無魂無知覺者，必不能於本處所自有所移動，而中度數。使以度數動，則必藉外靈才以助之。設汝懸石於空，或真水上，石必就下，至地方止，不能復動。緣夫石自就下，水之與空，非石之本處所故也。若風發於地，能於本處自動，然皆隨發亂動，動非度數。至如日月星辰，並麗於天，各以天為本處所，然實無魂無知覺者。今觀上天自東運行，而日月星辰之天，自西循逆之[36]，度數各依其則，次捨各安其位，曾無纖忽差忒焉者。倘無尊主斡旋主宰其間，能免無悖乎哉？譬如舟渡江海，上下風濤，而無覆蕩之虞，雖未見人，亦知一舟之中，必有掌舵智

---

35 Speaking of "natural places" Ricci refers to the Aristotelian physical theory, according to which the bodies subject to generation and corruption (i.e. terrestrial bodies) are composed of the Four Elements: water, fire, air, earth, each of which moving spontaneously towards its sphere. The ingenerable and incorruptible bodies, that is the stars, are instead composed of a fifth substance: the aether. See Aristotle, *Physics*, IV; *On the Heavens*, I.

36 利瑪竇簡略地陳述托勒密的天文學。

工，撐駕持握，乃可安流平渡也。[37]

Secondo. Gli oggetti privi di anima e di percezioni non possono muoversi autonomamente, in modo regolare e ordinato, dal loro luogo naturale. Affinché ciò avvenga è necessario che un'intelligenza esterna venga in loro aiuto. Immaginiamo che Lei sospenda in aria una pietra, o che la metta in acqua; essa è costretta a cadere finché non raggiunga il fondo, incapace di muoversi di nuovo. La ragione per cui la pietra cade per virtù propria risiede nel fatto che né l'aria né l'acqua sono i suoi luoghi naturali.[38] Il vento che sorge da terra può muoversi nel suo luogo naturale, ma i suoi movimenti sono casuali e privi di qualunque ordine. E ancora: il sole, la luna, le stelle sono fissati meravigliosamente ai cieli, ognuno sta nel firmamento come nel suo luogo naturale; ma sono privi di anima e di percezioni. Ora, quando osserviamo il cielo più alto, vediamo che si muove da Oriente mentre i cieli del sole, della luna e delle stelle si muovono al contrario da Occidente; ogni cosa segue la legge della propria natura e sta al proprio posto, senza il minimo errore. Se non ci fosse il Signore Supremo ad attuare la mediazione e ad esercitare l'autorità, sarebbe possibile evitare il disordine ? Ad esempio: se una barca che attraversa un fiume o il mare ed è assediata dal vento e dalle onde non corre alcun pericolo di affondare, si può dedurre, pur non vedendo il timoniere, che certamente è pilotata da qualcuno esperto nell'arte della navigazione; per questo può

---

37　第二個證明，即需要「外靈才」來統治自然界使它能達到目的。對應阿奎那的第五個證明，即自然必須有外在靈才指導它。參見《神學大全》第一集 2 題 3 節。阿奎那把這個目的論的論證覆蓋所有缺乏理性之物。利瑪竇把第五個證明分開：覆蓋礦石界及植物界（利瑪竇的第二論證）；覆蓋動物界（下面第三論證）。這裡，利瑪竇大量模仿羅明堅：「且日月星宿，各遵度數。苟譬之以理，誠如舟楫之渡江海，檣艦航舵，百物俱備，隨水之上下，江海之淺深，風濤之或靜、或湧，而無損壞之憂者，則知一舟之中，必有掌駕良工，撐持掌握，乃能無事。此固第三之喻理也」（《天主實錄》，第 12 頁）。范禮安也用同樣的論證（第 10 頁）。

38　Parlando di "luoghi naturali"Ricci si riferisce alla fisica aristotelica, secondo cui i corpi soggetti alla generazione e alla corruzione (cioè i corpi terrestri) risultano composti di quattro elementi: acqua, fuoco, aria, terra, ognuno dei quali si muove spontaneamente verso la propria sfera. I corpi ingenerabili e incorruttibili, cioè gli astri, sono invece composti di una quinta sostanza: l'etere. Cf. Aristotele, *Fisica*, IV; *Sul cielo*, I.

compiere in sicurezza il suo tragitto.

31.

Third. In the event that animals provided with perception, but devoid of a spiritual nature, are capable of performing certain acts proper of the latter, that is certainly due to the guidance of someone who is gifted with such nature. If we observe the species of birds and animals we see that they are essentially stupid; however, when hungry they know how to find food, when thirsty they know how to look for water, when afraid of arrows they flee in the blue sky, and when alarmed by the traps they hide in the mountains and underwater. Some expel food from their mouth, others kneel to suck milk, in view of self-preservation and rearing of their offspring. They reject what is harmful and turn to what is healthy; in all of this they do not differ from the creatures provided with a spiritual nature. So there must exist an Honoured Lord, who silently instructs them so that they can behave in this way. For example: if thousands and thousands of arrows fly by us and each hits the target, even though we do not see any drawn bow, we understand that there must be a skilled archer, shooting them so that they cannot miss the target.[39]

其三曰：物雖本有知覺，然無靈性，其或能行靈者之事，必有靈者為引動之。試觀鳥獸之類，本冥頑不靈，然饑知求食，渴知求飲，畏矰繳而薄青冥，驚網罟而潛山澤，或吐哺、或跪乳，俱以保身孳子、防害就利，與靈者無異。此必有尊主者默教之，纔能如此也。譬如觀萬千箭飛過於此，每每中鵠，我雖未見張弓，亦識必有良工發箭，乃可無失中云。[40]

Terzo. Qualora gli animali dotati di percezione, ma privi di natura spirituale, siano capaci di compiere alcuni atti propri di quest'ultima, ciò sicuramente si deve alla guida di qualcuno che è dotato di tale natura. Osservando le specie degli uccelli e degli animali notiamo che essi sono

---

39 The example of the archer and the arrow is taken from *STh*, I, 2, 3.

40 第三個證明跟前面一樣，不過針對動物界。阿奎那自己提出射箭的例子。參見《神學大全》第一集 2 題 3 節。也參見《尼各馬克倫理學》1094a25, I. ii，第 5 頁（廖申白譯，商務印書館，2003 年版）。關於射箭的比喻，中國人並不陌生；《中庸》：「射有似乎君子，失諸正鵠，反求諸其身。君子之道，闢如行遠必自邇，闢如登高必自卑。」

essenzialmente ottusi; tuttavia quando hanno fame sanno come trovare il cibo, quando hanno sete sanno come cercare l'acqua, temendo le frecce volano nell'azzurro del cielo, e allarmati dalle trappole si nascondono nei monti e sott'acqua. Alcuni espellono il cibo dalla bocca, altri si inginocchiano per succhiare il latte, in vista della conservazione di se stessi e dell'allevamento della prole. Essi respingono ciò che è dannoso e si dirigono verso ciò che è salutare; in tutto questo non differiscono dalle creature dotate di natura spirituale. Perciò deve esistere un Signore Onorato che, silenziosamente, li istruisca affinché riescano a comportarsi in questo modo. Ad esempio: se migliaia e migliaia di frecce ci passano vicino e ciascuna colpisce il bersaglio, pur non vedendo nessun arco teso capiamo subito che dev'esserci un abile arciere, il quale le lancia in modo tale che non manchino il bersaglio.[41]

## 32.

*The Chinese Scholar says*: The things in heaven and earth are extremely numerous and complex, and I believe that there must be a Lord who exercises His authority over them. But how can you prove that He is the creator of the ten thousand beings ?

中士曰：天地間物至煩至賾，信有主宰。然其原製造化萬物，何以徵也？

*Il Letterato Cinese dice*: Le cose in cielo e in terra sono estremamente numerose e complesse, ed io credo che debba esistere un Signore il quale eserciti su di esse la propria autorità. Ma come si può dimostrare che sia Lui il creatore dei diecimila esseri ?

## 33.

*The Western Scholar replies*: In almost all the realities of this world there seem to appear two different principles: control and creation. As for the Originary Lord of creation, however, there is absolutely no other principle. That being the case, I will still expose two or three reasons to make it clear.

西士曰：大凡世間許多事情，宰於造物，理似有二；至論物初原主，

---

41 L'esempio dell'arciere e della freccia è preso da *STh*, I, 2, 3.

絕無二也。雖然，再將二三理解之。

*Il Letterato Occidentale replica*: In quasi tutte le realtà di questo mondo sembrano manifestarsi due diversi princìpi: il governo e la creazione. Per quel che riguarda il Signore Originario della creazione, però, non c'è assolutamente un altro principio. Stando così le cose, esporrò ancora due o tre ragioni per chiarirlo.

## 34.

First. Things cannot exist by their own power; they must absolutely have an external cause which gives them being.[42] A theatre or a building are not built by themselves; they require the work of craftsmen. If you are aware of this, you understand that heaven and earth have not come into existence by their own means. There must certainly be a Creator: the One we call the Lord of Heaven. Let us take an example: a small globe cast in bronze depicts sun, moon, stars, planets, mountains, seas and the ten thousand beings; if a skilled craftsman had not forged it, could perhaps the bronze have taken this form by itself ? Even more so this consideration applies to bodies the size of heaven and earth, to the alternation of day and night; to the sun and the moon, giving off light; to the constellations, existing in certain figures; to the mountains, producing grass and trees; to the sea, feeding the aquatic creatures; to the tides, following the moon; to all people with round heads and square feet, who are more intelligent than the ten thousand beings. Yet which of these things can come into existence by its own virtue ? If there were any one thing able to create itself, it should exist before creating itself; but if such a thing already existed, what need would it have of self-creating ? If nothing had existed at the beginning, the author of the creation should have been someone else. In consequence of this, things cannot exist by their own power.

其一曰：凡物不能自成，必須外為者以成之。樓臺房屋，不能自起，恒成於工匠之手。知此，則識天地不能自成，定有所為製作者，即吾所謂天主也。譬如銅鑄小球，日月、星宿、山海萬物備焉，非巧工鑄之，銅能

---

42 See *STh*, I, 2, 3.

自成乎？[43]況其天地之體之大，晝夜旋行，日月揚光，辰宿布象，山生草木，[44]海育魚龍，[45]潮水隨月，其間員首方趾之民，聰明出於萬品，誰能自成？如有一物能自作己，必宜先有一己以為之作；然既已有己，何用自作？如先初未始有己，則作己者必非己也。故物不能自成也。[46]

　　Primo. Le cose non possono esistere per virtù propria, ma devono assolutamente avere una causa esterna che dia loro l'essere.[47] Un teatro o un edificio non si edificano da se stessi; richiedono l'opera di artigiani. Se si è consapevoli di questo si capisce che il Cielo e la Terra non sono giunti da soli all'esistenza, e che di certo c'è stato un creatore: colui che noi chiamiamo Signore del Cielo. Prendiamo un esempio: in un piccolo globo di bronzo sono raffigurati il sole, la luna, le stelle, i pianeti, le montagne, i mari e i diecimila esseri; se un abile artigiano non l'avesse forgiato, forse il bronzo avrebbe potuto prendere questa forma da solo ? Ancor di più tale considerazione si applica a corpi delle dimensioni del cielo e della terra, che girano di giorno e di notte; al sole e alla luna, che emanano luce; alle costellazioni, che esistono in determinate figure; alle montagne, che producono erba e alberi; al mare, che nutre gli esseri acquatici; alle maree, che seguono la luna; a tutti i popoli con la testa rotonda e i piedi quadrati, che hanno un'intelligenza superiore a quella dei diecimila esseri. Ma quale di queste cose è in grado di giungere all'esistenza per virtù propria ? Se ci fosse qualcosa in grado di creare se stesso, dovrebbe esistere prima di

---

43 也許那時，利瑪竇展示了他所帶來的地球儀。

44 《中庸》曰：「今夫山，一卷石之多，及其廣大，草木生之，禽獸居之，寶藏興焉。」試比較《創世紀 1：11》：「神說：『地要發生青草和結種子的菜蔬，並結果子的樹木，各從其類……』」。

45 《中庸》曰：「今夫水，一勺之多，及其不測，黿鼉蛟龍魚鱉生焉，貨財殖焉。」試比較《創世紀 1：20》：「神說：『水要多多滋生有生命的物……』，神就造出大魚和水中所滋生各樣有生命的動物，各從其類……」。

46 利瑪竇關於創造主的第一個證明對應阿奎那的第二個證明。參見《神學大全》第一集 2 題 3 節：「在感覺可及的事物中，我們發現成因是具有順序或層次的。……無論中間物是多個或僅有一個」（第一冊，第 28～29 頁）。利瑪竇的這個證明也對應羅明堅的第二個證明：「且物不能自成，樓臺房屋不能自起，恒必成於良工之手。人必生於父母，鳥必出於其卵。知此，則知天地不能自成，必由於天主之製作，可知矣。此僧所以知其原有一位之天主也。此乃第二之喻理也。」（《天主實錄》，第 12 頁）

47 Cf. *STh*, I, 2, 3.

poter creare; ma se qualcosa esistesse già, che bisogno avrebbe di creare se stesso ? Se all'inizio nulla fosse esistito, l'autore della creazione avrebbe dovuto essere qualcun altro. In conseguenza di ciò, le cose non possono esistere per virtù propria.

## 35.

Second. Since beings devoid of spiritual nature still possess an order, must there not be someone who imposes it on them ?[48] For example: if you look at a building, you see that it is provided with doors in the front to allow entry and exit; behind there are gardens in which flowers and fruit trees grow; centrally there is an atrium to receive guests; the bedrooms are placed to the left and to the right; below there are columns to support the roof beams; the roof covering is placed above, to keep out wind and rain. When all these elements have been ordered harmoniously, the master of the house can quietly and joyfully live among them; however, in order for a building like this to be completed, it must certainly be built by a skilled craftsman. And again, let us observe the single characters cast in metal, which are separated from each other and yet are joined to form sentences and compose a text: are they not to be used by an expert scholar, who knows how to arrange them ? In which way could they be assembled by chance ?

其二曰：物本不靈而有安排，莫不有安排之者？如觀宮室，前有門以通出入，後有園以種花果，庭在中間以接賓客，室在左右以便寢臥，楹柱居下以負棟樑，茅茨置上以蔽風雨[49]。如此乎處置協宜，而後主人安居之以為快。則宮室必由巧匠營作，而後能成也。又觀銅鑄之字，本各為一字，而能接續成句，排成一篇文章，苟非明儒安置之，何得自然偶合乎？[50]

---

48 See *STh*, I, 2, 3.

49 利瑪竇在范禮安的一番話（*unde statim atque domum aliquam intramus, & singula suo ordine recte digesta conspicimus, expensa humi peristromata, tapetia depicta, optime strata cubilia, hortos pulchre compositos, arma suo loco disposita, & reliqua supellectilia culte, distincte, & ordinate collocata, intelligimus, esse aliquem, qui illa omnia sapienter, & ornate disposuit*，第 10 頁）。

50 耶穌會士試圖把西方的活字印刷術引入中國，不過沒有成功。

Secondo. Poiché gli esseri privi di natura spirituale hanno comunque un ordine, non dovrebbe esistere qualcuno che glielo impone?[51] Ad esempio: se si osserva un palazzo signorile, si vede che anteriormente è provvisto di porte per consentire l'entrata e l'uscita; sul retro ci sono i giardini, in cui crescono fiori e alberi da frutto; al centro si trova un atrio per ricevere gli ospiti; a sinistra e a destra sono poste le camere da letto; inferiormente ci sono le colonne per sostenere le travi del tetto; la copertura del tetto è posta al di sopra, per tenere lontani il vento e la pioggia. Dopo che tutti questi elementi sono stati armoniosamente ordinati, il padrone di casa può abitare tranquillamente tra di essi, con gioia; ma affinché un edificio del genere sia completato, deve certamente essere costruito da un abile artigiano. E ancora, osserviamo i singoli caratteri forgiati nel metallo, che sono separati l'uno dall'altro ma vengono uniti per formare frasi e comporre uno scritto: non devono essere utilizzati da un letterato esperto, che capisca in che modo ordinarli? Come possono venire ordinati per caso?

## 36.

From all this one can understand that the order of heaven, earth and the ten thousand beings has a definite reason; every being has to follow its own principles, which cannot be increased or decreased. Up above the brilliant heaven provides the cover, and lower down the earth gives the support; when divided they constitute two polarities, but together they form the universe. The heaven of the stars is higher than the heaven of the sun and the moon; the heaven of the sun and the moon includes fire; fire includes air; air floats above waters and the earth; water flows through the earth; the earth is located at the center. The four seasons alternate to produce insects and vegetation; the waters give shelter to sea-turtles, flood-dragons, fish, and fresh-water turtles; the air sustains birds and animals; fire provides warmth to the creatures of the earth.

因知天地萬物，咸有安排一定之理，有質有文，而不可增減焉者。[52]

---

51　Cf. *STh*, I, 2, 3.

52　利瑪竇的這個證明也對應羅明堅的第一個證明：「如此乾坤之內，星高乎日，日高乎月，月高乎氣，氣浮於水，水行於地。地隨四時而生花果草木，水養

夫天高明上覆，地廣厚下載，[53]分之為兩儀，合之為宇宙。辰宿之天高乎日月之天，日月之天包乎火，火包乎氣，氣浮乎水土，水行於地，地居中處。[54]而四時錯行，以生昆虫草木，水養黿龜蛟龍魚鱉，[55]氣育飛禽走獸，火煖下物。

Da tutto ciò si comprende che l'ordine del cielo, della terra e dei diecimila esseri ha una precisa ragione; ogni essere deve seguire i propri princìpi, che non possono essere accresciuti né diminuiti. Al di sopra il cielo luminoso dà la copertura, e al di sotto la terra dà il sostegno; quando essi sono divisi costituiscono due polarità, ma insieme formano l'universo. Il cielo delle stelle è superiore al cielo del sole e della luna; il cielo del sole e della luna comprende il fuoco; il fuoco comprende l'aria; l'aria si libra sopra le acque e la terra; le acque scorrono attraverso la terra; la terra è posta al centro. Le quattro stagioni si alternano in modo da produrre insetti e vegetazione; le acque danno rifugio alle tartarughe di mare, ai draghi acquatici, ai pesci e alle tartarughe d'acqua dolce; l'aria sostiene uccelli e animali; il fuoco fornisce calore alle creature della terra.

## 37.

We humans, who live in the midst of all these things, are better than they; we are the most intelligent creatures among the ten thousand beings. Man is endowed with the Five Virtues to rule all the world's species; he was given a hundred bones to be able to stand, eyes to distinguish the Five Colours, ears to hear the Five Notes, the nose to smell every different kind of scent, the tongue to taste the Five Flavours. His hands can grasp objects; his feet are able to walk;

---

魚蝦，氣育禽獸，月隨潮水，日施光明。予忖度之，誠於天庭之中，必有一位天主，行政施權。使無天主，焉能使四時而不亂哉？此乃第一之喻理也」（《天主實錄》，第 11～12 頁）。

53 語出自《中庸》。《中庸》：「至誠無息。不息則久，久則徵；徵則悠遠，悠遠則博厚，博厚則高明。博厚，所以載物也；高明，所以覆物也；悠久，所以成物也。博厚配地，高明配天，悠久無疆……天地之道，博也，厚也，高也，明也，悠也，久也。」

54 利瑪竇簡略地提出四個元素。更詳細地介紹見第三卷（138）。

55 似是對《中庸》中相關文字的化用。《中庸》：「今夫水，一勺之多，及其不測，黿鼉（tuo）蛟龍魚鱉生焉，貨財殖焉。」

the blood vessels and the Five Viscera serve to maintain his life.[56]

　　吾人生於其間，秀出等夷，靈超萬物；稟五常以司眾類，得百官[57]以立本身；目視五色，耳聽五音，鼻聞諸臭，舌啖五味，手能持，足能行，血脈五臟，全養其生。

　　Noi esseri umani, che viviamo in mezzo a tutte queste cose, siamo migliori di esse; siamo le creature più intelligenti tra i diecimila esseri. L'uomo è dotato delle cinque virtù per poter governare tutte le specie del mondo; gli sono stati dati le cento ossa per poter stare in piedi, gli occhi per distinguere i cinque colori, le orecchie per ascoltare le cinque note, il naso per annusare ogni differente genere di profumo, la lingua per gustare i cinque sapori. Le mani possono afferrare gli oggetti; i piedi sono capaci di camminare; i vasi sanguigni e i cinque visceri servono per mantenere la vita.[58]

## 38.

Because birds and animals down to the lowest, whether feathered, scaly or shelly, do not possess a spiritual nature, they are unable to provide deliberately for their own needs; in that they differ from humans. Therefore, they are provided from birth with fur, feathers, scales or shells, which are used to clothe and protect their bodies; they are also equipped with sharp claws, tapered horns, hard hooves, long teeth, powerful jaws, and poisons serving as weapons and

---

56　In Confucian thought the Five Constant Virtues (五常 wǔcháng) of human conduct are: benevolence (仁 rén), righteousness (義 yì), appropriateness (禮 lǐ), wisdom (智 zhì), fidelity (信 xìn). The Five Colours (五色 wǔsè) are: red, yellow, blue, white, black. The Five Notes (五音 wǔyīn) of the Chinese pentatonic scale roughly correspond to: C, D, E, G, A. The Five Flavours (五味 wǔwèi) are: sweet, sour, bitter, spicy, salty. The Five Viscera (五臟 wǔzàng) are: heart, lungs, liver, kidneys, stomach.

57　官，BC 本、FJ 本作「骨」。

58　Nel pensiero confuciano le cinque virtù "costanti" (五常 wǔcháng) della condotta umana sono: la benevolenza (仁 rén), la rettitudine (義 yì), l'appropriatezza (禮 lǐ), la saggezza (智 zhì), la fedeltà (信 xìn). I cinque colori (五色 wǔsè) sono: rosso, giallo, blu, bianco, nero. Le cinque note (五音 wǔyīn) della scala pentatonica cinese corrispondono approssimativamente a: do, re, mi, sol, la. I cinque sapori (五味 wǔwèi) sono: dolce, acido, amaro, piccante, salato. I cinque visceri (五臟 wǔzàng) sono: il cuore, i polmoni, il fegato, i reni, lo stomaco.

armour with which they can defend themselves against enemy attacks. Besides, without any instruction they are able to know whether another animal can be harmful to them or not. So chickens and ducks naturally escape the sight of eagles, but do not avoid peacocks; sheep fear wolves, but are not afraid of oxen and horses. And this does not happen because eagles and the wolves have impressive bodies, while peacocks, oxen and the horses are not heavily built; but because they know that those animals are able to hurt them.

　　下至飛走鱗介諸物，為其無靈性，不能自置所用，與人不同，則生而或得毛、或得羽、或得鱗、或得介等當衣服，以遮蔽身體也；或具利爪、或具尖角、或具硬蹄、或具長牙、或具強嘴、或具毒氣等當兵甲，以敵其所害也。且又不待教而識其傷我與否。故雞鴨避鷹，而不避孔雀；羊忌豺狼，而不忌牛馬。非鷹與豺狼滋巨，而孔雀與牛馬滋小也，知其有傷與無傷異也。

Poiché gli uccelli e gli animali anche infimi, siano essi dotati di piume, di squame o di conchiglie, non possiedono una natura spirituale, sono incapaci di provvedere consapevolmente ai propri bisogni; in ciò differiscono dagli esseri umani. Pertanto sono provvisti sin dalla nascita di pellicce, piumaggi, squame o conchiglie, che servono per vestirli e proteggere il loro corpo; sono anche forniti di artigli acuminati, corna affusolate, zoccoli duri, denti lunghi, fauci potenti, veleni che servono come arma e corazze con cui possono difendersi dagli attacchi dei nemici; in più, senza alcuna istruzione, sono in grado di capire se un altro animale può nuocere ad essi oppure no. Perciò le galline e le papere naturalmente si sottraggono alla vista delle aquile, ma non evitano il pavone; le pecore temono il lupo, ma non hanno paura dei buoi e dei cavalli. E ciò non accade perché l'aquila e il lupo hanno corpi imponenti, mentre il pavone, il bue e il cavallo sono di piccola stazza; bensì perché esse sanno che quegli animali sono capaci di far loro del male.

## 39.

Furthermore, even a blade of grass or a tree, devoid of sensory perception, can protect itself, its fruits, its seeds, and defend itself against the ravages of birds and animals. Thus, plants produce thorns, or bark, or rind, or catkin; and all have branches and leaves as a protective cover. Let us think carefully: the things of this world are placed and arranged in an orderly manner. If at the beginning of the creation a supremely intelligent Lord had not assigned different natures to things, how could they be in the world, each at its proper place ?

　　又下至一草一木，為其無知覺之性，可以護己及以全果種，而備鳥獸之累，故植而或生刺[59]、或生皮、或生甲、或生絮，皆生枝葉，以圍蔽之。吾試忖度：此世間物安排步置，有次有常，非初有至靈之主，賦予其質，豈能優游於宇下，各得其所哉？

　　E ancora, anche un filo d'erba o un albero, privi della percezione sensibile, possono proteggere se stessi, i propri frutti, i propri semi, e difendersi dai danni degli uccelli e degli animali. Così le piante producono le spine, o la corteccia, o la scorza, o l'amento; e tutte hanno rami e foglie come copertura protettiva. Proviamo a riflettere attentamente: le cose di questo mondo sono sistemate e disposte in maniera ordinata. Se all'inizio della creazione un Signore supremamente intelligente non avesse assegnato alle cose nature differenti, come avrebbero potuto stare al mondo, ciascuna al posto appropriato ?

## 40.

Third. Speaking of the way in which all things propagate themselves, we see that they are born from the womb or from eggs, or sprout from seeds, and that none creates itself.[60] Since wombs, eggs, seeds are things themselves, who first produced them, so that they could in turn produce other things ? Let us look for the origin of each species: since nothing is capable of producing itself, there must certainly be someone who is both original and unique, and the creator of the ten thousand species – the One whom we call the Lord of Heaven.

　　其三曰：吾論眾物所生形性，或受諸胎，或出諸卵，或發乎種，皆非由己製作也。且問胎、卵、種猶然一物耳，又必有所以為始生者，而後能生他物，果於何而生乎？則必須推及每類初宗，皆不在於本類能生，必有

---

59 刺，BC 本、底本作「剌」，FJ 本作「刺」，據 FJ 本改。
60 See *STh*, I, 2, 3.

元始特異之類，化生萬類者，即吾所稱天主是也。[61]

Terzo. Parlando del modo in cui tutte le cose si riproducono, notiamo che esse nascono dal grembo o dalle uova, o germogliano dai semi, e che nessuna crea se stessa.[62] Poiché grembi, uova, semi sono anch'essi cose, Chi per primo li ha prodotti, in modo che a loro volta possano produrre altre cose ? Dobbiamo cercare l'origine di ogni specie; e poiché nulla è in grado di produrre se stesso, certamente ci dev'essere Qualcuno che sia al medesimo tempo originario e unico, e sia il creatore delle diecimila specie: Colui che chiamiamo il Signore del Cielo.

## 41.

*The Chinese Scholar says*: Since You, Sir, say that the Lord of Heaven is the origin of the ten thousand things, I dare to ask: by whom was the Lord of Heaven originated ?

中士曰：萬物既有所生之始，先生謂之天主，敢問此天主由誰生歟？

*Il Letterato Cinese dice*: Dal momento che Lei, Signore, afferma che il Signore del Cielo è l'origine dei diecimila esseri, oso chiedere: da chi è stato originato il Signore del Cielo ?

## 42.

*The Western Scholar replies*: The Lord of Heaven Himself is considered the origin. If there were someone who gave origin to him, the Lord of Heaven would not be the Lord of Heaven. All the beings that have a beginning and an end are birds, animals, grass and trees; the spirits in heaven and earth and the souls of men have a beginning, but no end; the Lord of Heaven has neither beginning nor end,[63] and is therefore the origin and foundation of the ten thousand beings. If there were no Lord of Heaven nothing would exist. All things were created by the Lord of Heaven, but the Lord of Heaven was not

---

61　第三個論證（即生命需要一個「始生者」）相當於阿奎那的第二個證明，在生理學上使用，參見 *ST* I, q.1, a.3。

62　Cf. *STh*, I, 2, 3.

63　See *STh*, I, 10, 2.

created by anyone.

西士曰：天主之稱，謂物之原，如謂有所由生，則非天主也。物之有始有終者，鳥獸草木是也；有始無終者，天地鬼神及人之靈魂是也。天主則無始無終，而為萬物始焉，為萬物根柢焉。無天主則無物矣。物由天主生，天主無所由生也。

*Il Letterato Occidentale replica*: Il Signore del Cielo è considerato l'origine; se ci fosse qualcuno che lo ha originato, il Signore del Cielo non sarebbe più il Signore del Cielo. Tutti gli esseri che hanno un inizio e una fine sono uccelli, animali, erba e alberi; gli spiriti in cielo e in terra e le anime degli uomini hanno un inizio, ma non una fine; il Signore del Cielo non ha inizio né fine,[64] e perciò è l'origine e il fondamento dei diecimila esseri. Se non ci fosse il Signore del Cielo non esisterebbe nulla. Tutte le cose sono state create dal Signore del Cielo, ma il Signore del Cielo non è stato creato da nessuno.

## 43.

*The Chinese Scholar says*: That the origin of the ten thousand beings comes from the creative act of the Lord of Heaven leaves no room for discussion. Today, however, we can see that humans are born from humans, animals from animals, and that everything is produced in this way; hence, the birth of beings from other beings seems to have nothing to do with the Lord of Heaven.

中士曰：萬物初生，自天主出，已無容置喙矣。然今觀人從人生，畜從畜生，凡物莫不皆然。則似物自為物，於天主無關者。

*Il Letterato Cinese dice*: Che l'origine dei diecimila esseri provenga dall'atto creativo del Signore del Cielo non lascia adito a discussioni. Oggi però possiamo vedere che l'uomo nasce dall'uomo, l'animale dall'animale, e che tutto si riproduce così; perciò la nascita degli esseri da altri esseri sembra non avere nulla a che fare con il Signore del Cielo.

## 44.

*The Western Scholar replies*: When the Lord of Heaven gave birth to all

---

64 Cf. *STh*, I, 10, 2.

beings, He created the progenitor of every species;[65] when all progenitors came into existence, they themselves transmitted life to others. Now, things produce things as humans generate humans; since Heaven makes use of man, how could anyone but the Lord of Heaven have created man ? For example: the saw and the hammer are employed to produce things, but only the craftsman can make these instruments produce things;[66] who could say that such objects are manufactured by the saw and the hammer, and not by the craftsman ? First let us explain the cause of all things, then the reason why they are as they are will become clear.

西士曰：天主生物，乃始化生物類之諸宗。既有諸宗，諸宗自生。今以物生物，如以人生人，其用人由天[67]，則生人者豈非天主？譬如鋸鑿雖能成器，皆由匠者使之，誰曰成器乃鋸鑿，非匠人乎？[68]吾先釋物之所以然，則其理自明。[69]

*Il Letterato Occidentale replica*: Quando il Signore del Cielo diede origine a tutti gli esseri, creò il capostipite di ogni specie;[70] quando ciascun capostipite giunse all'esistenza, trasmise esso stesso la vita ad altri. Ora, le cose producono le cose come l'uomo genera l'uomo; poiché il Cielo si serve dell'uomo, come potrebbe averlo creato qualcuno diverso dal Signore del Cielo ? Ad esempio: la sega e il martello sono usati per produrre oggetti, ma solo l'artigiano può far sì che tali strumenti li producano;[71] chi può dire che siano la sega e il martello a fabbricare gli oggetti, e non l'artigiano ? Prima spieghiamo la causa di tutte le cose, poi si capirà la ragione per cui esse sono come sono.

## 45.

Let us now treat the four causes of all beings. What are they ? The efficient

---

65 See *Gn* 1:24.

66 See *Is* 29:16; *Jr* 18:6.

67 其用人由天，BC 本、底本作「其用人用天」，FJ 本作「其用人由天主」，據 FJ 本改。

68 匠人的比喻來源於羅明堅：「譬如鋸鑿雖能成器，皆由匠人使用，乃能成器也」（《天主實錄》，第 21 頁）。

69 為了反駁自然主義學說，利瑪竇說明，內部原因是不夠，需要外因。

70 Cf. *Gn* 1,24.

71 Cf. *Is* 29,16; *Ger* 18,6.

cause, the formal cause, the material cause, the final cause.[72] The efficient cause produces beings; the formal cause gives them form and their own species, to be told from the species of other beings; the material cause is the original matter of beings which are endowed with form; the final cause determines the purposes of beings. These causes are seen to act in each event and in each piece of work. For example, take a carriage: he who builds it is the efficient cause; its model is the formal cause; timber is the material cause; to carry passengers is the final cause. These causes can be seen at work in everything which exists. Take, for example, a fire: the flame which lights it is the efficient cause; hot and dry air is the formal cause; wood is the material cause; to cook a roast is the final cause.

　　試論物之所以然有四焉。四者維何？有作者，有模者，有質者，有為者。夫作者，造其物而施之為物也；模者，狀其物置之於本倫，別之於他類也；質者，物之本來體質，所以受模者也；為者，定物之所向所用也。此於工事俱可觀焉。譬如車然：輿人為作者，軌轍為模者，樹木料為質者，所以乘於人為為者。於生物亦可觀焉。譬如火然：有生火之原火為作者，熱乾氣為模者，薪柴為質者，所以燒煮物為為者。[73]

　　Proviamo ora a trattare le quattro cause di tutti gli esseri. Quali sono ? La causa efficiente, la causa formale, la causa materiale, la causa finale.[74] La causa efficiente produce gli esseri; la causa formale dà loro la forma e la specie propria, distinta dalle specie degli altri esseri; la causa materiale è la materia originaria degli esseri dotati di forma; la causa finale determina la finalità degli esseri. Tali cause si vedono agire in ogni evento e in ogni opera. Prendiamo ad esempio una carrozza: colui che la costruisce è la causa efficiente; il suo modello è la causa formale; il legno è la causa materiale; il trasporto dei passeggeri è la causa finale. Queste cause si possono vedere all'opera in tutto

---

72 Here, as elsewhere in the text, Ricci uses the categories of Aristotelian-Thomistic metaphysics.

73 在《自然原則》（*De principiis naturae*）中，阿奎那接納並發揮亞里士多德的四因說。

74 Qui, come in altri luoghi del testo, vengono utilizzate le categorie della metafisica aristotelico-tomista.

ciò che esiste. Prendiamo, ad esempio, un fuoco: la fiamma che lo accende è la causa efficiente; l'aria calda e secca è la causa formale; la legna è la causa materiale; il cuocere un arrosto è la causa finale.

## 46.

There is nothing in the world that does not combine the four causes in itself. Of these four, the formal cause and the material cause act inside things; they are the internal principles of beings, and are also identifiable with the principles of *Yin* and *Yang*.[75] The efficient cause and the final cause act outside things and exist prior to them; therefore, they cannot be considered as internal principles of beings. In our conception, the Lord of Heaven is the cause of the being of things; we regard Him only as the efficient and final cause, not as the formal and material cause. Since the Lord of Heaven is perfect and unique, how could He be a part of matter ?

天下無有一物不具此四者。四之中，其模者、質者，此二者在物之內，為物之本分，或謂陰陽是也；作者、為者，此二者在物之外，超於物之先者也，不能為物之本分。[76]吾按天主為物之所以然，但云作者、為者，不云模者、質者。蓋天主渾全無二，胡能為物之分乎？

Non esiste nulla al mondo che non combini in sé le quattro cause. Di queste quattro, la causa formale e la causa materiale agiscono all'interno delle cose; sono i princìpi interni degli esseri, e sono anche identificabili con i princìpi *yin* e *yang*.[77] La causa efficiente e la causa finale agiscono all'esterno delle cose ed esistono prima di esse; perciò non si possono considerare princìpi interni degli

---

75 The complementary categories of 陰 yīn and 陽 yáng refer, respectively, at the same time and on different levels, to the "shadow side" and the "sunny side", to the feminine and the masculine – in general, to the passive and active aspects of reality.

76 阿奎那把「四因」分為「內在因」（形式因和物質因）及「超越因」（目的因和動力因）。參見《自然原則》III.15。利瑪竇試圖把「內在因」跟中國思想連接起來，不過，明朝的士大夫對「超越因」很陌生。利瑪竇試圖用亞里士多德及阿奎那的思想框架覆蓋中國思想，不過，這種方法產生了很多問題。

77 Le categorie complementari di 陰 yīn e di 陽 yáng si riferiscono rispettivamente, allo stesso tempo e su piani diversi, al bacìo e al solatìo, al "lato in ombra" e al "lato al sole", al femminile e al maschile – in generale, agli aspetti passivi e attivi della realtà.

esseri. Secondo noi il Signore del Cielo è la causa dell'essere delle cose; Lo consideriamo soltanto causa efficiente e causa finale, non anche causa formale e causa materiale. Dal momento che il Signore del Cielo è perfetto e unico, come potrebbe essere parte della materia ?

## 47.

As for the efficient and final causes, they can be distinguished in remote or proximate, universal or particular ones; the universal remote cause holds the primacy over the particular proximate cause. The Lord of Heaven is the supreme and universal cause; all the other causes are proximate and particular, that is second causes. The proximate and second causes are necessarily subject to the supreme and universal cause. Parents, who are the cause of children and are termed father and mother, are proximate and particular causes; if there were no heaven to cover them and no earth to sustain them, how could they generate their children ? If there were no Lord of Heaven to oversee heaven and earth, how could they generate and nurture the ten thousand beings ? Therefore, the Lord of Heaven is the supreme cause; and so, our sages of ancient times considered Him the first of all causes.

　　至論作與為之所以然，又有近遠公私之別。公、遠者，大也；近、私者，其小也。天主為物之所以然，至公至大；而其餘之所以然，近私且小。私且小者，必統於大者、公者。夫雙親為子之所以然，稱為父母，近也，私也。使無天地覆載之，安得產其子乎？使無天主掌握天地，天地安能生育萬物乎？則天主固無上至大之所以然也。故吾古儒以為所以然之初所以然。[78]

Per quel che riguarda la causa efficiente e la causa finale, si possono distinguere in remota o prossima, universale o particolare; la causa universale e remota ha il primato su quella particolare e prossima. Il Signore del Cielo è la causa universale e suprema; tutte le altre cause sono prossime e particolari,

---

78 跟著亞里士多德，阿奎那區分遠因（*causa longinqua*）和近因（*causa propinqua*）。參見《自然原則》V.24。其他中世紀的思想家則稱作間接因（*causa mediata*）和直接因（*causa immediata*）。大部分神學家都認為，天主並不是天地萬物和一切事情的直接因，而是間接因。

perciò seconde. Le cause prossime e seconde sono necessariamente subordinate alla causa suprema e universale. I genitori, che sono la causa dei figli e sono chiamati padre e madre, sono cause prossime e particolari; se non ci fossero il cielo a coprirli e la terra a sostenerli, come potrebbero generare i loro figli ? Se non ci fosse il Signore del Cielo a sovrintendere al cielo e alla terra, come potrebbero questi generare e nutrire i diecimila esseri ? Pertanto il Signore del Cielo è la causa suprema; e così, i nostri sapienti dei tempi antichi Lo considerarono la prima di tutte le cause.

## 48.

*The Chinese Scholar says*: In the universe, beings are multifarious and diversified. From my humble point of view they cannot come from a single source; as well as rivers and streams, the sources of which are located in a variety of different places. Now, you say that there is only one Lord of Heaven; would you kindly give me the reason ?

中士曰：宇內之物，眾而且異，竊疑所出必為不一，猶之江河所發，各別有源。今言天主惟一，敢問其理？[79]

*Il Letterato Cinese dice*: Nell'universo gli esseri sono molteplici e differenti. Dal mio umile punto di vista non possono provenire da una singola origine; allo stesso modo dei fiumi e dei torrenti, le cui sorgenti si trovano in una varietà di luoghi diversi. Ora, Lei dice che c'è solo un Signore del Cielo; me ne potrebbe, per cortesia, fornire la ragione ?

## 49.

*The Western Scholar replies*: The individual origins of things are certainly disparate; but the Lord, who is the universal origin of beings, has none beside Him. Why ? Because the Lord, the universal foundation, is the One from whom everything proceeds, who has in Himself the virtues and natures of all beings, and to whose superabundant fullness nothing can be added. If someone were to suppose the existence of two supreme lords of all things in heaven and earth, it

---

79 中士是從民間宗教信仰來談：由於宇宙的多元化，一個神是不夠來創造並控制世界。

would be difficult to know whether these alleged lords are or are not on the same level. If they are not, one is definitely inferior to the other, and the inferior could not be considered universal and supreme; because what is universal and supreme is naturally perfect and full of virtue, so that nothing can be added to him. On the contrary, if we were to say that they are equal, then one would be sufficient; whence would come the need for two?[80] It would also be difficult to know whether the two lords you refer to would have the power to destroy each other. If they were unable to destroy each other, this would show that the power of both is limited and that neither of them possesses the fullness of the sublime virtues ascribable to the Supreme Lord; if they were able to, the one to be destroyed could not be the Lord of Heaven.

西士曰：物之私根原，固不一也；物之公本主，則無二焉。何者？物之公本主，乃眾物之所從出，備有眾物德性。德性圓滿超然，無以尚之。使疑天地之間，物之本主有二尊，不知所云二者，是相等乎？否乎？如非相等，必有一微，其微者自不可謂公尊，其公尊者大德成全，蔑以加焉；如曰相等，一之已足，何用多乎？又不知所云二尊，能相奪滅否？如不能相滅，則其能猶有窮限，不可謂圓滿至德之尊主；如能奪滅，則彼可以被奪滅者，非大主也。

*Il Letterato Occidentale replica:* Le origini particolari delle cose sono sicuramente diverse; ma il Signore, che è l'origine universale degli esseri, non ha nessuno accanto a Sé. Perché ? Perché il Signore, fondamento universale, è Colui dal quale tutto procede, Colui che ha in sé le virtù e le nature di tutti gli esseri, e alla cui sovrabbondante pienezza nulla può essere aggiunto. Se qualcuno supponesse l'esistenza di due Signori supremi di tutte le cose in cielo e in terra, sarebbe difficile sapere se tali presunti Signori siano o meno sullo stesso piano. Se non lo sono, uno sicuramente è inferiore all'altro, e l'inferiore non potrebbe essere considerato universale e supremo; poiché quello che è universale e supremo è per natura perfetto e pieno di virtù, al punto che nulla può essergli aggiunto. Se invece affermassimo che essi sono uguali, allora uno

---

80 See *STh*, I, 11, 3.

solo sarebbe sufficiente; da dove verrebbe la necessità di averne due ?[81] Sarebbe anche difficile sapere se i due Signori, a cui Lei si riferisce, abbiano il potere di distruggersi a vicenda. Se non fossero capaci di distruggersi, ciò mostrerebbe che il potere di ambedue è limitato e che nessuno dei due possiede la pienezza delle eccelse virtù attribuibili al Signore Supremo; se fossero capaci di distruggersi, quello che può essere distrutto non sarebbe il Signore del Cielo.

## 50.

Furthermore, the things under heaven are exceedingly numerous and rich; if there were not a supreme Lord to keep order, they would inevitably be dispersed and destroyed. It is like a musical performance: even if the musicians wanted to play on their own, the music could not be performed without a conductor. For the same reason every family has but one head, and every nation has but one Ruler: if there were two, the nation would be in a state of anarchy. A man has only one body, and a body has only one head; if he had two heads, a man would be a monster. We know, therefore, that although there are many kinds of spiritual beings between heaven and earth,[82] there is only one Lord of Heaven: the creator of heaven, earth, man, and all beings, who always governs them and supports them. What room still remains for doubts, Sir ?

　　且天下之物，極多極盛，苟無一尊，維持調護，不免散壞。如作樂大成，苟無太師集眾小成，完音亦幾絕響。是故一家止有一長，一國止有一君，有二，則國家亂矣[83]；一人止有一身，一身止有一首，有二，則怪異甚矣。吾因是知乾坤之內，雖有鬼神多品[84]，獨有一天主，始製作天地人物，而時主宰存安之。子何疑乎？[85]

Inoltre, le cose sotto il cielo sono estremamente numerose e ricche; se non ci fosse un Signore supremo a mantenere l'ordine, esse inevitabilmente si

---

81 Cf. *STh*, I, 11, 3.

82 See *STh*, I, 50.

83 羅明堅用同樣的段落來說明天主如同國王或家長一樣是唯一的：「譬如一人止有一首，一家止有一長，一國止有一君。假如有二，則國家亂矣」（第20頁）。

84 聖經與天主教神學都肯定在人與天主之間存在一些天使。利瑪竇稱為鬼神。

85 利瑪竇無法採用一種肯定的根據來證明天主是唯一的（天主的唯一性屬於天主的定義），而他只能採用歸謬論的方法。

disperderebbero e verrebbero distrutte. È come in un'esecuzione musicale: se anche gli strumentisti volessero suonare da soli, senza un direttore la musica non potrebbe essere eseguita. Per lo stesso motivo ogni famiglia ha un solo capo, e ogni nazione ha un solo sovrano: se ce ne fossero due, la nazione si troverebbe in stato di anarchia. L'uomo ha un solo corpo, e il corpo ha una sola testa; se avesse due teste l'uomo sarebbe un mostro. Noi sappiamo, perciò, che sebbene esistano molti tipi di esseri spirituali tra il cielo e la terra,[86] c'è un solo Signore del Cielo: il creatore del cielo, della terra, dell'uomo e di tutti gli esseri, che li governa e li sostiene sempre. Che spazio rimane ancora per i dubbi, Signore ?

## 51.

*The Chinese Scholar says*: Now that I have personally heard your teachings, I believe that the Lord of Heaven is the Most High and the truly One, and that there is none beside Him. However, I would still like to hear the doctrine about Him.

中士曰：耳聆至教，蓋信天主之尊，真無二上。雖然，願竟其說。

*Il Letterato Cinese dice*: Ora che ho inteso personalmente i Suoi insegnamenti, credo che il Signore del Cielo sia altissimo e veramente uno, e che non ne esista alcun altro oltre a Lui. Tuttavia, vorrei ascoltare ancora la dottrina che Lo riguarda.

## 52.

*The Western Scholar replies*: Man is not able to understand thoroughly the nature of even the smallest insect under heaven; how could he understand with ease the Lord of Heaven, who is supremely great and worthy of praise ? If it were easy for man to understand Him, He would not be the Lord of Heaven.

西士曰：天下至微虫如蟻，人不能畢達其性，矧天主至大至尊者，豈易達乎？如人可以易達，亦非天主矣。[87]

---

86 Cf. *STh*, I, 50.

87 利瑪竇模仿羅明堅：「若天主尊大，無形無聲，無始無終，非人物之可比，誠難以盡言也」（《天主實錄》，第 13 頁）。奧古斯丁：「如果你理解，這不是天主」（Si comprehendis, non est Deus，《講道》117.5）。

*Il Letterato Occidentale replica*: L'uomo non è in grado di comprendere a pieno neanche la natura del più piccolo insetto sotto il cielo; come potrebbe capire con facilità il Signore del Cielo, supremamente grande e degno di lode ? Se per l'uomo fosse semplice comprenderLo, Egli non sarebbe il Signore del Cielo.

## 53.

In ancient times there was a king who wanted to comprehend the doctrine on the Lord of Heaven, and to this end he questioned a wise minister of his. The minister answered: "Allow me three days to meditate on this doctrine." At the end of the third day, the king put the question again. The minister replied: "You should allow me a further six days before I can provide you with an answer." After six days, the minister asked for yet another twelve days. The king grew angry and said: "Are you making fun of me ?" The minister replied: "How would your minister dare make fun of you ? But the truth of the Lord of Heaven is inexhaustible, and after each day that passes reflecting deeply on Him, His truth appears to me more and more subtle. It is like staring at the sun, the more you look the darker does vision become. For this reason I find it difficult to give you an answer."

古有一君,欲知天主之說,問於賢臣。賢臣答曰:「容退三日思之。」至期,又問。答曰:「更六日方可對。」如是已六日,又求十二日以對。君怒曰:「汝何戲?」答曰:「臣何敢戲。但天主道理無窮,臣思日深,而理日微,亦猶瞪目仰瞻太陽,益觀益昏,是以難對也。」[88]

---

88 這個故事取自《天主實錄》:「嘗聞古有一位人君,欲知天主之說,問於賢臣。賢臣答曰:『容臣退居一月尋思,乃敢以對。』至期而君問之,答曰:『此理微妙,誠然難對,希乞再容一月何如?』如是者已三月矣,並無以對。君怒曰:『爾何戲我若此?』臣曰:『臣何敢戲君?但此理精微,益思而理益深。亦猶仰觀太陽,益觀而眼益昏。是以難對也」(《天主實錄》,第 13～14 頁)。我們可以在西塞羅的《眾神的本性》(*Natura Deorum*)中找到這個故事(第一卷,XXII.60):兩個人物是敘拉古的希倫國王(Hiero of Syracuse)與哲學家西摩尼得斯(Simonides)。在西塞羅的陳述中,可以把哲學家看作一個不可知論者。不過,這個故很可能在中世紀被基督化,加上了理解天主與看見太陽的對比。另外,在羅明堅的陳述中,哲學家每次要求多一個月,不過,看起來,利瑪竇的記憶更正確,回到原文,每次要把日子增加一倍。

Anticamente c'era un re che voleva capire la dottrina riguardante il Signore del Cielo, e a tal fine interrogò un suo saggio ministro. Questi rispose: "Mi conceda tre giorni per meditare su questa dottrina". Allo scadere del terzo giorno, il re pose di nuovo la domanda. Il ministro replicò: "Mi dovrebbe concedere altri sei giorni prima che io possa fornirLe una risposta". Trascorsi altri sei giorni, il ministro ne chiese ancora altri dodici. Il re si adirò e disse: "Ti stai prendendo gioco di me ?". Il ministro rispose: "Come potrebbe il Suo ministro osare prendersi gioco di Lei ? Ma la verità del Signore del Cielo è inesauribile, e dopo ogni giorno passato a riflettere profondamente su di Lui, la Sua verità mi è apparsa sempre più sottile. È come fissare il sole, più lo si guarda più la visione si fa oscura; per questo motivo trovo difficile darLe una risposta".

## 54.

Once there was a holy Western scholar named Augustine who wanted to understand thoroughly the doctrine on the Lord of Heaven, so that he could write a book about it. One day he went along the seashore for a walk; he was reflecting on this doctrine when he saw a child digging a hole in the sand, and filling it with water from the sea by using a shell. The saint asked: "What are you doing ?" The child answered: "I am using this shell to scoop all the water in the sea into this hole." The saint, laughing, said: "Why are you so foolish ? You want to use such a small instrument to pour all the water of the sea into a small hole." The child answered: "Since the water of the immense sea cannot be drawn with a shell and a small hole cannot contain it, why try, with taxing intellectual work, to use human capabilities to understand completely the true doctrine of the Lord of Heaven and then to write it down in a small book ?" No sooner had he uttered these words, the child disappeared. Then the saint understood, and realized that the Lord of Heaven had sent an angel to warn him.[89]

　　昔者又有西土聖人，名謂奧梧斯悌諾，欲一槩通天主之說，而書之於冊。一日，浪遊海濱，心正尋思，忽見一童子掘地作小窩，手執蠔殼，汲

---

89 See Augustine of Hippo, *Confessions*, I, 2.

海水灌之。聖人曰：「子將何為？」童子曰：「吾欲以此殼盡汲海水，傾入窩中也。」聖人笑曰：「若何甚愚，欲以小器竭大海入小窩？」童子曰：「爾既知大海之水，小器不可汲，小窩不盡容，又何為勞心焦思，欲以人力竟天主之大義，而入之微冊耶？」語畢不見。聖人亦驚悟，知為天主命神以警戒之也。[90]

Un tempo c'era un santo letterato occidentale di nome Agostino, il quale voleva comprendere a fondo la dottrina del Signore del Cielo per poterci scrivere un libro. Un giorno andò lungo il mare a fare una passeggiata; stava riflettendo su tale dottrina quando vide un bambino che scavava una buca nella sabbia, utilizzando una conchiglia per riempirla con l'acqua del mare. Il santo chiese: "Che cosa stai facendo?". Il bambino rispose: "Sto usando questa conchiglia per riversare nella buca tutta l'acqua del mare". Il santo, ridendo, disse: "Perché sei così sciocco ? Vuoi usare uno strumento tanto piccolo, per riversare tutta l'acqua del mare in una buchetta". Il bambino rispose: "Visto che l'acqua dell'immenso mare non può essere attinta con una conchiglia, e che una piccola buca non può contenerla, allora perché cercare, con un ansioso lavoro intellettuale, di usare le capacità umane per comprendere appieno la vera dottrina del Signore del Cielo e poi scriverla in un libriccino?". Non appena ebbe pronunciate queste parole il bambino scomparve. Allora il santo capì, e si rese conto che il Signore del Cielo aveva mandato un angelo ad ammonirlo.[91]

55.

Since beings belong to distinct genera, I can determine their similarities

---

90　羅明堅有同樣的故事，不過沒有提出奧古斯丁的名字：「又聞古有一賢士，欲盡明天主之說，晝夜尋思。一日在於海邊往來，遇一童子，手執漏碗，望海而行。士問曰：『子將何往？』童子曰：『吾執此碗，欲汲盡此海水也。』士笑曰：『欲以漏碗而汲盡滄海，子言謬矣。』童子曰：『爾既知漏碗不能汲竭海水，而顧勞神殫思，求知天主之說，豈不大謬？』須臾，童子不見，士亦驚悟知其為天人也。以此觀之，則天主誠非言語之所能盡，吾且解其略耳，但天主之德，甚是圓滿，無所不足」（《天主實錄》，第 14～15 頁）。在最初 Possidius 所著的奧古斯丁傳中，我們找不到這個故事。其實，這個故事並不是真的，而是從中世紀開始流行的傳說。在引論（14），利瑪竇也提到，人們無法完全理解天主。

91　Cf. Agostino d'Ippona, *Confessiones*, I, 2.

and differences, and so know the nature of things; I can see the forms and hear the sounds of what has form and sound, and so I can know its true nature; I can measure objects circumscribed in space from end to end, and so I can know their physical dimensions. The Lord of Heaven, however, does not fall into any genera and transcends them all. To what genus, then, will He belong ? He has neither form nor sound; what clues will lead to Him ? His substance is inexhaustible, the Six Directions[92] cannot contain Him within their boundaries; how will His greatness be measured ? If one wants to give some indications about His nature, one can find no better way than to use words like "not" and "lack," because using terms like "is" and "has" one would have too great a margin of error.[93]

蓋物之列於類者，吾因其類，考其異同，則知其性也。有形聲者，吾視其容色，聆其音響，則知其情也。有限制者，吾度量自此界至彼界，則可知其體也。若天主者，非類之屬，超越眾類，比之於誰類乎？既無形聲，豈有迹可入而達乎？其體無窮，六合不能為邊際，何以測其高大之倪乎？庶幾乎舉其情性，則莫若以「非」者、「無」者舉之；苟以「是」、以「有」，則愈遠矣。[94]

Poiché gli esseri appartengono a generi diversi, posso determinarne le somiglianze e le differenze, e così conoscere la natura delle cose; posso vedere le figure e udire i suoni di ciò che possiede figura e suono, e così conoscerne la natura; posso misurare da un confine all'altro gli oggetti circoscritti nello spazio, e così conoscerne le dimensioni fisiche. Il Signore del Cielo, invece, non rientra in alcun genere e li trascende tutti. A quale di essi, allora, potrà appartenere ? Egli non ha figura né suono; quali indizi potranno condurre a Lui ? La Sua sostanza è inesauribile, le sei direzioni[95] non possono contenerLo entro i loro

---

92 The Six Directions (六合 liùhé) are: north, south, east, west, up, down. In this context, the expression "Six Directions" indicates the totality of the universe.

93 See *STh*, I, 13, 5.

94 士林哲學發揮了關於天主特性的說法，不過，這些神學家一直強調，這些說法完全不夠，並且一些否定式的說法是更正確的。參見 *ST* Ia, q.11, a.3; q.12, a.9。否定神學只用這種方法。關於天主的無限，參見 *ST* Ia, q.7。我們注意道，利瑪竇所列舉的「特性」跟羅明堅所列舉的有比較大的不同。

95 Le sei direzioni (六合 liùhé) sono: nord, sud, est, ovest, alto, basso. In questo

confini; come si potrà misurare quanto sia grande ? Se si desidera dare indicazioni sulla Sua natura non c'è modo migliore che usare parole come "non" e "senza", perché utilizzando termini come "è" e "ha" si avrebbe un margine di errore troppo grande.[96]

## 56.

*The Chinese Scholar says*: How can we refer to the Supreme Being with words like "not" and "lack ?"

中士曰：夫「極是」、「極有」者，亦安得以「非」、以「無」闡之？

*Il Letterato Cinese dice*: In che modo ci si può riferire all'Essere supremo con parole come "non" e "senza"?

## 57.

*The Western Scholar replies*: Man is a receptacle of low capacity, and is incapable of containing the great truth of the Lord of Heaven. We know that things are wretched and that the Lord of Heaven cannot be so, but we have no way of expressing His nobility in all respects; we know that things have deficiencies and that the Lord of Heaven has none, but we cannot investigate His perfection.[97]

西士曰：人器之陋，不足以盛天主之巨理也。惟知物有卑賤，天主所非是，然而不能窮其所為尊貴也；惟知事有缺陷，天主所無有，然而不能稽其所為全長也。[98]

*Il Letterato Occidentale replica*: L'uomo è un recipiente di scarsa capienza, e non è in grado di contenere la grande verità del Signore del Cielo. Noi sappiamo che le cose sono misere e che il Signore del Cielo non può esserlo, ma non abbiamo modo di esprimere completamente la Sua nobiltà; noi sappiamo che le cose hanno mancanze e che il Signore del Cielo non ne ha, ma non riusciamo a indagare sulla Sua perfezione.[99]

---

contesto l'espressione indica la totalità dell'universo.

96  Cf. *STh*, I, 13, 5.

97  See *STh*, I, 12, 2.

98  關於天主的完美，參見 *ST* Ia, q.4。

99  Cf. *STh*, I, 12, 2.

58.

If we wish to express what the Lord of Heaven is, we can only say: He is neither heaven nor earth, but His loftiness and intelligence dominate those of heaven and earth;[100] He is neither an angel nor a spirit, but His spiritual nature transcends all angels and spirits; He is not a human being, but exceeds all saints and sages; He is not virtuous, but is the source of all virtue.

今吾欲擬指天主何物，曰：非天也，非地也，而其高明博厚，[101]較天地猶甚也；非鬼神也，而其神靈，鬼神不啻也；非人也，而遐邁聖睿也；非所謂道德也，而為道德之源也。

Volendo esprimere che cosa sia il Signore del Cielo possiamo solo dire: Egli non è né cielo né terra, ma la Sua altezza e la Sua intelligenza sovrastano quelle del cielo e della terra;[102] non è un angelo né uno spirito, ma la Sua natura spirituale trascende tutti gli angeli e gli spiriti; non è un essere umano, ma supera tutti i santi e i sapienti; non è virtuoso, ma è l'origine della virtù.

59.

He has neither past nor future. If we were to speak of His past, we could only say that He has no beginning; if we were to speak of His future, we could only say that He has no end.

彼寔無往無來，而吾欲言其以往者，但曰無始也；欲言其以來者，但曰無終也。[103]

Egli non ha passato né futuro. Se dovessimo parlare del Suo passato, potremmo solo dire che non ha inizio; se dovessimo parlare del Suo futuro, potremmo solo dire che non ha fine.

60.

And again, if we were to speak of His nature, which no place can contain,

---

100 *Rm* 11:33.
101 《中庸》：「至誠無息。不息則久，久則徵；徵則悠遠，悠遠則博厚，博厚則高明。博厚，所以載物也；高明，所以覆物也；悠久，所以成物也。博厚配地，高明配天，悠久無疆……天地之道，博也，厚也，高也，明也，悠也，久也。」
102 *Rm* 11,33.
103 關於天主的永恆，參見 *ST* Ia, q.10。

we could say that there is no place where He is not present. He is motionless, yet He is the efficient cause of all movement; He has neither hands nor mouth, but He creates the ten thousand beings and instructs the ten thousand living beings.

又推而意其體也，無處可以容載之，而無所不盈充也。不動，而為諸動之宗。無手無口，而化生萬森，教諭萬生也。[104]

E ancora, se dovessimo parlare della Sua natura, che nessun luogo può contenere, potremmo dire che non esiste alcun posto in cui non sia presente. Egli è immobile, eppure è la causa efficiente di ogni movimento; non ha né mani né bocca, ma crea i diecimila esseri e istruisce i diecimila viventi.

## 61.

His power cannot be destroyed or reduced, and He can create things out of nothing. His knowledge is impartial and infallible; something which took place ten thousand generations ago, or will take place ten thousand generations hence, is as if it has just happened before His eyes. He is perfectly good and flawless, and all goodness lies in Him; the slightest evil cannot have any relationship with Him. His mercy is great and limitless, it is universal and impartial, and reaches everywhere; even the smallest insect receives His benefits.

其能也無毀無衰[105]，而可以無之為有者；其知也無昧無謬，而已往之萬世以前，未來之萬世以後，無事可逃其知，如對目也；其善純備無滓，而為眾善之歸宿，不善者雖微，而不能為之累也[106]；其恩惠廣大，無壅無塞，無私無類，無所不及，小虫細介亦被其澤也。[107]

Il Suo potere non può essere distrutto o diminuito, e può creare le cose dal nulla. La Sua conoscenza è imparziale e infallibile; una cosa che ebbe luogo diecimila generazioni fa, o che avrà luogo tra diecimila generazioni, è come se accadesse sotto i suoi occhi. Egli è perfettamente buono e senza difetti, e in Lui

---

104 關於天主的不變性，參見 *ST* Ia, q.9。

105 衰，BC 本作「哀」。

106 不善者雖微而不能為之累也，FJ 本作「絕無幾微不善者得而纍之也」。

107 在《神學大全》第一集，阿奎那討論天主的全知（q.14）、全能（q.19）及眷顧（q.22）。中國哲學經常把「道」看為「完美」、「無限」、「永恆」，不過，不把「道」當作為「有位格的神」（personal God）。說祂是「全知的」、「全能的」等。中士自己不提出反對意見，看起來接受利瑪竇的觀念。

riposa ogni bontà; il più piccolo male non può avere con Lui alcun rapporto. La Sua misericordia è grande e senza limiti, è universale e non fa preferenze, giunge in ogni luogo; anche il più piccolo tra gli insetti riceve i Suoi benefici.

62.

Amongst all the good things and good deeds existing between heaven and earth, there is none which does not come from the Lord of Heaven. Nevertheless, if we compare them with the origin of goodness, they are not even like a drop of water falling into the ocean. The Lord of Heaven's happiness and virtue are opulent, full and overflowing; how can you add or remove anything to or from them ? Thus, even if the waters of rivers and oceans could completely withdraw, all the sand on the seashores be counted or the universe be filled, it would still be impossible to understand the Lord of Heaven entirely. How could someone fully explain Him ?

夫乾坤之內，善性善行，無不從天主稟之。[108]雖然，比之於本原，一水滴於滄海不如也。天主之福德，隆盛滿圓，洋洋憂憂，豈有可以增，豈有可以減者哉？故江海可盡汲，濱沙可計數，宇宙可充實，而天主不可全明，況竟發之哉？

Di tutte le buone cose e le buone azioni che esistono tra il cielo e la terra, non ce n'è una che non provenga dal Signore del Cielo. Se tuttavia le paragoniamo all'origine del bene, esse non sono neanche una goccia d'acqua che cade nell'oceano. La felicità e la virtù del Signore del Cielo sono opulente, piene e traboccanti; come si può aggiungere o togliere loro qualcosa ? Così, anche se le acque dei fiumi e degli oceani potessero ritirarsi completamente, anche se tutta la sabbia lungo il mare potesse essere contata o l'universo colmato, sarebbe ancora impossibile comprendere il Signore del Cielo; come potrebbe qualcuno spiegarlo esaurientemente ?

63.

*The Chinese Scholar says*: What a rich doctrine! It explains what man is

---

108 在第七卷中，利瑪竇討論倫理學。關於天主的善，參見 *ST* Ia, q.6。

unable to explain, and completes what man is unable to complete. As I listen to you I see the great Way and the return to the Supreme Origin for the first time. I would like to continue until the end, but today I dare not bother you. I will come again another day to receive your teachings.

中士曰：嘻！豐哉論矣。釋所不能釋，窮所不能窮矣。某聞之而始見大道，以歸大元矣。[109]願進而及終。今日不敢復瀆，詰朝再以請也。[110]

*Il Letterato Cinese dice*: Ma che dottrina ricca! Spiega ciò che l'uomo è incapace di spiegare, e completa ciò che l'uomo non è in grado di completare. AscoltandoLa, vedo per la prima volta la grande Via e il ritorno all'Origine suprema. Vorrei continuare fino alla fine, ma oggi non oso disturbarLa; ritornerò un altro giorno per ricevere il Suo insegnamento.

## 64.

*The Western Scholar replies*: You are very perspicacious. Without any effort on my part, you have been able to draw much from the little you have heard. Once you have understood these principles, all difficulties disappear; once the foundations have been laid, that which remains turns out to be very simple.

西士曰：子自聰睿，聞寡知多，余何力焉？然知此論，則難處已平，要基已安，余工可易立矣。

*Il Letterato Occidentale replica*: Lei è molto acuto, senza sforzo da parte mia è stato in grado di trarre molto dal poco che ha udito. Avendo compreso questi princìpi, tutte le difficoltà sono scomparse; una volta posti i fondamenti, il resto risulta molto semplice.

---

109 《周易・乾象》：「大哉乾元，萬物資始，乃統天。雲行雨施，品物流形。」在第二卷（111）和第七卷（494），利瑪竇不用「大元」，而用「大原」。

110 利瑪竇模仿柏拉圖對話的風格，構思持續了好幾天的討論。中國文本中似乎沒有這樣的對話傳統。

# Chapter 2: An explanation of the mistaken human knowledge about the Lord of Heaven

# 第二篇　解釋世人錯認天主[1]

# Capitolo II: Spiegazione delle errate conoscenze umane sul Signore del Cielo

---

1 第二章的標題和《天主實錄》的第三章:「解釋世人冒認天主」（第 19 頁）相似。不過，利瑪竇取消了「冒認」這種神學觀念，代替為理智上的「認錯」。整篇跟羅明堅的是完全不同的。在本篇中，利子基於天主教義，以論理的方式對佛家之「空」、道家之「無」的理論和新儒家之太極宇宙論進行了批評；同時，他訴諸古儒，大量徵引先秦儒家經典以證明古經中所記載的「上帝」正是天主教之天主，並對中國古代的天地崇拜進行了解釋學的處理，將「天」解釋為人格的存在，即上帝。

65.

*The Chinese Scholar says*: Your profound doctrine satisfies the ear and cheers up the heart. I thought about it all night long, and forgot to go to sleep. Now I would like to receive your teachings again, in the hope that the doubts present in my heart can be thouroughly dispelled.

中士曰：玄論飫耳醉心，終夜思之忘寢，今再承教，以竟心惑。

*Il Letterato Cinese dice*: La Sua profonda dottrina soddisfa l'orecchio e rallegra il cuore; ci ho pensato tutta la notte, e mi sono dimenticato di andare a dormire. Ora vorrei ricevere ancora il Suo insegnamento, nella speranza che i dubbi presenti nel mio cuore possano essere completamente dissipati.

66.

In our China there are three religions, each with its own teaching. Laozi asserts that beings are generated from non-beingness, and considers non-beingness as the Way.[2] The Buddha asserts that the visible world emerges from voidness, and considers voidness as the Principle.[3] Confucians assert that the supreme foundation lies in the becoming of *yi*; then consider beingness as the basic principle, and honesty as the object of the study of self-cultivation.[4] In

---

2 老子 Lǎozǐ is one of the major figures of Chinese culture. The reality of his existence is still controversial; according to tradition he lived in the sixth century BC, according to some historians he lived in the fourth century BC. Non-being is the 無 wú of the *Book of the Way and Its Virtue* (道德經 *Dàodéjīng*), attributed to 老子 Lǎozǐ; in agreement with the Daoist conception it is pure undifferentiated potentiality, which precedes and grounds every passage from potency to act.

3 The term 佛陀 Fótuó is equivalent, in Chinese, to the Sanskrit past participle Buddha, which means "the awakened One"; it indicates a person who has attained full spiritual enlightenment (bodhi). In particular, this name refers to Siddhārtha Gautama (566-486 BC), the founder of Buddhism. The void (空 kōng) is "emptiness" (śūnyatā), the basic category of Buddhism, which indicates the non-substantiality and the impermanence of all phenomena.

4 Speaking of "Confucians", here Ricci has in mind the members of Neo-Confucianism: it was a synthesis of Confucian, Daoist and Buddhist thought dating back 韓愈 Hán Yù (768-824) and 李翱 Lǐ Áo (774-836), which subsequently developed during the 宋 Sòng dynasty (960-1279). According to the traditional interpretation of the *Book of Changes* (易經 *Yìjīng*), the oldest of the Chinese classic texts and the fourth of the Five Classics (五經 *Wǔjīng*) of Confucianism, 易 yì is understood as the generating principle of Supreme Reality.

your revered view, who is right？

　　吾中國有三教，各立門戶：老氏謂物生於無，以無為道[5]；佛氏謂色[6]由空[7]出，以空為務；儒謂易有太極[8]，故惟以有為宗，以誠為學[9]。不知尊

---

5　老子認為天地萬物是由「道」所產生的；為了認識「道」，需要從「有」和
　　「無」兩方面來觀察和體悟。他說：「無，名天地之始；有，名萬物之母。故
　　常無，欲以觀其妙；常有，欲以觀其徼。」（《道德經》第一章）又說：「物生
　　於有，有生於無。」（《道德經》第四十章）在這裡，「無」和「有」看似對
　　立，但實際上「『無』乃蘊涵著無限之『有』」，老子用這兩個概念來表示「形
　　上的『道』向下落實而產生萬物時的一個過程」（陳鼓應：《老子今注今釋》，
　　商務印書館，2003 年，第 27 頁）。

6　色：佛教所謂的「五蘊」之一。「五蘊說」在早期佛教中主要是有關人或人的
　　身心現象之構成要素的一種理論。「五蘊」是指五種成分的積聚或和合。早期
　　佛教把「法」分析為「有為法」（一切處於相互聯繫、生滅變化中的事物）和
　　「無為法」（無因緣關係，不生滅變化的存在，如「虛空」和「涅槃」等），又
　　把有為法進一步分析為「五蘊」，即色、受、想、行、識。「色蘊」指一切有形
　　態、有質礙的事物，接近於現今人們所說的物質現象，如地、水、火、風及由
　　其所構成的事物。參見姚衛群：《佛學概論》，宗教文化出版社，2002 年，第
　　10～11 頁。

7　空：佛教的根本概念與核心範疇。在佛教史上，佛教各派對空的詮釋各有不
　　同，就其影響來說，最具代表性的是大乘空宗的「空」說。大乘空宗有「十八
　　空」之說，內容豐富複雜，而就其核心內容來說，「空」主要是指「空性」而
　　言。所謂空性，是說佛所說的一切法即一切現象都沒有實在的自性，也就是既
　　無主宰性（不自在），也無實體性（無實在不變的體性），現象當體即空。諸法
　　無有自性的「空」，更切實地說，諸法「空性」被認為是諸法的共同實相，共
　　同的真實，共同的本質。可以說，在佛教尤其是中觀學派看來，世界萬物都統
　　一於空性。同時，大乘空宗又強調，空絕不離開有，空並非虛無。諸法雖然自
　　性空，但是由因緣條件產生的非實的現象即「假有」（幻有）是存在的。性
　　空與假有不能分離，兩者是諸法的一體兩面。參見方立天：《佛教「空」義解
　　析》，《中國人民大學學報》，2003 年第 6 期。

8　「太極」一詞在《莊子》中即已出現，《內篇·大宗師》稱：「夫道有情有信，
　　無為無形；可傳而不可受，可得而不可見；自本自根，未有天地，自古以固
　　存；神鬼神帝，生天生地；在太極之先而不為高，在六極之下而不為深；先天
　　地生而不為久，長於上古而不為老。」這裡的太極似乎意指最大的極限。太極
　　一詞作為宇宙論之本原概念，始見於《周易·繫辭上》：「是故易有太極，是生
　　兩儀，兩儀生四象，四象生八卦，八卦定吉凶，吉凶生大業。」到了宋代，太
　　極作為兩儀之原的宇宙論意義受到高度重視，太極遂成為新儒家宇宙論的宇宙
　　本原。周敦頤曾作《太極圖》和《太極圖說》，該圖成為朱熹太極學說的理論
　　淵源之一。朱熹於《周易本義》釋《繫辭》「易有太極」一節之義曰：「一每生
　　二，自然之理也。《易》者，陰陽之變。太極者，其理也；兩儀者，始為一畫
　　以分陰陽；四象者，次為二畫以分太少；八卦者，次為三畫而三才之象始備。
　　此數言者，實聖人作《易》自然之次第，有不假絲毫智力而成者。」

旨誰是？[10]

Nella nostra Cina esistono tre religioni, ognuna con il proprio insegnamento. Laozi sostiene che gli esseri sono generati dal non-essere, e considera il non-essere come la Via;[11] il Buddha sostiene che il mondo visibile emerge dal vuoto, e considera il vuoto come il Principio;[12] i confuciani sostengono che nel trasformarsi dello *yi* risiede il fondamento supremo, e quindi considerano l'essere come il principio fondamentale e l'onestà come l'oggetto della scuola di vita.[13] Chi è nel giusto, dal Suo riverito punto di vista?

---

9　誠：《說文解字》：「誠，信也。」「誠」是先秦儒家提出的一個重要的倫理學和哲學概念，後來成為中國倫理思想中的重要範疇。孟子曰：「是故誠者，天之道也。思誠者，人之道也。至誠而不動者，未之有也。不誠，未有能動者也。」（《孟子・離婁上》）在這裡，「誠」不但是天道本體的最高範疇，也是做人的規律和訣竅。在《禮記・中庸》中，「誠」成為禮的核心範疇和人生的最高境界：「唯天下至誠，為能盡其性；能盡其性，則能盡人之性；能盡人之性，則能盡物之性；能盡物之性，則可以贊天地之化育；可以贊天地之化育，則可以與天地參矣。」（第二十二章）「誠者自成也，而道自道也。誠者物之終始，不誠無物。是故君子誠之為貴。誠者非自成己而已也，所以成物也。成己，仁也；成物，知也。性之德也，合外內之道也，故時措之宜也。」（第二十五章）。《禮記・大學》則把「誠意」作為「格物，致知，誠意，正心，修身，齊家，治國，平天下」八條目之一，「誠」成為聖賢們體察天意，修身養性和治國平天下的重要環節。宋代周敦頤進一步把「誠」視為「五常之本，百行之源」（《通書・誠下》），即仁、義、禮、智、信這「五常」的基礎和各種善行的開端。程頤則更加直截了當地指出：「吾未見不誠而能為善也。」（《河南程氏遺書》卷二十五）

10　通過中士，利瑪竇選擇了道家、佛教、儒家的三個核心概念。他要證明它們都無法代表最高的真理。

11　老子 Lǎozǐ è una delle maggiori figure della cultura cinese. La sua esistenza reale è ancora controversa; la tradizione la colloca nel VI secolo a.C., alcuni storici nel IV. Il non-essere è il 無 wú del *Libro della Via e della Virtù* (道德經 *Dàodéjīng*), attribuito a 老子 Lǎozǐ; è la pura potenzialità indifferenziata che, nella concezione daoista, precede e fonda ogni passaggio all'atto.

12　Il termine 佛陀 Fótuó rende in cinese il participio passato sostantivato sanscrito Buddha, che significa "il risvegliato"; indica un essere che abbia raggiunto l'illuminazione (bodhi). In particolare questo nome si riferisce a Siddhārtha Gautama (566-486 a.C.), fondatore del buddhismo. Il vuoto (空 kōng) è la "vacuità" (śūnyatā), categoria basilare del buddhismo, che indica la non-sostanzialità e l'impermanenza di tutti i fenomeni.

13　Parlando di "confuciani", qui Ricci ha in mente piuttosto gli aderenti al neoconfucianesimo: una sintesi del pensiero confuciano, daoista e buddhista che risale a 韓愈 Hán Yù (768-824) e 李翱 Lǐ Áo (774-836), e che si sviluppò

## 67.

*The Western Scholar replies*: The non-beingness and voidness of which Laozi and Buddha speak are totally in disagreement with the doctrine of the Lord of Heaven; therefore, it is clear that they do not deserve appreciation. The non-beingness and honesty of which Confucians speak, although I have not heard an exhaustive explanation of their meaning, would seem to be close to it.

西士曰：二氏之謂，曰無曰空，於天主理大相刺謬，其不可崇尚，明矣。大儒之謂，曰有曰誠，雖未盡聞其釋，固庶幾乎。[14]

*Il Letterato Occidentale replica*: Il non-essere e il vuoto, di cui parlano Laozi e Buddha, sono in totale disaccordo con la dottrina del Signore del Cielo; è chiaro perciò che non meritano apprezzamento. L'essere e l'onestà di cui parlano i confuciani, sebbene io non abbia udito una spiegazione esauriente del loro significato, sembrerebbero esserle vicini.

## 68.

*The Chinese Scholar says*: Even the noble men of our country harshly criticize Daoism and Buddhism, and nurture a deep hatred of them.

中士曰：吾國君子亦痛斥二氏，深為恨之。[15]

*Il Letterato Cinese dice*: Anche gli uomini nobili del nostro paese criticano aspramente il daoismo e il buddhismo, e nutrono un odio profondo verso di essi.

## 69.

*The Western Scholar replies*: It is better to argue than to hate, it is better to reason than to argue. Since even Daoists and Buddhists are generated by the

---

successivamente durante la dinastia 宋 Sòng (960-1279). Nella tradizione interpretativa del *Libro dei Mutamenti* (易經 *Yìjīng*), il più antico dei testi classici cinesi e il quarto dei *Cinque Classici* (五經 *Wǔjīng*) del confucianesimo, lo 易 yì è il mutamento inteso come principio generatore supremo della realtà.

14 利瑪竇跟儒家的一致是暫時性、策略性的，並不是全面的。在否定了道家和佛教之後，利瑪竇要在這章的後面部分攻擊宋明理學。

15 這位中士很明顯屬於儒家。事實上，晚明思想界十分活躍，儒、釋、道的合流或綜合（尤其是儒、釋綜合）構成了晚明思想和學術的一個明顯、普遍的特徵，王陽明的心學就深受禪宗的影響。因此，不知中士這句話裏的「君子」是否特指推崇正統朱熹理學的士大夫。

great Father, the Lord of Heaven, we are all brothers. If my younger brother becomes crazy and tumbles to the ground, should I, as his elder brother, pity him or hate him ? What is most important is that we should use reason to make things clear.

西士曰：恨之不如辯之，以言辯之，不如析之以理。二氏之徒，並天主大父所生，則吾弟兄矣。譬吾弟病狂，顛倒怪誕，吾為兄之道，恤乎？恨乎？在以理喻之而已。

*Il Letterato Occidentale replica*: È meglio discutere che odiare, è meglio ragionare che discutere; poiché anche i daoisti e i buddhisti sono generati dal grande Padre, il Signore del Cielo, siamo tutti fratelli. Se mio fratello minore diventasse pazzo e si rotolasse in terra, io come fratello maggiore dovrei aver pietà di lui oppure odiarlo ? La cosa più importante è usare la ragione per fare chiarezza.

70.

I have extensively read Confucian books and noticed that they never cease to express resentment towards Buddhism and Daoism. These are rejected as barbarians, and the reaction against them is considered as an attack on heresy; however, I never found anyone who exposes their errors by using reason. One says that the other is wrong, the other says the first is wrong; so they have attacked each other without any mutual trust, and have not been able to reconcile for more than one thousand five hundred years. If they could use reason to discuss they would naturally be able to distinguish truth from falsehood; and the three schools could return to the one and only Way. A Western proverb says: "A strong rope can tie the horns of an ox and a reasonable discourse can subdue a man's mind."[16] Formerly, in the nations bordering my humble country, there were not only three religions but thousands of heterodox schools; because our scholars dialogued with them using the right reason, and influenced them by means of good deeds, now these countries only follow the

---

16 Ricci probably refers to a Roman legal maxim: "cornu bos capitur, verbo ligatur homo".

religion of the Lord of Heaven.

余嘗博覽儒書，往往憾嫉二氏，夷狄排之，謂斥異端，而不見揭一鉅理以非之。我以彼為非，彼亦以我為非，紛紛為訟，兩不相信，千五百餘年不能合一。使互相執理以論辯，則不言而是非審，三家歸一耳。西鄉有謗曰：「堅繩可繫[17]牛角，理語能服人心。」敝國之鄰方，上古不止三教，纍纍數千百枝，後為我儒[18]以正理辨喻，以善行嘿化，今惟天主一教是從。[19]

Ho letto estesamente i libri confuciani, e ho notato che non cessano di esprimere astio verso il buddhismo e il daoismo. Sono rifiutati in quanto barbari, e la reazione contro di essi è considerata un attacco all'eresia; però non ho mai trovato nessuno esporre i loro errori usando la ragione. L'uno sostiene che l'altro sia in torto, l'altro sostiene che sia in torto il primo; così si attaccano a vicenda non avendo fiducia reciproca, e da più di millecinquecento anni non riescono a riconciliarsi. Se fossero in grado di usare la ragione per discutere, sarebbero naturalmente capaci di distinguere il vero dal falso; e le tre scuole potrebbero tornare all'unica Via. Un proverbio occidentale dice: "Una corda spessa può legare le corna di un bue, il discorso ragionevole può assoggettare la mente dell'uomo".[20] Anticamente, nelle nazioni confinanti con il mio umile paese, c'erano non solo tre religioni ma migliaia di scuole eterodosse; poiché i nostri letterati hanno dialogato con loro usando la retta ragione e le hanno influenzate con le opere buone, ora queste nazioni seguono solo la religione del Signore del Cielo.

## 71.

*The Chinese Scholar says*: There can only be one orthodox doctrine; how there could be more than one ? However, there must be a reason why Buddha

---

17 繫，FJ 本作「擊」。

18 此處的「儒」指西方天主教神學家。

19 利瑪竇自稱需要放棄排他性的態度，而迴歸理性。他提出的例子很可能指耶穌會士如嘉尼修（Canisius，1521～1597）在德國及奧地利通過教育和佈道平息了天主教和新教之間的爭論。

20 Ricci si riferisce, probabilmente, alla massima del diritto romano "cornu bos capitur, verbo ligatur homo".

and Laozi support their doctrines. Every being is at first void, then later full; at first it does not exist, then later comes into existence. Therefore it seems that they consider voidness and non-beingness as the source of all beings.

中士曰：正道惟一耳，烏用眾？然佛老之說，持之有故，凡物先空後實，先無後有，故以空無為物之原，似也。

*Il Letterato Cinese dice*: Può esserci soltanto una dottrina ortodossa; come potrebbe essercene più d'una ? Tuttavia, ci sarà pure una ragione perché Buddha e Laozi sostengano le proprie dottrine. Ogni essere è dapprima vuoto, poi pieno; prima non esiste, poi giunge all'esistenza. Per questo sembra che essi considerino il vuoto e il non-essere come l'origine di ogni essere.

## 72.

*The Western Scholar replies*: In order to reach Heaven, one must base oneself on the knowledge of that which is under heaven.[21] Under heaven one appreciates what exists and despises what does not exist; then, how can one use such despicable words as "voidness" and "non-beingness" to represent the incomparably precious origin of the ten thousand beings ? Moreover, one cannot give the beingness which one does not have to something, so that it can exist; this is an obvious truth. Now, what is called "voidness" and "non-beingness" possesses absolutely nothing of its own; how could it give nature and form to something else, so that it could come to existence ? Each thing must actually exist, before one can affirm its existence; what does not exist in reality, does not exist at all. If the origin of all things were not real, that which came out of it would consequently not exist. Even the holiest among the people of this world cannot take existence from non-existence; how could non-being and void use their own non-beingness and voidness so that the ten thousand beings should come into existence, and continue to exist ? If one observes the causes of things and calls them "voidness" and "non-beingness," since these can be neither efficient, nor formal, nor material, nor final causes, then of what use would they be ?

---

21 See *STh*, I, 1, 2.

西士曰：上達以下學為基[22]。天下以實有為貴，以虛無為賤，若所謂萬物之原，貴莫尚焉，奚可以虛無之賤當之乎？況己之所無，不得施之於物以為有，此理明也。[23]今曰空曰無者，絕無所有於己者也，則胡能施有性形，以為物體哉？物必誠有，方謂之有物焉；無誠則為無物。設其本原無實無有，則是並其所出物者無之也。世人雖聖神[24]，不得以無物為有；則彼無者、空者，亦安能以其空無為萬物有、為萬物實哉？試以物之所以然觀之，既謂之空無，則不能為物之作者、模者、質者、為者，此於物尚有何着歟？[25]

*Il Letterato Occidentale replica*: Per raggiungere il Cielo bisogna porre come fondamento la conoscenza di ciò che è sotto il cielo;[26] sotto il cielo si apprezza ciò che esiste, mentre si disprezza ciò che non esiste; e allora, come si possono usare parole spregevoli quali "vuoto" e "non-essere" per riferirsi all'origine dei diecimila esseri, incomparabilmente preziosa ? Inoltre, non si può dare l'essere che non si possiede a qualcosa, affinché possa esistere; questa è una palese verità. Ora, ciò che si definisce "vuoto" e "non-essere" non possiede assolutamente nulla in se stesso; come potrebbe dare natura e forma a qualcosa, affinché possa esistere ? Qualsiasi cosa deve realmente essere, prima che si possa affermare la sua esistenza; ciò che realmente non è, di fatto non esiste. Se l'origine di ogni cosa non fosse reale, ciò che è uscito da essa non esisterebbe. Persino i più santi tra gli uomini di questo mondo non possono trarre l'esistenza dalla non esistenza; come potrebbero il non-essere e il vuoto utilizzare la propria nullità e la propria vacuità affinché i diecimila esseri giungano all'esistenza, e continuino ad esistere ? Se si osservano le cause delle cose e le si chiamano

---

22　出自《論語・憲問》：「子曰：『不怨天，不尤人。下學而上達。知我者其天乎！』」

23　參見阿奎那所提出的原則「從無中什麼都不能產生」（ex nihilo nihil fieri）；《神學大全》第一集 45 題 2 節。「可是這種說法（由無中而生無），卻不適於萬物來自普遍原理或源頭的原始源出」（《神學大全》第二冊，第 14 頁）

24　聖神，FJ 本作「神聖」。

25　利瑪竇把道家的「無」理解為完全虛無之物。按照道家，「無」是一個真正的存在，不過在它那裡，不區分天地萬物。另外，從本體論的角度，利瑪竇去否定佛教的「空」，不過，佛教剛好拒絕討論事物的最終本源。通過批判佛教和道家，利瑪竇試圖證明，任何事物和這整個世界必須有一個實質上的本質。

26　Cf. *STh*, I, 1, 2.

"vuoto" e "non-essere", dal momento che questi non possono essere né causa efficiente, né formale, né materiale, né finale, di quale utilità sarebbero ?

## 73.

*The Chinese Scholar says*: Having listened to these teachings I find them right and proper; but there is perhaps some truth in affirming that things are at first non-beings, and only later come into existence.

中士曰：聞教固當，但謂物者先無而後有，是或一道也。

*Il Letterato Cinese dice*: Avendo ascoltato questi insegnamenti li trovo giusti e appropriati; ma forse c'è qualcosa di vero nell'affermare che le cose prima non sono, e solo in seguito giungono all'esistenza.

## 74.

*The Western Scholar replies*: One may assert that what has a beginning is at first non-being, and only later comes into existence; as far as the beings without a beginning, however, one cannot say so. He who has no beginning has always been; how could there be a time when He was non-existent ? If one refers to things not having a beginning, which at first did not exist and later came to existence, then one is right; if one generalizes, then one is not right. For example: before a man is born, certainly he does not exist, he exists from his birth onwards; but before a man is born, his parents are already in existence. And so it is for all beings under heaven. In the beginning, when nothing existed, there necessarily had to be the Lord of Heaven for creating all beings.[27]

西士曰：有始之物，曰先無而後有，可也；無始之物，非所論矣。無始者，無時不有，何時先無焉？特分而言之，謂每物先無後有，可耳；若總而言之，則否也。譬如某人未生之先，果無某人，既生而後有也；然未生某人之先，卻有某人之親以生之。天下之物，莫不皆然。至其渾無一物之初，是必有天主開其原也。[28]

*Il Letterato Occidentale replica*: Si può affermare che ciò che ha un inizio

---

27 See *STh*, I, 44, 1.
28 前面利瑪竇闡明「無」「空」無法生成任何事物。這裡，他從另外一個角度闡明，從事物出發必須回歸到它們的本質和來源。參見 *ST* Ia, q.44, a.1。

dapprima non è, e solo in seguito giunge all'esistenza; per quel riguarda gli esseri che non hanno un inizio, invece, non si può parlare così. Colui che non ha un inizio, è da sempre; come potrebbe esserci un tempo in cui Egli non era ? Se ci si riferisce alle cose che hanno un inizio, le quali prima non esistevano e poi esistono, allora è giusto; se invece si generalizza il discorso, non è giusto. Ad esempio: prima che un uomo nasca, certamente non esiste, esiste solo dalla nascita in poi; però prima che un uomo nasca, i suoi genitori già esistono. E così è per tutti gli esseri sotto il cielo. In principio, quando nessuna cosa esisteva, doveva esserci necessariamente il Signore del Cielo per dare inizio a tutti gli esseri.[29]

## 75.

*The Chinese Scholar says*: All people have a mind capable of distinguishing right from wrong, truth from falsehood. Anyone who is unable to understand this truth is like a person who has lost the foundations of thought. Who would still like to listen to any other of his absurdities ? If voidness and non-beingness are neither man nor spirit; if they are deprived of living nature, sensitivity and intellect; if they lack benevolence, righteousness, and anything worthy to be considered good; then voidness and non-beingness cannot even be compared to the smallest and humblest of plants. To consider them the foundation of the ten thousand beings is opposed to their true meaning. However, the voidness and non-beingness of which I have heard are not really "voidness" and "non-beingness," but indicate the lack of form and sound of spirit. What difference is there between them and the Lord of Heaven ?

中士曰：人人有是非之心，不通此理，如失本心，寧聽其餘誕哉？借如空無者，非人、非神、無心性、無知覺、無靈才、無仁義、無一善足嘉，即草芥至卑之物猶不可比，而謂之萬物之根本，其義誠悖。但吾聞空無者，非真空無之謂，乃神之無形、無聲者耳，則於天主何異焉？[30]

*Il Letterato Cinese dice*: Tutti gli uomini possiedono una mente capace di

---

29 Cf. *STh*, I, 44, 1.
30 中士暗示，道家與佛教並不等於虛無主義，而是用否定的說法來談論最高的真理，如同前面（55）利瑪竇自己承認，談天主這是最好的方式。

distinguere il giusto dallo sbagliato, il vero dal falso. Chiunque non sia in grado di comprendere questa verità è come una persona che abbia smarrito le fondamenta del pensiero. Chi vorrebbe ancora ascoltare le altre sue assurdità ? Se il vuoto e il non-essere non sono né uomini né spiriti; se sono privi della natura vivente, della sensibilità e dell'intelletto; se mancano di benevolenza, di rettitudine e di tutto ciò che è degno di essere considerato buono; allora il vuoto e il non-essere non possono essere paragonati neanche alla più piccola e umile pianta. Considerarli il fondamento dei diecimila esseri si oppone al loro vero significato. Tuttavia il vuoto e il non-essere di cui ho sentito parlare non sono realmente "vuoto" e "non-essere", ma indicano la mancanza di figura e di suono dello spirito. Che differenza c'è tra di essi e il Signore del Cielo ?

## 76.

*The Western Scholar replies*: This is an inadequate way of expressing oneself; please do not refer to the Lord of Heaven with these words. His spirit has a living nature, talent, and virtue; He supremely exceeds the sum of our qualities, and His truth is the most complete. How can you call Him voidness and non-beingness because of His invisibility ? Even the morality of the Five Virtues is invisible and silent, but who would say that it is non-being ? The difference between what is invisible and non-beingness is as great as that between heaven and earth. If the doctrine of non-beingness is taught it will not only fail to illuminate mankind, but will increasingly intensify its doubts.

西士曰：此屈於理之言，請勿以斯稱天主也。夫神之有性有才有德[31]，較吾有形之彙，益精益高，其理益寔，何得特因無此形，隨謂之無且虛乎？五常之德，無形無聲，孰謂之無哉？無形者之於無也，隔霄壤矣。以此為教，非惟不能昭世，愈滋惑矣。[32]

---

31 利瑪竇賦予天主「才」與「德」的屬性，不過，如同何俊說：「在儒家處，『才』稟於氣質所生，『德』亦只是評價人的名詞（虛位），須隨人的仁義實踐之內容（定名）而說，才與德都是專屬人的屬性」，見何俊《西學與晚明思想的裂變》（上海人民出版社，1998 年），第 94 頁。

32 為了批判佛教與道家，利瑪竇通過強調天主的特性來肯定它是實在的。從這裡開始利瑪竇結束關於佛教與道家的批判，接下來，他要開始更詳細地討論宋明理學的太極。

*Il Letterato Occidentale replica*: Questo è un modo inadeguato di esprimersi; La prego di non riferirsi al Signore del Cielo con tali parole. Il Suo spirito ha una natura vivente, ha ingegno, ha virtù, supera altamente la somma delle nostre qualità, e la Sua verità è la più piena. Come si può chiamarLo non-essere e vuoto perché è invisibile ? Anche la moralità delle cinque virtù è invisibile e silenziosa, ma chi direbbe di essa che è non-essere ? La differenza tra ciò che è invisibile e il non-essere è come quella tra il cielo e la terra. Se la dottrina del non-essere viene insegnata, non solo non riuscirà a illuminare il genere umano ma accrescerà sempre di più i suoi dubbi.

## 77.

*The Chinese Scholar says*: Are the Confucians right in what they say about the Supreme Ultimate ?[33]

中士曰：吾儒言太極君是乎？

*Il Letterato Cinese dice*: I confuciani che parlano del Culmine Supremo sono nel giusto ?[34]

## 78.

*The Western Scholar replies*: Although I arrived in China late in life, I have assiduously studied the Chinese classical texts. I learned that the noble men of ancient times worshipped and revered the Supreme Ruler of heaven and earth, but I have never heard that they venerated the Supreme Ultimate. If the Supreme Ultimate is the Supreme Ruler and ancestor of the ten thousand beings, why did the ancient sages not say so ?

西士曰：余雖末年入中華[35]，然竊視古經書不怠，但聞古先君子敬恭

---

33 The expression "Supreme Ultimate" (太極 tàijí) literally denotes the central beam of a building. It is derived from the *Great Commentary* (大傳 *Dàzhuān*) to the *Book of Changes*, and indicates the limit point from which the infinite multiplicity of all that exists unfolds.

34 L'espressione "Culmine Supremo" (太極 tàijí), che alla lettera indica la trave centrale di un edificio, si trova nel *Grande Commentario* (大傳 *Dàzhuān*) al *Libro dei Mutamenti*, e indica il punto limite dal quale si dispiega l'infinita molteplicità di ciò che esiste.

35 其實，利瑪竇來華的時候只有三十歲。

於天地之上帝[36]，未聞有尊奉太極者。如太極為上帝[37]——萬物之祖，古聖何隱其說乎？

*Il Letterato Occidentale replica*: Sebbene io sia arrivato in Cina in tarda età, ho studiato assiduamente i testi classici cinesi. Ho appreso che gli uomini nobili dei tempi antichi adoravano e riverivano il Sovrano Supremo, del cielo e della terra, ma non ho mai sentito dire che venerassero il Culmine Supremo. Se il Culmine Supremo fosse il Sovrano Supremo e l'antenato dei diecimila esseri, perché allora gli antichi saggi non lo hanno detto ?

# 79.

*The Chinese Scholar says*: Although the term did not exist in ancient times, the doctrine actually existed. But the graphical representation of the doctrine has not been handed down to the present day.

中士曰：古者未有其名，而實有其理，但圖釋未傳耳。[38]

*Il Letterato Cinese dice*: Malgrado il termine non esistesse nei tempi antichi, in realtà la dottrina esisteva. Però la rappresentazione grafica della dottrina non è stata tramandata fino ai nostri giorni.

# 80.

*The Western Scholar replies*: Noble men have no reason to oppose the doctrines which conform to the truth; but I am afraid it is difficult to harmonize the doctrine of the Supreme Ultimate with the truth. I saw a representation of the Absolute and the Supreme Ultimate, based on the symbols of even and odd; but what do these symbols mean ?[39] It is clear that the Supreme Ultimate cannot be the reality which created heaven and earth. The truth of the Lord of Heaven has

---

36 上帝，FJ 本作「主宰」。

37 上帝，FJ 本作「主宰」。

38 指宋代周敦頤所作的《太極圖》，也可能包括《先天圖》、《河圖》、《洛書》等更早的圖釋。確實，在古書裏，「太極」只出現一次。要等到宋朝的時候，這個概念才變得很重要。利瑪竇要先從思想史批判「太極」，然後從哲學的角度。

39 Such a representation, or "diagram", of the Supreme Ultimate (太極圖 Tàijítú), was widely used by Neo-Confucian thinkers beginning from 周敦頤 Zhōu Dūnyí (1017-1073).

been handed down from ancient times, it is complete and lacks nothing; when we wrote it down so that it could be transmitted to other nations, we dared not but present the reasons upon which it is based. These empty symbols, however, are not based on any real reason.

西士曰：凡言與理相合，君子無以逆之。太極之解，恐難謂合理也。吾視夫「無極而太極」之圖[40]，不過取奇偶之象言，而其象何在？太極非生天地之實，可知己。天主之理，從古實傳至今，全備無遺；而吾欲志之於冊，傳之於他邦，猶不敢不揭其理之所憑，況虛象無實理之可依耶？

*Il Letterato Occidentale replica*: Gli uomini nobili non hanno motivo di opporsi alle dottrine conformi alla verità; ma temo sia difficile armonizzare la dottrina del Culmine Supremo con la verità. Ho visto la raffigurazione dell'Assoluto e del Culmine Supremo, basata sui simboli del pari e del dispari; ma che cosa significano questi simboli ?[41] Si capisce che il Culmine Supremo non può essere la realtà che ha generato il cielo e la terra. La verità del Signore del Cielo è stata tramandata dai tempi antichi, è completa e non manca di nulla; quando l'abbiamo scritta in modo da poterla trasmettere alle altre nazioni non abbiamo osato non esporre le ragioni su cui essa si fonda. Questi vuoti simboli, invece, non si fondano su alcuna ragione reale.

81.

*The Chinese Scholar says*: The Supreme Ultimate is nothing but the Principle. If you believe that the Principle lacks reason, can there ever be any principle to talk about ?

中士曰：太極非他物，乃理而已。如以全理[42]為無理，尚有何理之可謂？

---

40 指周敦頤的《太極圖說》。在第四卷，利瑪竇要介紹所謂「波爾菲之樹」來代替。

41 Tale raffigurazione, o "diagramma", del Culmine Supremo (太極圖 Tàijítú) venne ampiamente utilizzata dal pensiero neoconfuciano a partire da 周敦頤 Zhōu Dūnyí (1017-1073).

42 太極是「全理」，乃是新儒家太極論的主張。朱熹稱：「總天地萬物之理，便是太極。」(《朱子語類》卷九十四)

*Il Letterato Cinese dice*: Il Culmine Supremo non è altro che il Principio. Se si ritiene che il Principio manchi di ragione, ci potrà mai essere un principio di cui parlare ?

82.

*The Western Scholar replies*: Alas! If the form of a being does not conform to its principle, it can be corrected by means of this one. But if the principle itself is wrong, by what means could it be corrected ? I should now distinguish between the different categories of beings, and relate them to their principles; then you will understand that the Supreme Ultimate cannot be the Principle of the ten thousand beings.

西士曰：嗚呼！他物之體態不歸於理，可復將理以歸正議。若理之本體定，而不以其理，又將何以理之哉？吾今先判物之宗品，以置理於本品，然後明其太極之說，不能為萬物本原也。

*Il Letterato Occidentale replica*: Ahimé! Se la forma di un essere non è conforme al suo principio, è possibile correggerla per mezzo di esso. Ma se è il principio in sé ad essere sbagliato, per mezzo di che cosa potrà essere corretto ? Dovrei ora distinguere tra le varie categorie degli esseri, e metterle in relazione ai loro princìpi; dopodiché si capirà che il Culmine Supremo non può essere il Principio dei diecimila esseri.

83.

There are two categories of beings: the substance and the accidents. Beings which do not depend on others for their existence are classified as substances: for instance heaven, earth, spirits, men, animals, plants, metals, stones, the Four Elements, and such like. Beings that do not exist in themselves and depend on something else – for instance the Five Virtues, the Five Colours, the Five Notes, the Five Flavours, the Seven Passions,[43] and such like – are classified as accidents. Let us observe a white horse: we can call it "white", and call it "horse." Horse is the substance, whiteness is an accident. In fact, even if devoid

---

43 The Seven Passions (七情 qīqíng) of Confucian ethics are: joy, anger, sorrow, fear, love, hate, desire.

of its whiteness, a horse could continue to exist; but if there were no horse, its whiteness could absolutely not exist, hence it is termed "accident". Comparing these two categories, we find that substance has a prior and more perfect existence, whereas accident has a subsequent and less perfect one. There can only be one substance in any being, whereas there may be countless accidents. For example: a man is one person, that is, his substance;[44] but he has manifold accidents, such as passions, sound, appearance, colours, morality, and many others.

　　夫物之宗品有二：有自立者，有依賴者。物之不恃別體以為物，而自能成立，如天地、鬼神、人、鳥獸、草木、金石、四行等是也，斯屬自立之品者；物之不能立，而託他體以為其物，如五常、五色、五音、五味、七情等是也，斯屬依賴之品者。且以白馬觀之：曰白，曰馬，馬乃自立者，白乃依賴者。雖無其白，猶有其馬；如無其馬，必無其白，故以為依賴也。[45]比斯兩品：凡自立者，先也、貴也；依賴者，後也、賤也。一物之體，惟有自立一類；若其依賴之類，不可勝窮。如人一身固為自立，其間情聲、貌色、彝倫等類，俱為依賴，其類甚多。

Ci sono due categorie di esseri: la sostanza e gli accidenti. Gli esseri che non dipendono da altri per la propria esistenza sono classificati come sostanze: ad esempio il cielo, la terra, gli spiriti, gli uomini, gli animali, i vegetali, i metalli, le pietre, i quattro elementi, e cose simili. Gli esseri che non esistono in sé e dipendono da altro – ad esempio le cinque virtù, i cinque colori, le cinque note, i cinque sapori, le sette passioni,[46] e cose simili – sono classificati come accidenti. Osserviamo un cavallo bianco: possiamo chiamarlo "bianco", e possiamo chiamarlo "cavallo". Il cavallo è la sostanza, il colore bianco è l'accidente. Infatti, anche se privo del colore bianco, il cavallo continua ad

---

44 See *STh*, I, 29, 1.

45 利瑪竇闡明亞里士多德的「自立體」（substance）和「依附體」（accident）。參見 *ST* I, q.3, a.6-7。利瑪竇錯誤把理學的「理」理解為亞里士多德在《範疇論》所講的「原理」。因為這個「原理」只是「依賴者」，所以它只能依靠一個「自立者」或實體來存在。利瑪竇故意選擇白馬的例子，因為可以使人聯想到中國邏輯學家公孫龍子的論證。

46 Le sette passioni (七情 qīqíng) sono, per l'etica confuciana: la gioia, l'ira, il dolore, la paura, l'amore, l'odio, il desiderio.

esistere; se invece non ci fosse il cavallo, il bianco del cavallo assolutamente non potrebbe esistere, e per questo lo si definisce "accidente". Paragonando queste due categorie, troviamo che la sostanza ha un'esistenza antecedente e più perfetta; l'accidente ha un'esistenza conseguente e meno perfetta. Ci può essere una sola sostanza in ogni essere, mentre gli accidenti possono essere innumerevoli. Ad esempio: un uomo è una singola persona, cioè la sua sostanza;[47] ma questa ha numerosi accidenti, cioè le passioni, i suoni, l'aspetto, i colori, la moralità, e molti altri.

## 84.

If one speaks of the Supreme Ultimate and limits oneself to its definition as a "principle," then one cannot identify it with the origin of heaven, earth and the ten thousand beings. The principle belongs to the category of accident; if it is not a substance, how can it give being to things ? When Chinese writers and scholars discuss the principle, they only speak of it in two ways: either it resides in the mind and heart of man, or it is to be found in things. If the characteristics of things are in accordance with the principle which lies in the mind and heart of man, that is called "truth and reality of things;" otherwise, if the mind and heart of man can penetrate the principle which lies in things and understand it fully, that is called "intuition of the essence of things." In both cases the principle is an accident: therefore, how can it be the origin of things ? Principles, whether in the human mind or in things, are subsequent to the existence of things; how can what follows be the origin of what precedes ?

　　若太極者，止解之以所謂理，則不能為天地萬物之原矣。蓋理亦依賴之類，自不能立，曷立他物哉？中國文人學士講論理者，只謂有二端：或在人心，或在事物。[48]事物之情，合乎人心之理，則事物方謂真實焉；人心能窮彼在物之理，而盡其知，則謂之格物[49]焉。據此兩端，則理固依

---

47 Cf. *STh*, I, 29, 1.

48 也許有人會想到理學與心學的不同思路，不過，何俊說明這個部分都針對理學對太極的理解。

49 可能是針對朱熹理學而言。朱熹對「格物」的解釋是：「格，至也。物，猶事也。窮至事物之理，欲其極處無不到也。」（《大學章句》第一章注釋）

賴，奚得為物原乎？二者皆在物後，而後豈先者之原？[50]

Se si parla del Culmine Supremo fermandosi alla sua definizione di "principio", allora non lo si può identificare con l'origine del cielo, della terra e dei diecimila esseri. Il principio appartiene alla categoria dell'accidente; se non è una sostanza, come può dare l'essere alle cose ? Quando i letterati e i dotti cinesi parlano del principio, lo fanno solo in due modi: esso si trova o nella mente e nel cuore dell'uomo, o nelle cose. Se le caratteristiche delle cose sono conformi al principio che si trova nella mente e nel cuore dell'uomo, si parla allora di verità e realtà delle cose; quando invece la mente e il cuore dell'uomo possono penetrare nel principio che si trova nelle cose e lo comprendono appieno, ciò si chiama intuizione dell'essenza delle cose. In tutti e due i casi il principio è un accidente: come può dunque essere l'origine delle cose ? I princìpi, nella mente umana o nelle cose, vengono dopo l'esistenza delle cose; come può ciò che segue essere l'origine di ciò che precede ?

## 85.

Furthermore, in the beginning, before anything existed, who says that there had to be a principle ? Where was it located ? On what did it depend ? Accidents cannot stand by themselves; if there are no substances to inhere in, then the accidents are nothing.[51] If one says that the Principle inhered in non-beingness and voidness, I am afraid I can only say that non-beingness and voidness are not adequate to serve as supposita. So, one cannot come to any other conclusion than dropping the discussion on the Principle. Let me ask you: if the Principle existed before Pangu, why did it remain inactive and not move to create things ?[52] Later, who made it become active ? Moreover, if principles in themselves are neither active nor inactive, how can they possibly move on their own initiative ? If you say that the Principle in the beginning did not produce

---

50　朱熹認為「理」先「氣」後。相反，按照亞里士多德及士林哲學，「理」只是「依賴者」（即依附體），不能構成事物的本質。如果把「太極」看為「理」，那麼它無法生成事物。

51　See *STh*, I, 3, 6.

52　According to Chinese mythology, 盤古 Pángǔ is the first living being and the creator of the universe.

anything, but later it wanted to produce things, does it mean that it possesses will ? Why is it that right now is the time of producing things, whereas in some other times there is no such will ?

　　且其初無一物之先，渠言必有理存焉？夫理在何處？依屬何物乎？依賴之情不能自立，故無自立者以為之託，則依賴者了無矣。如曰賴空虛耳，恐空虛非足賴者，理將不免於僵墮也。試問盤古之前，既有理在，何故閟空不動而生物乎？[53]其後誰從激之使動？況理本無動靜，況自動乎？如曰昔不生物，後乃願生物，則理豈有意乎？何以有欲生物，有欲不生物乎？

Inoltre all'inizio, prima che qualsiasi essere fosse, chi dice che dovesse esistere un principio ? Dove si trovava ? Da che cosa dipendeva ? Gli accidenti non possono sussistere da soli; se non ci sono sostanze a cui inerire, allora gli accidenti non sono nulla.[54] Se si dice che il Principio ineriva al nulla e al vuoto, temo di poter dire soltanto che il nulla e il vuoto non sono adeguati a fungere da suppositi. Così, non si può giungere ad altra conclusione di lasciar cadere il discorso sul Principio. Mi permetta di chiederLe: se il Principio esisteva prima di Pangu, perché è rimasto inerte e non si è mosso a generare le cose ?[55] In seguito, chi lo ha fatto diventare attivo ? Per di più, i princìpi in sé non sono né attivi né inattivi; come possono muoversi di propria iniziativa ? Se Lei dice che il Principio all'inizio non ha generato nulla, ma in seguito ha voluto generare le cose, possiede allora una volontà ? Perché è proprio questo il tempo in cui generare le cose, mentre in altri periodi non le si vogliono generare ?

## 86.

*The Chinese Scholar says*: Without principles there can be nothing; it was for this reason that Zhouzi, of my country, believed that the Principle is the origin of beings.[56]

---

53　為了拒斥創造的神化，宋明學家闡明，太極先於盤古。不過，利瑪竇認為，這個「太極」只是形式因，沒有意圖，也沒有能力創造世界。

54　Cf. *STh*, I, 3, 6.

55　盤古 Pángǔ è il primo essere vivente e il creatore dell'universo nella mitologia cinese.

56　周子 Zhōuzǐ is the aforesaid 周敦頤 Zhōu Dūnyí (1017-1073), a Neo-Confucian philosopher and cosmologist.

中士曰：無其理則無其物，是故我周子信理為物之原也。[57]

*Il Letterato Cinese dice*: Senza princìpi non ci può essere nulla; per questa ragione Zhouzi, del mio paese, riteneva che il Principio fosse l'origine degli esseri.[58]

## 87.

*The Western Scholar replies*: If there is no son, there is not even his father; yet who would say that a son is the origin of his father ? The relationship between things is very often like this; they depend on each other for their existence. There is the Ruler, then there are the ministers; if there is no Ruler, then there are also no ministers. There are things, then there can be their principles; but without the real existence of things, even their principles could not exist. If one considers the voidness as the Principle, there will not be any difference between one's doctrine and the Daoist and Buddhist teachings. And if one were to use such doctrine to attack Buddhism and Daoism, it would be like the state of Yan attacking itself or like a situation of anarchy replacing another.[59] If the principles now in existence cannot produce things, how could a void principle have done so in the past ? For example: today in this place there is a craftsman, who has the guiding principles of the construction of carriages in his mind. How could he forthwith produce a carriage ? First it is indispensable that the matter, namely timber, the tools, that is axes and saws, and the work of the craftsman are available; only then can carriage be manufactured. How is it possible that in the beginning the Principle was so ingenious as to create the immensity of heaven and earth, whereas now it has so declined as not to be able to produce even something as small as a carriage ?

---

57 周子指周敦頤。其實，周敦頤只談「太極」不談「理」，而是二程及朱熹把「太極」與「理」等同起來。也參見：《朱子語類》1：「有此理便有此天地；若無此理，便亦無天地、無人、無物，都無該載了。」不過，理先於事物，這個表達形而上學和邏輯學的首先，並不是利瑪竇所以為在創造過程中的時間上的首先。

58 周子 Zhōuzǐ è il già citato 周敦頤 Zhōu Dūnyí (1017-1073), filosofo e cosmologo neoconfuciano.

59 The state of 燕 Yān was one of the main contenders in the Warring States Period (戰國時代 Zhànguó shídài, 453-221 BC).

西士曰：無子則無父，而誰言子為父之原乎？相須者之物，情恒如此，本相為有無者也。[60]有君則有臣，無君則無臣。有物則有物之理[61]；無此物之實，即無此理之實。若以虛理為物之原，是無異乎佛老之說，以此攻佛老，是以燕伐燕，以亂易亂矣。[62]今時實理不得生物，昔者虛理安得以生之乎？譬如今日有輿人於此，有此車理具於其心，何不即動發一乘車，而必待有樹木之質，斧鋸之械，匠人之工，然後成車？何初之神奇，能化天地之大，而今之衰蔽，不能發一車之小耶？[63]

*Il Letterato Occidentale replica*: Se non c'è il figlio, non c'è neanche il padre; ma chi direbbe che il figlio è l'origine del padre ? La relazione tra le cose di frequente è così; la loro esistenza è necessariamente reciproca. C'è il sovrano, ci sono i ministri; non c'è il sovrano, non ci sono neppure i ministri. Ci sono le cose, allora ci possono essere i loro princìpi; ma senza la reale esistenza delle cose, nemmeno i loro princìpi esisterebbero. Considerare il vuoto come Principio non farebbe alcuna differenza con le dottrine buddhiste e daoiste; e qualora si usasse tale dottrina per attaccare il buddhismo e il daoismo, sarebbe come se lo stato di Yan attaccasse se stesso, o come se una situazione di anarchia fosse sostituita con un'altra.[64] Se in questo momento i princìpi realmente esistenti non possono generare le cose, come avrebbe potuto farlo nel passato un principio vuoto ? Ad esempio: oggi c'è qui un artigiano che ha in mente i princìpi regolatori della costruzione dei carri; come potrebbe produrre un carro in un istante ? È indispensabile che prima siano a disposizione la materia, cioè il legname; gli attrezzi, cioè le asce e le seghe; la mano d'opera dell'artigiano; e solo allora il carro potrà essere realizzato. Com'è possibile che all'inizio il Principio sia stato talmente ingegnoso da creare l'immensità del cielo e della

---

60 在《範疇論》的第七章，亞里士多德把「關係」(*pros ti，relatio*) 定義為兩個相關東西的比較。因此，只能在「自立者」之間有「關係」。

61 這裡利瑪竇所謂「理」指示事物的規律、理則，邏輯上後於物。宋明理學所談的「理」有所不同，因為邏輯上先於物。參見張學智《明代哲學史》，第694頁。

62 《孟子・公孫丑下》：「今以燕伐燕，何為勸之哉？」

63 這裡利瑪竇批評「太極」或「理」能自然而然、無意地生萬物這種觀念。

64 Lo stato di 燕 Yān fu uno dei principali contendenti nel periodo degli Stati Combattenti (戰國時代 Zhànguó shídài, 453-221 a.C.).

terra, quando ora è così in declino da non poter produrre neanche qualcosa di così piccolo come un carro ?

88.

*The Chinese Scholar says*: I have heard that the Principle first created the *Yin* and *Yang* and the Five Elements;[65] only later heaven and earth and the ten thousand beings were produced. Therefore beings were created in a specific order. If you state that the Principle should produce a carriage in an instant, I do not believe you are making an appropriate example.

中士曰：吾聞理者，先生陰陽五行，然後化生天地萬物，故生物有次第焉。使於須臾生車，非其譬矣。[66]

*Il Letterato Cinese dice*: Ho sentito dire che prima il Principio ha creato lo *yin* e lo *yang*, e i cinque elementi;[67] poi sono stati generati il cielo, la terra e i diecimila esseri. Pertanto gli esseri sono stati prodotti in un ordine preciso. Affermando che il Principio dovrebbe produrre un carro in un istante, non credo si faccia un esempio appropriato.

89.

*The Western Scholar replies*: May I ask you, Sir: if the principles of *Yin* and *Yang* and the Five Elements produced the *Yin* and *Yang* and the Five Elements in the moment of transition from action to rest, why now does the principle of the carriage not become active so as to produce a carriage ? Furthermore, the Principle is everywhere; and since it is devoid of will by nature, its every action should be spontaneous and incapable of self-control. Why, then, is it not producing the *Yin* and *Yang* and the Five Elements here and now ? What is restraining it ?

---

65 The Five Elements, or Five Phases (五行 wǔxíng) of Chinese cosmology are: wood, fire, earth, metal, water.

66 在南京，利瑪竇諷刺了洪恩，因為他說他能創造天地。那時，利瑪竇說：「我不敢麻煩您創造了另一個天，和另一個地，只請您給我們創造一個火爐，就像面前的那個一樣」（《中國傳教史》，第 314 頁）。對利瑪竇而言，只有天主能從無中創造東西。

67 I cinque elementi, o cinque fasi (五行 wǔxíng) della cosmologia cinese sono: legno, fuoco, terra, metallo, acqua.

西士曰：試問於子：陰陽五行之理，一動一靜之際，輒能生陰陽五行，則今有車理，豈不動而生一乘車乎？[68]又理無所不在，彼既是無意之物，性必直遂，任其所發，自不能已，何今不生陰陽五行於此？孰御之哉？[69]

*Il Letterato Occidentale replica*: Posso chiederLe, Signore: se il Principio dello *yin* e dello yang e dei cinque elementi ha prodotto lo *yin* e lo *yang* e i cinque elementi nel momento di passaggio dall'azione alla quiete, come mai ora i princìpi del carro non divengono attivi per produrre un carro ? Inoltre, il Principio è ovunque; e poiché per natura è privo di volontà, ogni sua azione dovrebbe essere spontanea e incapace di autocontrollo. Perché, dunque, non produce lo *yin* e lo *yang* e i cinque elementi in questo luogo e in questo momento ? Chi glielo impedisce ?

## 90.

Besides, the word "being" is the general term for anything which actually exists; all things can be called "beings." The *Commentary to the Symbolic Representation of Supreme Ultimate* says: "The principle is not a being."[70] There are numerous kinds of beings, but they are all termed "beings": either they are substances, or they are accidents; either they have matter, or they have not. The Principle does not belong to the kind of material beings, how can it therefore not belong to the kind of immaterial beings ?

且「物」字為萬實總名，凡物皆可稱之為「物」。《太極圖註》云理者，非物矣。[71]物之類多，而均謂之物：或為自立者，或為依賴者；或有

---

68 參見周敦頤《太極圖說》：「無極而太極。太極動而生陽，動極而靜，靜而生陰，靜極復動。一動一靜，互為其根。分陰分陽，兩儀立焉。陽變陰合，而生水火木金土。」與宋明理學不同，利瑪竇把宇宙發展論放在一個歷史框架裏。

69 利瑪竇好像要說明，憑理性原則創造的世界會繼續自動地發展。不過，這種持續創造違背了利瑪竇的最初創造論。

70 The *Commentary to the Symbolic Representation of the Supreme Ultimate* (太極圖注 *Tàijí túzhù*) was written by 朱熹 Zhū Xī (1130-1200), the most influential Neo-Confucian thinker of the 宋 Sòng dynasty.

71 可能指朱熹的《太極圖解》。利瑪竇提出此書，概括朱熹的立場，理不是物。與朱熹不同，利瑪竇要說明，雖然理是無形的，不過還是一個「物」。這樣，利瑪竇試圖降低理的重要性。

形者，或無形者。理既非有形之物類，豈不得為無形之物品乎？

Inoltre, la parola "essere" è il termine generale per tutto ciò che realmente esiste; tutte le cose possono essere chiamate "esseri". Il *Commentario alla Raffigurazione Simbolica del Culmine Supremo* afferma: "Il Principio non è un essere".[72] Ci sono numerose categorie di esseri, ma tutti sono chiamati "esseri": o sono sostanze, o sono accidenti; o hanno materia, o non ce l'hanno. Il Principio non appartiene alla categoria degli esseri materiali, come può dunque non appartenere alla categoria degli esseri immateriali ?

## 91.

I ask you again: does the Principle have intelligence and consciousness ? Does it have righteousness within itself ? If it has intelligence and sensitivity, and has righteousness within itself, then it belongs to the kind of spiritual beings; in which case why call it Supreme Ultimate or Principle ? If it does not have them, then whence do the Supreme Ultimate, spiritual beings and mankind receive intelligence and consciousness ? By its non-being, the Principle cannot give what it does not have. Because the Principle has neither intelligence nor consciousness, it cannot produce what is intelligent and conscious. I would pray you to observe carefully all things between heaven and earth: only those endowed with intelligence produce something intelligent, and only those endowed with consciousness produce something conscious. It sometimes happens that beings endowed with intelligence and consciousness produce something that is neither intelligent nor conscious; but I have never heard that beings devoid of intelligence and consciousness can produce something which is intelligent and conscious, because a child cannot be greater than its mother.

又問：理者，靈覺否？明義者否？如靈覺、明義，則屬鬼神之類，曷謂之太極，謂之理也？如否，則上帝[73]、鬼神、夫人之靈覺，由誰得之乎？彼理者，以己之所無，不得施之於物，以為之有也；理無靈無覺，則不

---

72 Il *Commentario alla Raffigurazione Simbolica del Culmine Supremo* (太極圖注 *Tàijí túzhù*) è stato scritto da 朱熹 Zhū Xī (1130-1200), la figura più influente del neoconfucianesimo della dinastia 宋 Sòng.

73 上帝，FJ 本作「天主」。

能生靈生覺。請子察乾坤之內，惟是靈者生靈，覺者生覺耳。自靈覺而出不靈覺者，則有之矣；未聞有自不靈覺而生有靈覺者也。子固不逾母也。[74]

Le chiedo ancora: il Principio ha intelligenza e consapevolezza ? Ha in sé la rettitudine ? Se ha intelligenza e sensibilità, e ha in sé la rettitudine, allora appartiene alla categoria degli esseri spirituali; perché dunque chiamarlo Culmine Supremo o Principio ? Se non le ha, allora da chi ricevono l'intelligenza e la sensibilità il Sovrano Supremo, gli esseri spirituali e il genere umano ? Il Principio con il suo non-essere non può dare ciò che non ha; poiché il Principio non ha intelligenza né consapevolezza, non può produrre ciò che è intelligente e consapevole. La prego di osservare attentamente tutte le cose tra il Cielo e la Terra: solo chi ha l'intelligenza produce qualcosa di intelligente, e solo chi ha la consapevolezza produce qualcosa di consapevole. Accade talvolta che esseri dotati di intelligenza e di consapevolezza producano qualcosa che non è intelligente né consapevole; ma non ho mai sentito dire che esseri privi di intelligenza e di consapevolezza possano produrre qualcosa che è intelligente e consapevole, perché il figlio non può essere più grande di sua madre.

## 92.

*The Chinese Scholar says*: I accept your point that it is not the Principle but something endowed with intelligence and consciousness which produces intelligent and conscious beings. But when the Principle becomes active it generates *Yang*; then, does *Yang* not naturally possess intelligence and consciousness ?

中士曰：靈覺為有靈覺者所生，非理之謂，既聞命矣。但理動而生陽，陽乃自然之靈覺，或其然乎？[75]

---

74 在 72，利瑪竇採用阿奎那的原因概念談「有」，現在談「靈覺」。范禮安用同樣的論證（*neque ullus id conferre, dareve potest, quod ipse re, aut potestate non habet*，第 8 頁）。

75 中士要說明，最初太極或理沒有「靈覺」，不過，在發展過程中，陽帶來了「靈覺」。利瑪竇要拒絕這個，因為對他而言，只有最初有靈覺的創造主能把「靈覺」交給受造物。中士似乎在引用：「動而生陽，亦只是理；靜而生陰，亦只是理」（《朱子語類》卷一理氣上）。論證在於兩種不同的「靈覺」：儒家強調自然而然的靈覺，而利瑪竇強調有自我意識的「靈覺」。

*Il Letterato Cinese dice*: Accetto il Suo insegnamento che non sia il Principio, bensì qualcosa dotato di intelligenza e di consapevolezza a produrre gli esseri intelligenti e consapevoli. Quando però il Principio diventa attivo genera lo *yang*; dunque lo *yang* non possiede naturalmente intelligenza e consapevolezza ?

93.

*The Western Scholar replies*: We may continue arguing back and forth, but you will not be able to escape the truth. I ask you again: whence did *Yang* acquire intelligence and consciousness ? Such a thing is thoroughly opposed to natural reason.

西士曰：反覆論辯，難脱此理。吾又問：彼陽者，何由得靈覺乎？此於自然之理，亦大相悖。

*Il Letterato Occidentale replica*: Possiamo continuare a disquisire avanti e indietro, ma Lei non sarà in grado di sfuggire alla verità. Le chiedo ancora: da dove lo *yang* ha ottenuto l'intelligenza e la consapevolezza ? Una cosa del genere è totalmente in disaccordo con la ragione naturale.

94.

*The Chinese Scholar says*: You said before, Sir, that the Lord of Heaven, although devoid of form and sound, was able to create the ten thousand beings endowed with form and sound. So, why should the Supreme Ultimate, which is devoid of intelligence and consciousness, not produce things endowed with intelligence and sensitivity ?

中士曰：先生謂天主無形無聲，而能施萬象有形有聲；則太極無靈覺，而能施物之靈覺，何傷乎？

*Il Letterato Cinese dice*: Signore, Lei ha detto prima che il Signore del Cielo, sebbene privo di figura e di suono, ha potuto creare i diecimila esseri dotati di figura e di suono; allora perché il Culmine Supremo, privo di intelligenza e di consapevolezza, non potrebbe produrre cose dotate di intelligenza e di sensibilità ?

95.

*The Western Scholar replies*: Why do you not accept that something endowed with form and sound is refined and superior, whereas something devoid of form and sound is gross and inferior ? There is nothing exaggerated in that the refined and superior may grant something to the gross and inferior; but for the gross and inferior, which are devoid of intelligence and consciousness, to grant something to the refined and superior, which are endowed with intelligence and sensitivity, would be to go entirely beyond their powers.

西士曰：何不云無形聲者，精也、上也；有形聲者，粗也、下也？以精上能施粗下，分不為過；以無靈覺之粗下，為施靈覺之精上，則出其分外遠矣。

*Il Letterato Occidentale replica*: Ma perché Lei non ammette che chi è dotato di figura e di suono è raffinato e superiore, mentre ciò che è privo di figura e di suono è grossolano e inferiore ? Non è un'esagerazione che il raffinato e il superiore conceda qualcosa al grossolano e all'inferiore; ma per il grossolano e l'inferiore, privo di intelligenza e consapevolezza, concedere qualcosa al raffinato e al superiore, dotato di intelligenza e sensibilità, sarebbe andare del tutto al di là dei propri poteri.

96.

Furthermore, it is said that superior things comprise inferior things in three ways: they may contain them entirely, as one *zhang* contains ten *chi*, and one *chi* contains ten *cun*;[76] they may include their nature, as the soul of man includes the soul of animals, and the soul of the animal includes the soul of plants;[77] or they may individually embrace the qualities of the inferior, as the Lord of Heaven individually embraces the natures of the ten thousand beings.

又云，上物能含下物，有三般焉：或窮[78]然包下之體，如一丈載十

---

76 One 丈 zhàng equals 10/3 m, one 尺 chǐ (foot) equals 1/3 m, one 寸 cùn (inch) equals 1/30 m.

77 The distinction between vegetative soul (plants), sensitive soul (animals), and intellectual soul (man), characterizes the Aristotelian psychology. It was later taken up by Thomas Aquinas (1225-1274); see *STh*, I, 76, 4.

78 窮，FJ 本作「通」。

尺，一尺載十寸之體是也；或渾然包下之性，如人魂混有禽獸魂，禽獸魂混有草木魂是也；或粹然包下之德，如天主含萬物之性是也。[79]

Inoltre, si dice che le cose superiori comprendono le inferiori in tre modi: possono contenerle interamente, come uno *zhang* contiene dieci *chi*, e un *chi* contiene dieci *cun*;[80] possono includerne la natura, come l'anima dell'uomo include l'anima dell'animale, e l'anima dell'animale include l'anima del vegetale;[81] o possono abbracciare singolarmente le qualità degli inferiori, come il Signore del Cielo abbraccia singolarmente le nature dei diecimila esseri.

## 97.

The nature of the Lord of Heaven is the most perfect, the most complete, the most worthy of honour. It cannot be scrutinized by the mind of man, nor can it be compared to the ten thousand beings. Even so, I will try to give a tentative similarity. A gold coin is worth ten silver coins, and is worth one thousand bronze coins; because gold is by nature the purest of metals and is more superior to silver and bronze, its value is many times greater. Similarly, the nature of the Lord of Heaven has nothing in common with the features of the ten thousand things, but His perfect virtue embraces all reality, includes the nature of all things, and His power is unlimited; although he is devoid of figure and sound, what difficulty would He have in creating the ten thousand beings ?

夫天主之性，最為全盛，而且穆穆焉，非人心可測，非萬物可比倫也。雖然，吾姑譬之。如一黃金錢，有十銀錢及千銅錢價，所以然者，惟黃金之性甚精，大異於銀銅之性，故價之幾倍如此。天主性雖未嘗截然有萬物之情，而以其精德包萬般之理，含眾物之性，其能無所不備也。雖則無形無聲，何難化萬象哉？[82]

La natura del Signore del Cielo è la più perfetta, la più completa, la più

---

79 參見《神學大全》第一集 76 題 8 節。

80 Il 丈 zhàng equivale a 10/3m, il 尺 chǐ (piede) a 1/3m, il 寸 cùn (pollice) a 1/30m.

81 La distinzione dell'anima in vegetativa (piante), sensitiva (animali) e intellettiva (uomo) caratterizza la psicologia aristotelica, ed è poi stata ripresa da S. Tommaso d'Aquino (1225-1274); cf. *STh*, I, 76, 4.

82 因此，天主與萬物之間的關係就是第三種，即「粹然包下之德」。

degna di onore; non può essere scrutata dalla mente dell'uomo, né può essere paragonata ai diecimila esseri. Tenterò comunque di darne una similitudine provvisoria. Una moneta d'oro vale dieci monete d'argento e mille monete di bronzo; poiché l'oro è per natura il metallo più puro ed è molto superiore all'argento e al bronzo, il suo valore è molte volte maggiore. Così la natura del Signore del Cielo non ha nulla in comune con le caratteristiche dei diecimila esseri, tuttavia la Sua perfetta virtù abbraccia tutta la realtà, comprende la natura di tutte le cose, e il Suo potere è illimitato; anche se Lui è privo di figura e di suono, quale difficoltà potrebbe avere nel creare i diecimila esseri ?

## 98.

The Principle is quite different. Since it belongs to the category of accident and cannot exist in itself, how can it be intelligent and conscious, and belong to the category of substance ? The Principle is inferior to man. It is ordered to things, but things are not ordered to it; so Confucius says: "Man can enhance the Principle, but there is no Principle which can enhance man."[83] You say: "The Principle includes the intelligence of the ten thousand beings, and produces them all," but here we are speaking of the Lord of Heaven. Why do you call Him merely Principle and Supreme Ultimate ?

理也者，則大異焉。是乃依賴之類，自不能立，何能包含靈覺，為自立之類乎？理卑於人，理為物，而非物為理也，故仲尼曰「人能弘道，非道弘人」[84]也。如爾曰「理含萬物之靈，化生萬物」，此乃天主也，何獨謂之理，謂之太極哉？[85]

Il Principio è del tutto diverso. Poiché appartiene alla categoria degli

---

83 *Analects* (論語 *Lúnyǔ*), XV, 28. The *Analects*, a collection of conversations between Confucius and his disciples, are one of the classic *Four Books* (四書 *Sìshū*) of Confucianism, which were selected by 朱熹 Zhū Xī (1130-1200).

84 出自《論語·衛靈公》。

85 利瑪竇認為，如果為「理」和「太極」賦予靈，那麼，它們等於西方「天主」的概念，這個可以接受。1604 年，他向耶穌會總會長寫道：「而如果最後，他們終於理解太極是基本的、智力的和無限的物質原理，那麼我們將同意說這正是上帝」；謝和耐《中國文化與基督教的衝撞》（遼寧人民出版社，1989 年），第 17～18 頁。

accidenti e non può esistere di per sé, come può essere intelligente e consapevole, e appartenere alla categoria della sostanza ? Il Principio è inferiore all'uomo. Esso è per le cose, ma le cose non sono per esso; quindi Confucio dice: "L'uomo può valorizzare il Principio, ma non c'è Principio che possa valorizzare l'uomo".[86] Siccome Lei dice: "Il Principio comprende l'intelligenza dei diecimila esseri e tutti li produce", qui si tratta del Signore del Cielo. Come mai Lei lo chiama semplicemente Principio e Culmine Supremo ?

## 99.

*The Chinese Scholar says*: In that case, what does Confucius mean when he speaks of the Supreme Ultimate ?

中士曰：如此，則吾孔子言太極何意？[87]

*Il Letterato Cinese dice*: In tal caso, che cosa intende Confucio quando parla del Culmine Supremo ?

## 100.

*The Western Scholar replies*: The work of creation is a grand enterprise, and it certainly has its foundation; but this is established by the Lord of Heaven. Neither the Principle nor the Supreme Ultimate can be the first cause of beings which do not already have an origin. In any case, the doctrine of the Supreme Ultimate includes excellent arguments; although I have read it, I would not dare discuss it in a non-systematic way. Maybe I will later be able to write another book, in which I will discuss its essential points.

西士曰：造物之功盛也，其中固有樞紐矣。然此為天主所立者。物之無原之原者[88]，不可以理、以太極當之。夫太極之理，本有精論，吾雖曾

---

86 *Dialoghi* (論語 *Lúnyǔ*), XV, 28. I *Dialoghi* (noti anche come *Analecta*), raccolta di conversazioni tra Confucio e i suoi discepoli, sono uno dei *Quattro Libri* (四書 *Sìshū*) canonici del confucianesimo, selezionati da 朱熹 Zhū Xī (1130-1200).

87 《周易・繫辭傳》其實並非孔子所作。歐陽修《易童子問》即已提出此疑，但直至近代以後，尤其是現代，這一觀點才成為學者的共識。從利子借中士之口提出的這個問題來看，在他寫作《天主實義》時，傳統看法大概仍居主導地位。如果那時利瑪竇知道這一點，他會更有說服力排斥「太極」。

88 「物之無原之原者」這個說法很接近周敦頤的「無極而太極」。不過，利瑪竇要否定「太極」概念。

閱之，不敢雜陳其辨，或容以他書傳其要也。[89]

*Il Letterato Occidentale replica*: L'opera della creazione è un lavoro grandioso, e ha certamente il suo cardine; ma questo è stabilito dal Signore del Cielo. Né il Principio né il Culmine Supremo potrebbero essere la causa prima di esseri che già non abbiano un'origine. In ogni caso, la dottrina del Culmine Supremo comprende argomenti eccellenti; anche se l'ho letta, non oserei discuterla in modo non sistematico. Forse potrò scrivere un altro libro, in cui trattare i suoi punti essenziali.

## 101.

*The Chinese Scholar says*: From ancient times until today the rulers and ministers of my country have only known that they should pay homage to heaven and earth as if they were honouring their parents. They have offered them sacrifices, following the state cults ceremonial. If the Supreme Ultimate were the origin of heaven and earth it would be the first forefather of the world, and the ancient sages, emperors, ministers would have given priority to the worship of it; in fact this was not the case, and so it is obvious that the given explanation of the Supreme Ultimate is incorrect. You have argued the matter in detail, and your point of view does not differ from that of the saints and worthies of antiquity.

中士曰：吾國君臣，自古迄今，惟知以天地為尊，敬之如父母，故郊社之禮[90]以祭之。如太極為天地所出，是世之宗考妣也，古先聖帝王臣祀典宜首及焉，而今不然，此知必太極之解非也。先生辯之最詳，於古聖賢無二意矣。[91]

*Il Letterato Cinese dice*: Dai tempi antichi fino ad oggi, i sovrani e i ministri del mio paese hanno saputo solo che dovevano rendere omaggio al cielo e alla terra come se onorassero i propri genitori. Hanno offerto loro sacrifici,

---

89 目前並未發現利子以其他著作傳太極之理之精要。

90 「郊」與「社」是中國古代的兩種祭祀或宗教崇拜形式，分別以皇天和后土（天與地）為崇拜對象。

91 討論天主的本質之後，利瑪竇要討論宗教崇拜，先談古代儒家的宗教儀式，然後談道家的宗教儀式，不過略佛教，最後談宋明理學的儀式。

seguendo il cerimoniale dei culti di stato. Se il Culmine Supremo fosse l'origine del cielo e della terra sarebbe il primo antenato del mondo, e gli antichi sapienti, imperatori, ministri avrebbero dovuto dare priorità al suo culto; di fatto non è stato così, e dunque è ovvio che la spiegazione data del Culmine Supremo non è corretta. Lei ha trattato dettagliatamente la questione, e il Suo punto di vista non differisce da quello dei santi e dei personaggi illustri dell'antichità.

## 102.

*The Western Scholar replies*: Nevertheless, the notion that heaven and earth are the most worthy of honour is by no means easy to explain. Actually, what is supremely honourable is unique and incomparable; if we speak of "heaven" and "earth" we refer instead to two finite beings.

西士曰：雖然，天地為尊之說，未易解也。夫至尊無兩，惟一焉耳；曰天、曰地，是二之也。[92]

*Il Letterato Occidentale replica*: Ciononostante, la concezione che il cielo e la terra siano i più degni di onore non è affatto semplice da spiegare. Infatti, ciò che è supremamente onorevole è unico e incomparabile; parlando di "cielo" e di "terra" ci riferiamo invece a due esseri finiti.

## 103.

The One whom we call the Lord of Heaven is called Shangdi in the Chinese language. He is very different from the image of the Jade Emperor shaped by the Daoists, because the latter is no more than a man, a recluse in Mount Wudang.[93] Since he is a man, how could he be the Ruler of Heaven?

吾國天主，即華[94]言上帝，與道家所塑玄帝玉皇之像不同。彼不過一人，修居於武當山，俱亦人類耳，人惡得為天帝皇[95]耶？

---

92 關於天主是唯一的論證，參見第一卷（50）。

93 The Jade Emperor (玉皇 Yùhuáng) is the ruler of Heaven in Chinese mythology, and one of the major deities of the Daoist religion. He is traditionally revered on Wudang Mountains (武當山 Wǔdāng shān), which are a small mountain range in the province of 湖北 Húběi, China.

94 華，FJ 本作「經」。

95 天帝皇，FJ 本作「天地主」。

Colui che noi chiamiamo Signore del Cielo è chiamato Shangdi in lingua cinese; è ben diverso dall'immagine dell'Imperatore di Giada modellata dai daoisti, poiché costui non è altro che un uomo, recluso nel monte Wudang.[96] Essendo lui un uomo, come potrebbe essere il Sovrano del Cielo ?

## 104.

Our Lord of Heaven is the Supreme Ruler mentioned in ancient classics. The book *Doctrine of the Mean* quotes Confucius, saying: "The sacrificial ceremonies to heaven and earth worship the Supreme Ruler."[97] Zhu Xi comments: "He does not mention the ruler of earth, then there is a failure in the text." In my humble opinion, Confucius well understood that what is unique cannot be divided into two; otherwise, why would he have left out some of the text ?

　　吾天主，乃古經書所稱上帝也。[98]《中庸》引孔子曰：「郊社之禮，以事上帝也。」朱註曰：「不言后土者，省文也。」[99]竊意仲尼明一之以不可為二，何獨省文乎？

---

96 L'Imperatore di Giada (玉皇 Yùhuáng) è il sovrano del paradiso della mitologia cinese e una delle maggiori divinità della religione daoista. Viene tradizionalmente venerato sui monti Wudang (武當山 Wǔdāng shān), che sono una piccola catena montuosa situata nella provincia di 湖北 Húběi, in Cina.

97 *Doctrine of the Mean* (中庸 Zhōngyōng), XIX, 6. This work, attributed to 子思 Zǐsī (about 485-420 BC), grandson of Confucius, is one of the *Four Books*.

98 這段話的核心在於引用《詩經》等 11 處古經以證明上帝即天主，並以《中庸》等古經附會天主教之天主惟一性的教義。這種做法誠然有適應士大夫崇古習慣的策略性成分，但也同樣基於一種大致正確的理智判斷：天神崇拜是中國最古老的宗教。毫無疑問，中國古人的「上帝」與基督宗教的「上帝」有很大的不同，利子無意對這種古老宗教與基督教之間的差異加以辨別，而只是借用士大夫們熟悉的名號，試圖引導士大夫在與古儒認同的基礎上，瞭解並信仰與之貌似的天主教。參見孫尚揚：《1840 年前的中國基督教》，學苑出版社，2004 年，第 152～153 頁。在中國思想史中，利瑪竇第一個清楚地證明中國古人相信了人格的神。明末清初這個觀念被某些知識分子接受了，而現在則被普遍地接受。參見何俊《西學與晚明思想的裂變》，第 99～100 頁。

99 《中庸》原文稍異，為：「郊社之禮，所以事上帝也。」朱注原文為：「郊，祀天。社，祭地。不言后土者，省文也。」（《四書章句集注・中庸章句》）朱熹很正確地理解郊社之禮針對皇天、后土兩個神。這就是中士剛說完的意思。不過，從一神教的角度，利瑪竇拒絕宋明理學的普遍誤會，他說明，因為孔子自己相信唯一的神，所以孔子故意這樣說。

Il nostro Signore del Cielo è il Sovrano Supremo nominato nei classici antichi. Il libro *Dottrina del Mezzo* cita Confucio dicendo: "Le cerimonie sacrificali rivolte al cielo e alla terra rendono culto al Sovrano Supremo".[100] Zhu Xi commenta: "Non nomina il Sovrano della terra, c'è quindi un'omissione nello scritto". A mio modesto parere, Confucio comprendeva bene che ciò che è unico non può essere diviso in due; altrimenti, perché avrebbe tralasciato parte del testo ?

## 105.

In the *Sacrificial Odes of Zhou* it is said: "The strongest and bravest is King Wu, his meritorious works are incomparable. Really illustrious were Kings Cheng and Kang,[101] much appreciated by the Supreme Ruler."[102] In another song it is said: "How beautiful is wheat, whose felicitous produce will give an abundant harvest; the Supreme Ruler is bright and glorious."[103] In the *Sacrificial Odes of Shang* it is said: "His wisdom and holiness grew day by day, relentless was his prayer, sincere was his reverence for the Supreme Ruler."[104] In the *Major Odes* it is said: "This King Wen, very carefully and reverently, served the Supreme Ruler with fidelity."[105]

《周頌》曰：「執競武王，無競維烈。不顯成康，上帝是皇。」[106]又曰：「於皇來牟，將受厥明，明昭上帝。」[107]《商頌》云：「聖敬日躋，昭假遲遲，上帝是祗。」[108]《雅》云：「維此文王，小心翼翼，昭事上帝。」[109]

---

100 *Dottrina del Mezzo* (中庸 *Zhōngyōng*), XIX, 6. L'opera, attribuita a 子思 Zǐsī (circa 485-420 a.C.), nipote di Confucio, è uno dei *Quattro Libri*.

101 Kings 武 Wǔ (1046-1043 BC), 成 Chéng (1042-1021 BC) and 康 Kāng (1021-996 BC) were the first three rulers of the 周 Zhōu dynasty (1046-256 BC).

102 *Book of Odes* (詩經 *Shījīng*), IV, I, I, 9. The *Book of Odes* is the oldest poetic collection of Chinese literature, and belongs to the *Five Classics*.

103 *Book of Odes*, IV, I, II, 1.

104 *Book of Odes*, IV, III, IV, 3.

105 *Book of Odes*, III, I, II, 3.

106 出自《詩·周頌·執競》。

107 出自《詩·周頌·臣工》。

108 出自《詩·商頌·長發》。

109 出自《詩·大雅·大明》。

Nelle *Odi sacrificali di Zhou* si dice: "Il più forte e coraggioso è il re Wu, le sue opere meritorie sono incomparabili. Veramente illustri erano i re Cheng e Kang,[110] molto apprezzati dal Sovrano Supremo"[111] In un altro cantico si dice: "Come è bello il grano, il cui prodotto lieto darà un'abbondante mietitura; il Sovrano Supremo è luminoso e glorioso"[112] Nelle *Odi sacrificali di Shang* si dice: "La sua saggezza e santità crescono di giorno in giorno, incessante è stata la sua preghiera, sincera la sua venerazione per il Sovrano Supremo"[113] Nelle *Odi maggiori* si dice: "Questo re Wen,[114] con molta attenzione e reverenza, serviva fedelmente il Sovrano Supremo"[115]

## 106.

The *Book of Changes* says: "The Ruler comes from Zhen,[116] that is from the East."[117] The word "Ruler" does not indicate the physical sky. Since the blue sky embraces the eight directions, how can it come from one direction only ?

《易》曰：「帝出乎震。」[118]夫帝也者，非天之謂，蒼天者抱八方，何能出於一乎？

Il *Libro dei Mutamenti* dice: "Il Sovrano proviene da Zhen,[119] cioè da oriente"[120] La parola "Sovrano" non indica il cielo fisico. Poiché il cielo

---

110 I re 武 Wǔ (1046-1043 a.C.), 成 Chéng (1042-1021 a.C.) e 康 Kāng (1021-996 a.C.) furono i primi tre sovrani della dinastia 周 Zhōu (1046-256 a.C.).

111 *Libro delle Odi* (詩經 *Shījīng*), IV, I, I, 9. Il *Libro delle Odi* è la più antica collezione poetica della letteratura cinese, ed è uno dei *Cinque Classici*.

112 *Libro delle Odi*, IV, I, II, 1.

113 *Libro delle Odi*, IV, III, IV, 3.

114 Il re 文 Wén è stato il fondatore della dinastia 周 Zhōu, adoperandosi nel corso del suo lungo regno (1099-1050 a.C.) per abbattere la precedente dinastia 商 Shāng.

115 *Libro delle Odi*, III, I, II, 3.

116 震 Zhèn is one of Eight Trigrams (八卦 bāguà); it symbolizes spring, wood, light, rising heat, growth, morning and is associated with the cardinal point east.

117 *Book of Changes*, Appendix V, V, 8.

118 出自《易・說卦》。

119 震 Zhèn è uno degli otto trigrammi (八卦 bāguà); simboleggia la primavera, il legno, la luce, il calore in aumento, la crescita, la mattina ed è associato al punto cardinale Est.

120 *Libro dei Mutamenti*, Appendice V, V, 8.

azzurro abbraccia le otto direzioni, come può provenire da una sola ?

## 107.

In the *Book of Rites* it is said: "When all the five conditions to make the sacrifice are met, then there will be hope that the Supreme Ruler will accept it."[121] And again: "The Son of Heaven himself ploughs the ground for the sacrificial cereals to grow, for the millet and black tulip from which to distill the sacrificial liquor, in order to serve the Supreme Ruler."[122]

《禮》云：「五者備當，上帝其饗。」[123]又云：「天子親耕，粢盛秬鬯，以事上帝。」[124]

Nel *Libro dei Riti* si dice: "Quando tutte e le cinque condizioni sono predisposte per compiere il sacrificio, allora ci sarà speranza che il Sovrano Supremo lo gradisca"[125] E ancora: "Il Figlio del Cielo ara di persona il terreno per coltivare i cereali sacrificali, il miglio nero e il tulipano da cui distillare un liquore sacrificale, allo scopo di servire il Sovrano Supremo"[126]

## 108.

In the *Oath of Tang* it is said: "The King of Xia[127] is a criminal; and, as I fear the Supreme Sovereign, I do not dare but punish him."[128] And again: "The glorious Supreme Ruler has conferred moral sense on people, but to make them continue on the right track with perseverance is the work of the king."[129] In the *Golden Casket* the Duke of Zhou says: "In the heavenly court of the Supreme Ruler the king was appointed so as to administer the government, protecting the

---

121 *Book of Rites* (禮記 *Lǐjì*), IV, III, II, 9. It belongs to the *Five Classics*.
122 *Book of Rites*, XXIX, 24.
123 出自《禮記・月令》。
124 出自《禮記・表記》。
125 *Libro dei Riti* (禮記 *Lǐjì*), IV, III, II, 9. Il libro è uno dei *Cinque Classici*.
126 *Libro dei Riti*, XXIX, 24.
127 King 桀 Jié (1728-1675 BC) was the seventeenth and last ruler of the 夏 Xià dynasty. He is traditionally considered a tyrant and an oppressor of extreme cruelty.
128 *Book of History* (書經 *Shūjīng*), IV, I, II, 2. This collection of texts is the second book of the *Five Classics*.
129 *Book of History*, IV, III, II, 2.

peoples of the four directions of the kingdom."[130] The Supreme Ruler has his court: so it is clear that the speaker is not referring to the physical sky. Having read a great number of ancient texts, I realized that the Supreme Ruler and the Lord of Heaven are only different in name.

《湯誓》曰：「夏氏有罪，予畏上帝，不敢不正。」[131]又曰：「惟皇上帝，降衷於下民。若有恆性，克綏厥猷惟後。」[132]《金縢》周公曰：「乃命於帝庭，敷祐四方。」[133]上帝有庭，則不以蒼天為上帝，可知。歷觀古書，而知上帝與天主，特異以名也。

Il *Giuramento di Tang* dice: "Il re di Xia[134] è un criminale; poiché io il temo il Sovrano Supremo, non oso far altro che punirlo"[135] E ancora: "Il glorioso Sovrano Supremo ha conferito alle persone il senso morale, ma farle proseguire con costanza sulla retta via è compito del re"[136] Nello *Scrigno d'oro* il duca di Zhou dice: "Nella corte celeste del Sovrano Supremo il re ha ricevuto la missione di amministrare il governo, proteggendo i popoli delle quattro direzioni del regno"[137] Il Sovrano Supremo ha la sua corte: perciò è chiaro che chi parla non si riferisce al cielo fisico. Avendo letto un gran numero di testi antichi, ho capito che il Sovrano Supremo e il Signore del Cielo differiscono solo nel nome.

## 109.

*The Chinese Scholar says*: People love the past, but they only dwell on the interest for antiques and classic books. No one has investigated the traditional principles as you have, in order to provide systematic teaching which may lead people to the ancient Way. However, there is still something I do not understand.

---

130 *Book of History*, V, VI, II, 7.

131 出自《尚書・湯誓》

132 出自《尚書・湯誥》。此處利氏云《湯誓》，誤。

133 出自《尚書・金縢》。

134 Il re 桀 Jié (1728-1675 a.C.) fu il diciassettesimo e ultimo sovrano della dinastia 夏 Xià. È tradizionalmente considerato un tiranno e un oppressore di estrema crudeltà.

135 *Libro della Storia* (書經 *Shūjīng*), IV, I, II, 2. Questa raccolta di testi è il secondo dei *Cinque Classici*.

136 *Libro della Storia*, IV, III, II, 2.

137 *Libro della Storia*, V, VI, II, 7.

In classic books Heaven is often regarded as worthy of honour; according to the commentary of Zhu Xi the term "Ruler" is to be understood as "Heaven," and the word "Heaven" as "Principle." Providing more detailed explanations, Cheng Yi states: "As to the order of the universe, we speak of 'Heaven'; as to the rule, we speak of 'Ruler'; as to nature, we speak of 'Active Principle'."[138] Is it possible, then, to speak of worshipping heaven and earth?

中士曰：世人好古，惟愛古器古文，豈如先生之據古理也，善教引人復古道焉？然猶有未諳者。古書多以天為尊，是以朱註解帝為天，解天惟理也，[139]程子更加詳曰：「以形體謂天，以主宰謂帝，以性情謂乾。」[140]故云奉敬天地，不識如何？

*Il Letterato Cinese dice*: Gli uomini amano l'antichità, però si fermano solo all'interesse per gli oggetti d'antiquariato e i libri classici; nessuno come Lei ha indagato i princìpi tradizionali, allo scopo di fornire un insegnamento sistematico che guidi gli uomini verso l'antica Via. Tuttavia, c'è ancora qualcosa che non comprendo. Nei libri classici il Cielo è spesso considerato come degno d'onore; secondo il commento di Zhu Xi il termine "Sovrano"va compreso come "Cielo", e il termine "Cielo"come "Principio". Fornendo spiegazioni ancor più dettagliate, Cheng Yi afferma: "Rispetto all'ordine del cosmo, si parla di "Cielo"; rispetto al governo, si parla di "Sovrano"; rispetto alla natura, si parla di "Principio attivo".[141] È quindi possibile parlare di venerazione verso il cielo e la terra?

## 110.

*The Western Scholar replies*: If one reflects more deeply on the question

---

138 程頤 Chéng Yí (1033-1107), a disciple of 周敦頤 Zhōu Dūnyí, was one of the most prominent Neo-Confucian philosophers of the 宋 Sòng dynasty.

139 在朱熹理學體系中，天以理為體，以氣為用，是理氣結合、體用為一的有機整體。參見蒙培元：《理學範疇系統》，人民出版社，1989 年，第 437 頁。

140 出自《伊川易傳·乾》：「夫天，專言之則道也，天且弗違是也，分而言之，則以形體謂之天，以主宰謂之帝，以功用謂之鬼神，以妙用謂之神，以性情謂之乾。」

141 程頤 Chéng Yí (1033-1107) è stato uno dei più importanti filosofi neoconfuciani della dinastia 宋 Sòng, allievo di 周敦頤 Zhōu Dūnyí.

and describes the Supreme Ruler in terms of Heaven, one should do as you suggest: since "Heaven" basically means "the Great One."[142] The Principle cannot govern beings, for the reasons I gave yesterday. The term "Supreme Ruler" is very clear; there is no need for further explanations, much less of misleading ones. The blue sky, which has an orderly structure, consists of nine levels from the highest to the lowest;[143] where can He who is supremely unique and honoured find place in it？ When looking for the Supreme Ruler one discovers that it has no figure; how can He be termed by a name that indicates something with figure？ The sky is circular and divided into nine levels; it can be observed both from the East and the West that it has neither head nor belly, neither hands nor feet. Is it not laughable and amazing to assert that it shares a living body with deity？ If all spiritual beings have no figure, why would only the Lord of Heaven, supremely worthy of honour, possess figure？ To assert this is not only to fail to understand the nature of man, but also to ignore astronomy and the nature of all species.

西士曰：更思之，如以天解上帝[144]，得之矣：天者一大耳。[145]理之不可為物主宰也，昨已悉矣。[146]上帝[147]之稱甚明，不容解，況妄解之哉？蒼蒼有形之天，有九重之析分，烏得為一尊也？上帝[148]索之無形，又何以形之謂乎？天之形圓也，而以九層斷焉[149]，彼或東或西，無頭無腹，無手

---

142 The character "heaven" (天 tiān) was traditionally held to be composed of the characters "one"(一 yī) and "great" (大 dà).

143 The Ptolemaic cosmology believed that the earth is at the center of the universe, surrounded by nine "heavens" or "spheres". In each of those heavens, moving in circular orbits, there lay the Moon, Mercury, Venus, the Sun, Mars, Jupiter, Saturn; beyond the boundaries of them, were the Sphere of the Fixed Stars and the Empyrean, the seat of God.

144 上帝，FJ 本作「上主」。

145 把天字看為大字加上一字，這個傳統的說法並不符合天字的歷史來源。

146 利瑪竇表達他昨天討論過這個，不過，這一段落在同一篇（89～91）。也許，宗教崇拜（現在在第二章裏的後面部分）本來構成了獨立的一章，也許這一篇的談話持續了兩天。

147 上帝，FJ 本作「天主」。

148 上帝，FJ 本作「上主」。

149 在《坤輿萬國全圖》中，利瑪竇介紹了「九天」說。在《天主實錄》第四章，羅明堅對此也有一個簡略的介紹。「九天」說來源於亞里士多德的《天文

無足，使與其神同為一活體，豈非甚可笑訝者哉？況鬼神未嘗有形，何獨其最尊[150]之神，為有形哉？此非特未知論人道，亦不識天文及各類之性理矣。

*Il Letterato Occidentale replica*: Se si riflette più profondamente sulla questione, e si descrive il Sovrano Supremo in termini di Cielo, si dovrebbe fare come Lei suggerisce: poiché "Cielo"fondamentalmente significa "l'Uno Grande"[151] Il Principio non può governare gli esseri, per le ragioni fornite ieri. Il termine "Sovrano Supremo" è molto chiaro; non c'è bisogno di ulteriori spiegazioni, ancor meno di spiegazioni fuorvianti. Il cielo azzurro, che ha una configurazione ordinata, si compone di nove livelli dal superiore all'inferiore;[152] dove può trovarsi in esso Colui che è unico e supremamente onorato? Quando si cerca il Sovrano Supremo si scopre che è privo di figura; come si può chiamarlo con un nome che indica qualcosa dotato di figura? Il cielo è circolare ed è diviso in nove livelli; si osserva sia dall'oriente sia dall'occidente che esso non ha né testa né ventre, né mani né piedi. Non è forse risibile e stupefacente affermare che condivide un corpo vivente con la divinità? Se gli spiriti sono privi di figura, come mai solo il Signore del Cielo, sommamente degno d'onore, sarebbe dotato di figura? Asserire ciò equivale non solo a non comprendere la natura dell'uomo, ma anche ad ignorare l'astronomia e la natura di tutte le specie.

## 111.

If the sky above us cannot be worshipped, how much less can the earth below us, trampled by feet and a receptacle for dirt? Only the one Lord of Heaven, who created heavens and earth and the ten thousand beings, who

---

學》（*De Coelo*）。因為天主是唯一的，與天空不同，祂不能分部分。

150 尊，BC 本作「叢」。

151 Il carattere "Cielo"(天 tiān) può considerarsi composto da "uno" (一 yī) e da "grande" (大 dà).

152 La cosmologia tolemaica riteneva che la terra fosse posta al centro dell'universo e circondata da nove "cieli": quelli dove si muovevano in orbite circolari la Luna, Mercurio, Venere, il Sole, Marte, Giove, Saturno, più il cielo delle stelle fisse e l'Empireo, sede di Dio.

supports and nourishes the human race, may be revered. In the universe there is not a created thing which does not exist for the benefit of mankind; we should therefore be grateful to the Lord of heaven and earth and of the ten thousand beings, and serve and worship Him with the greatest devotion. How could we abandon the Lord, who is the supreme origin and foundation of all that exists, and serve instead things, which were created for our use ?[153]

上天既未可為尊,況於下地乃眾足所踏踐、污穢所歸寓,安有可尊之勢?要惟此一天主,化生天地萬物,以存養人民,宇宙之間,無一物非所以育吾人者。[154]吾宜感其天地萬物之恩主,加誠奉敬之可耳,可捨此大本大原之主,而反奉其役事吾者哉?

Se il cielo sopra di noi non può essere venerato, come può esserlo la terra sotto di noi, calpestata dai piedi e ricettacolo di sporcizia ? Solo l'unico Signore del Cielo, che ha creato il cielo e la terra e i diecimila esseri, che sostiene e nutre il genere umano, può essere venerato. Nell'universo non c'è cosa creata che non esista a beneficio dell'umanità; dovremmo perciò essere grati al Signore del Cielo e della terra e dei diecimila esseri, e servirLo e venerarLo con la più grande devozione. Come potremmo abbandonare il Signore, origine suprema e fondamento di tutto, e servire invece le cose, create affinché godessimo di esse ?[155]

## 112.

*The Chinese Scholar says*: If it is really so, then we are still in a state of mental confusion. When the majority of people raise their heads and see the sky, they think only of worshipping it.

中士曰:誠若是,則吾儕其猶有蓬之心也夫[156]。大抵抬頭見天,遂惟知拜天而已。

*Il Letterato Cinese dice*: Se veramente è così, siamo ancora in stato di

---

153 See *Rm* 1:23.

154 參見 287 及注釋。

155 Cf. *Rm* 1,23.

156 見《莊子・逍遙遊》:「今子有五石之瓠,何不慮以為大樽而浮乎江湖,而憂其瓠落無所容?則夫子猶有蓬之心也夫!」成玄英疏:「蓬,草名。拳曲不直也……言惠生既有蓬心,未能直達玄理。」

confusione mentale. Quando la maggioranza delle persone innalza il capo e vede il cielo, pensa solo ad adorarlo.

## 113.

*The Western Scholar replies*: People in the world differ, some are wise, others ignorant. China is a great country; I believe that here there are wise people and, inevitably, ignorant people, who consider what they see as existing, and what they do not see as non-existing. They only know, therefore, that they must serve the physical heaven and earth, but they ignore the existence of the Lord of Heaven and Earth. When travellers from afar come to the streets of Chang'an,[157] and watch with amazement the imposing and magnificent royal palace, they bow their heads to the ground and say: "I bow my head to the ground to worship my Emperor." Now, all those who worship heaven and earth worship the royal palace in place of the emperor. Looking at the height of the heavens and the breadth of the earth the wise, employing reason, conclude that there exists a Lord of Heaven to rule them; and with a respectful heart they worship Him, who is devoid of a perceptible figure. How can one worship the blue sky ?

西士[158]曰：世有智愚，差等各別，中國雖大邦，諒有智，亦不免有愚焉。以目可視為有，以目不能視為無，故但知事有色之天地，不復知有天地之主也。遠方之氓，忽至長安道中，驚見皇宮殿宇，巍峨巉嵬，則施禮而拜曰：「吾拜吾君」。今所為奉敬天地，多是拜宮闕之類也。[159]智者乃能推見至隱，視此天地高廣之形，而遂知有天主主宰其間，故肅心持志，以尊無形之先天[160]。孰指茲蒼蒼之天，而為欽崇乎？

*Il Letterato Occidentale replica*: Gli uomini del mondo differiscono tra

---

157 長安 Cháng'ān (present 西安 Xī'ān) was the capital city of more than ten dynasties in Chinese history.

158 西士二字不清，據 FJ 本補。

159 這個比喻可以在《天主實錄》找到：「世之奉事乎天，亦何異於遠方鄙細之人，輒至京都，見其皇宮殿宇，則施禮而拜之。傍人有笑之，則曰：『吾拜吾君，夫何笑？』今人奉敬乎天，是即拜皇宮之徒矣，其可笑當何如？」（《天主實錄》，第 21 頁）。也許因為「京都」會讓人聯想到日本的首都，因此，利瑪竇改為「長安」。

160 先天，FJ 本作「天主」。

loro; alcuni sono saggi, altri ignoranti. La Cina è un grande paese; credo ci siano saggi e inevitabilmente anche ignoranti, i quali considerano esistente ciò che vedono, e non esistente ciò che non vedono. Costoro sanno, perciò, di dover servire il cielo e la terra materiali, ma ignorano l'esistenza del Signore del Cielo e della terra. Quando i viaggiatori giungono da lontano alle vie di Chang'an,[161] e guardano con stupore l'imponente e splendido palazzo reale, chinano il capo a terra dicendo: "Chino il capo a terra per adorare il mio imperatore" Ora, tutti quelli che venerano il cielo e la terra venerano il palazzo reale al posto dell'imperatore. Osservando l'altezza dei cieli e l'ampiezza della terra i saggi, usando la ragione, concludono che esiste un Signore del Cielo a governarli; e con cuore timorato adorano Lui, privo di figura sensibile. Come si può adorare il cielo azzurro?

## 114.

If the noble man speaks of heaven and earth, he is merely using a figure of speech. For example, officials in charge of prefectures and districts call themselves by the names of the prefectures and districts they are governing: the prefect of Nanchang is called Nanchang Prefecture, and the district magistrate of Nanchang is called Nanchang District.[162] According to this analogy, the Lord of Heaven and Earth is sometimes called Heaven and Earth; but such denomination does not really indicate heaven and earth. In this case the reference is not to the physical heaven and earth, but to the original Lord. Fearing that people may confuse the original Lord with created things, I directly call him "Lord of Heaven;" I find it necessary to clarify this point.

君子如或稱天地，是語法耳。譬若知府縣者，以所屬府縣之名為己稱：南昌太守，稱謂南昌府；南昌縣大尹，稱謂南昌縣。[163]比此，天地之主，或稱謂天地焉。非其以天地為體也，有原主在也。吾恐人誤認此物之原主，而實謂之天主，不敢不辨。

---

161 長安 Cháng'ān (l'attuale 西安 Xī'ān) è stata la capitale di oltre dieci dinastie della storia cinese.

162 南昌 Nánchāng is the capital of 江西 Jiāngxī province, in Southeast China.

163 利瑪竇在南昌呆了三年時間（1595～1598 年）。

Se l'uomo nobile parla del cielo e della terra sta solo utilizzando figure retoriche. Ad esempio, gli ufficiali in carica nelle prefetture e nei distretti chiamano se stessi con il nome della prefettura e del distretto che governano: il prefetto di Nanchang è chiamato Prefettura di Nanchang, e il magistrato del distretto di Nanchang è chiamato Distretto di Nanchang.[164] In base a questa analogia, il Signore del Cielo e della terra è talvolta chiamato Cielo e Terra; ma ciò non indica realmente il cielo e la terra. Non ci si riferisce qui al cielo e alla terra materiali, ma al Signore originario. Temendo che le persone confondano il Signore originario con le cose create lo chiamo direttamente "Signore del Cielo"; trovo necessario chiarire questo punto.

## 115.

*The Chinese Scholar says*: O perspicacious teacher, in your discourse on the origin of beings you have not only grasped reality, but also clarified the use of words! From this we know that, in your esteemed country, discussion on the principles of things does not consist in careless and superficial speeches, but opens the mind of the ignorant, freeing them from all doubts. You have applied yourself to the questions concerning the Lord of Heaven with profound study and great faith. I am ashamed that we Confucians have not been able to see clearly the important issues of life. We have investigated other things in detail, but we did not know the teachings regarding the end of our existence. Our parents gave us hair and skin and all our body, and we must rightly be filial towards them. Our sovereign and ministers give us a place to live, trees and animals, thanks to which we can practice filial piety towards the previous generation and educate and nurture the next generation; so we must respect them. But how could we misunderstand, or even forget, the Lord of Heaven: who is the great Father and Mother, the great Sovereign, the origin of all ancestors, the One from whom all rulers receive their mandate, the One who creates the ten thousand things and maintains them in life ? Your teachings

---

164 南昌 Nánchāng è la capitale della provincia dello 江西 Jiāngxī, nella Cina sudorientale.

cannot be fully understood all at once; I would like to hear the rest another day.

中士曰：明師論物之原始，既得其實，又不失其名，可知貴邦之論物理，非苟且疏略之談，乃割開愚衷，不留疑處。天主之事，又加深篤。愧吾世儒彿彷要地，而詳尋他事，不知歸元之學。夫父母授我以身體髮膚[165]，我故當孝；君長賜我以田里樹畜，使仰事俯育，我又當尊；矧此天主之為大父母也[166]，大君也，為眾祖之所出，眾君之所命，生養萬物，奚可錯認而忘之？訓諭難悉，願以異日竟焉。

*Il Letterato Cinese dice*: O acuto insegnante, nel Suo discorso sull'origine degli esseri Lei non solo ha colto la realtà, ma ha anche chiarito l'uso delle parole! Da ciò sappiamo che, nel Suo stimato paese, la trattazione dei princìpi delle cose non consiste in discorsi trascurati e superficiali, bensì apre la mente agli ignoranti liberandoli da ogni dubbio. Lei si è applicato con studio approfondito e con grande fede ai problemi riguardanti il Signore del Cielo. Mi vergogno del fatto che noi confuciani non siamo stati in grado di vedere chiaramente le questioni importanti della vita. Abbiamo investigato dettagliatamente altre cose, ma non conoscevamo gli insegnamenti che riguardano il fine della nostra esistenza. I genitori ci hanno dato capelli e pelle e tutto il nostro corpo, e giustamente dobbiamo avere pietà filiale nei loro confronti. Il sovrano e i ministri ci danno il luogo in cui vivere, gli alberi e gli animali, grazie ai quali possiamo praticare la pietà filiale verso la generazione precedente e istruire e nutrire la generazione successiva; dunque dobbiamo rispettarli. Ma come potremmo fraintendere, o addirittura dimenticare, il Signore del Cielo: che è il grande Padre e Madre, il grande Sovrano, l'origine di tutti gli antenati, colui dal quale tutti i sovrani ricevono il proprio mandato, colui che genera e mantiene in vita i diecimila esseri ? I Suoi insegnamenti non possono essere pienamente compresi tutti in una volta; vorrei ascoltare il resto un altro giorno.

---

165 見《孝經・開宗明義章》：「身體髮膚，受之父母，不敢毀傷，孝之始也。」

166 如同張曉林所說，「大父母觀念是利子從基督教與中國文化的結合中，或者為了使基督教適應中國文化而生造的」（第 128 頁）。不過，張曉林也解釋，利瑪竇的這個發明也許使中國人遠離一神論，而要回歸到中國傳統的宇宙二元論（第 130 頁）。

116.

*The Western Scholar replies*: What you seek, Sir, is not profit, but only the true Way. The mercy of the great Father will certainly help me who announces, so that I can transmit His teachings; and help you who listens, so that you can receive them. If you have other questions to ask, how could I not answer you?

西士曰：子所求非利也，惟真道是問耳。大父之慈，將必祐講者以傳之，祐聽者以受之。吾子有問，吾敢不惟命？

*Il Letterato Occidentale replica*: Ciò che Lei cerca, Signore, non è il profitto, ma soltanto la vera Via. La misericordia del grande Padre certamente aiuterà chi annuncia, affinché possa trasmettere i Suoi insegnamenti; e aiuterà chi ascolta, affinché possa riceverli. Se Lei ha altre domande da fare, come potrei non risponderLe?

# Chapter 3: The human soul is immortal and is radically different from the soul of animals

# 第三篇　論人魂[1]不滅大異禽獸[2]

## Capitolo III: L'anima umana è immortale e differisce radicalmente da quella degli animali

---

[1] 詞源中對「魂」的解釋有三種：（1）陽氣，附於體則生，離於體則死；說文：「魂，陽氣也。」《左傳·昭公七年》：「人生始化曰魄，既生魄，陽曰魂。」《淮南子·說山》：「魄問於魂曰：『道何以為體？』」高誘注：「魄，人陰神也；魂，人陽神也。」（2）人的精神、意念；（3）物類的精靈。但是在中國，不同的哲學門派、不同的宗教信仰、文人與世俗大眾對魂的理解是不同的。所以並不存在一個所謂統一的「中國靈魂觀念」，在不同的情況要予以區分。在本篇中，利瑪竇以「魂」、「精」、「神」等詞來表述基督教中的與肉體二元對立的靈魂，其實在中國，即使沒有一個統一的靈魂的觀念，但是可以說的是，中國本土文化不存在肉體與「魂」、「神」等的絕對二元對立。

[2] 這篇的標題和《天主實錄》第五章的標題一樣，不過，內容完全不同。按照1601 年馮琦向利瑪竇所說的話，中士先談人生悲慘（117～124），然後利瑪竇回答說關於天堂（125～128）。這部分跟《畸人十篇》第二篇（朱維錚主編，第 445～448 頁）幾乎一樣。

## 117.

*The Chinese Scholar says*: When I look at heaven and earth and the ten thousand things I find that man is the worthiest of esteem among them, and that animals cannot compare with him. Therefore it is said that man has the same origin, the same structure, and the same law of heaven and earth, and that he is a microcosm in himself.[3]

中士曰：吾觀天地萬物之間，惟人最貴，非鳥獸比，故謂人參天地，又謂之小天地。[4]

*Il Letterato Cinese dice*: Osservando il cielo, la terra e i diecimila esseri trovo che tra di essi l'uomo è il più degno di stima, e che gli animali non possono essere paragonati a lui. Per questo si dice che l'uomo ha la stessa origine, la stessa struttura e la stessa legge del cielo e della terra, e che in sé è un microcosmo.[5]

## 118.

But when I look at animals again and pay attention to details, I find that they enjoy greater freedom and serenity than man. Why is it so ? The moment they are born thay can already move easily, find food and hide from danger. Their bodies are supplied with fur, feathers, claws and scales, so that they have no need of clothes and shoes; they do not depend on ploughing, sowing and reaping; they do not need barns to store reserves of wheat, or tools to cook their

---

3 See 春秋繁露 *Chūnqiū Fánlù* (*Rich Dew of Spring and Autumn*), LVI. This work is attributed to 董仲舒 Dǒng Zhòngshū (179-104 BC); according to the tradition, he promoted Confucianism as the official ideology of the 漢 Hàn dynasty.

4 中士開始表述人的地位。類似的表述有：《中庸》：「可以贊天地之化育，則可以與天地參矣」；董仲舒；董仲舒《漢書》：「天地之性人為貴」；朱熹《朱子語類》20：「人是天地中最靈之物」；元初道士杜道堅《道德玄經原旨》：「天地大吾身，吾身小天地。」不過，中士後面要描述人很可憐，他對人生有很悲觀的態度，如同佛教徒一般。《畸人十篇》第三篇《常念死候利行為祥》大部分內容採自此篇。

5 Cf. 春秋繁露 *Chūnqiū Fánlù* (*La ricca rugiada delle Primavere e degli Autunni*), LVI. L'opera è attribuita a 董仲舒 Dǒng Zhòngshū (179-104 a.C.), tradizionalmente associato alla promozione del confucianesimo come ideologia ufficiale della dinastia 漢 Hàn.

meals. They can find food anywhere in order to survive,[6] and sleep wherever they want; they play in the immensity of nature, and still have free time. Are there, among them, any distinctions of poverty and wealth, nobility and misery ? Do they have to worry about what is right or wrong, about what is more or less important, about merit and fame ? In all their comings and goings they spend each day doing what they prefer.

然吾復察鳥獸，其情較人反為自適，何者？其方生也，忻忻自能行動，就其所養，避其所傷，身具毛羽爪甲，不俟衣屨，不待稼穡，無倉廩之積藏，無供爨之工器，隨食可以育生，隨便可以休息，嬉遊大造，而嘗有餘閒，其間豈有彼我貧富尊卑之殊？[7]豈有可否、先後、功名之慮，操其心哉？熙熙逐逐，日從其所欲爾矣。

Ma osservando di nuovo gli animali e facendo attenzione ai particolari, trovo che essi godono di una libertà e di una serenità maggiori di quelle dell'uomo. Perché è così ? Nel momento in cui nascono possono già muoversi facilmente, cercare il cibo e nascondersi dai pericoli. I loro corpi sono dotati di pellicce, piumaggi, artigli e scaglie, così da non avere bisogno di abiti e di scarpe; non dipendono dall'arare, dal seminare e dal raccogliere; non hanno bisogno di granai per immagazzinare riserve di frumento, o di strumenti per cucinare i loro pasti. Possono trovare ovunque cibo per sopravvivere,[8] e dormire dove vogliono; giocano nell'immensità della natura, e hanno ancora tempo libero. Tra di essi c'è forse la distinzione di povertà e ricchezza, di nobiltà e miseria ? Devono preoccuparsi di che cosa è giusto o sbagliato, di ciò che è più o meno importante, del merito e della fama ? In tutto il loro andirivieni trascorrono ogni giorno facendo ciò che preferiscono.

## 119.

When humans are born their mothers feel intense pain; and when a child comes naked from its mother's womb it cries as soon as it opens its mouth, as if

---

6　See *Lk* 12:23.

7　參見《路加福音》十二　24：「你們看看烏鴉，它們不播種，也不收割；它們沒有庫房，也沒有倉廩，天主尚且養活它們，你們比起飛鳥更要尊貴多少呢？」

8　Cf. *Lc* 12,23.

it already knew the harshness of life on earth.[9] A newborn baby is very weak, it has feet but cannot walk; only after three springs it no longer needs to be picked up. When it begins to have the strength of youth, each has its own service to perform; no one can avoid toil and trouble. The peasant spends the four seasons in the fields and ditches turning the soil; the merchant spends months and years traversing mountains and crossing seas. A hundred physical tasks require diligent application of hands and feet; the scholars, with mental effort, worry day and night about their work. A proverb says: "The scholars toil using the mind, the uneducated toil using physical force." A man who reaches fifty years of age has endured fifty years of exertion.[10] If we speak of the illnessess which afflict man's body, they are nothing short of hundreds. I have read medical books about the eyes only, and I know that there are more than three hundred ophthalmic diseases; if we speak of the diseases of the whole body, how can they be counted ? The majority of the medicines used in therapies are bitter to the taste.

　　人之生也，母嘗痛苦。出胎赤身，開口先哭，似已自知生世之難。初生而弱，步不能移，三春之後，方免懷抱。壯則各有所役，無不苦勞：農夫四時反土於畎畝，客旅經年徧度於山海，百工勤動手足，士人晝夜劇神殫思焉，所謂「君子勞心，小人勞力」[11]者也。五旬之壽，五旬之苦。至如一身疾病，何啻百端？嘗觀醫家之書，一目之病，三百餘名，況罄此全體，又可勝計乎？其治病之藥，大都苦口。

　　Quando gli uomini nascono, le loro madri provano intenso dolore; e quando un bambino esce nudo dal ventre della madre piange non appena apre bocca, come se già conoscesse la durezza della vita sulla terra.[12] Un bambino appena nato è molto debole, ha i piedi ma non può camminare; solo dopo tre primavere non ha più bisogno di essere preso in braccio. Quando inizia ad avere la forza della giovinezza ognuno ha un proprio servizio da svolgere; nessuno può evitare la fatica. Il contadino trascorre le quattro stagioni nei campi e tra i

---

9　See *Qo* 5:14.
10　See *Qo* 6:12.
11　出自《左傳・襄公九年》：「君子勞心，小人勞力，先王之治也」。
12　Cf. *Qo* 5,14.

solchi, rivoltando il terreno; il commerciante trascorre mesi e anni valicando le montagne e solcando i mari. Cento lavori fisici richiedono l'applicazione diligente delle mani e dei piedi; i letterati, con sforzo mentale, si preoccupano giorno e notte dei loro lavori. Un proverbio dice: "I dotti faticano con la mente, gli incolti faticano usando la forza fisica" Un uomo che raggiunge i cinquant'anni ha sopportato cinquant'anni di fatica. [13] Se parliamo delle malattie che affliggono il corpo degli uomini, sono a dir poco centinaia. Ho letto libri di medicina a proposito dei soli occhi, e so che ci sono più di trecento malattie oftalmiche; se parliamo delle malattie di tutto il corpo, come possono essere contate ? La maggior parte delle medicine usate nelle terapie sono amare al gusto.

## 120.

Within the universe insects or animals, whether large or small, release poisons which can harm man as if they were all his enemies, mutually allied; an insect smaller than a *cun* can hurt a man nine *chi* tall. People also hurt each other; they make weapons with which they can cut off their hands and feet, and sever their limbs; most of those who do not die a natural death are killed by other human beings. And yet, people today despise the weapons of ancient times for not being sharp enough, and devise ways of manufacturing new weapons of even greater cruelty, capable of destroying the population of a whole city or a whole country. Even in times of peace what family is perfect and flawless ? Those with wealth have no offspring; those with children find them untalented; those with talent have no well-being; those with well-being have no power: so all complain that their own happiness is incomplete. It frequently happens that a great joy is marred by small misfortunes.

　　即宇宙之間，不拘大小虫畜，肆其毒具，能為人害，如相盟詛，不過一寸之虫，足殘九尺之軀。人類之中，又有相害。作為兇器，斷人手足，截人肢體。非命之死，多是人戕。今人猶嫌古之武器不利，則更謀新者益凶。故甚至盈野盈城，殺伐不已。縱遇太平之世，何家成全無缺？有財貨

---

13 Cf. *Qo* 6,12.

而無子孫，有子孫而無才能，有才能而身無安逸，有安逸而無權勢。則每自謂虧醜，極大喜樂而為小不幸所浼，蓋屢有之。

Nell'universo gli insetti o gli animali, siano essi grandi o piccoli, rilasciano veleni in grado di danneggiare l'uomo come se fossero tutti suoi nemici, reciprocamente alleati; un insetto più piccolo di un *cun* può ferire un uomo alto nove *chi*. Gli uomini si feriscono anche tra di loro; costruiscono armi con le quali possono tagliare mani e piedi, e troncare gli arti; la maggior parte di coloro che non muoiono di morte naturale sono uccisi da altri esseri umani. E ancora, gli uomini di oggi disprezzano le armi dei tempi antichi perché non sono abbastanza affilate, ed escogitano modi di produrre nuove armi di crudeltà ancora maggiore, capaci di distruggere la popolazione di un'intera città o campagna. Persino nei periodi di pace quale famiglia è perfetta e senza difetti ? Chi ha ricchezza non ha discendenza; chi ha figli li trova privi di talento; chi ha il talento non ha il benessere; chi ha il benessere non ha il potere: perciò tutti si lamentano che la propria felicità è incompleta. Succede di frequente che una grandissima gioia sia guastata da piccole sfortune.

## 121.

Throughout life man mainly experiences pain; at the end of life there comes the greatest pain of all, which is death.[14] Finally, man's corpse is buried in the ground; no one can escape it. So the ancient sages admonished their children, saying: "Do not deceive yourselves, do not act against what your heart tells you. The goal for which men struggle is nothing but the grave." We do not live; rather, we steadily walk towards death. The moment in which man is born he begins to die; every day which passes means the loss of one day, one more step in the direction of the grave.

終身多愁，終為大愁所承結，以至於死，身入土中，莫之能逃。[15]故古賢有戒其子者曰：「爾勿欺己，爾勿昧心。人所競往，惟於墳墓。」吾曹非生，是乃常死。入世始起死，曰「死則了畢已」，曰[16]「過一日，吾少

---

14 See *Ps* 89.
15 參見《德訓篇》五 14：「生了個兒子，手中一無所有。」
16 曰，底本、BC 本作「月」，FJ 本作「曰」，據 FJ 本改。

一日，近墓一步」。

Nel corso dell'esistenza l'uomo sperimenta soprattutto il dolore; al termine della vita giunge il dolore più grande di tutti, che è la morte.[17] Infine, il suo corpo è sepolto sotto terra; nessuno può sfuggirvi. Perciò gli antichi saggi ammonivano i propri figli, dicendo: "Non ingannate voi stessi, non agite contro ciò che vi dice il cuore. La meta per la quale gli uomini lottano non è altro che la tomba" Noi non viviamo; piuttosto camminiamo costantemente verso la morte. Nel momento stesso in cui l'uomo nasce inizia a morire; ogni giorno che passa significa la perdita di un giorno, un passo in più in direzione della tomba.

## 122.

This is only a description of external sufferings; who could talk about all the interior sufferings ? All pain in this world is real, while joys are illusory; toil and concern are common, while moments of joy are few. It would take more than ten years to describe the sufferings of one day; how could a life of affliction be narrated in the space of one lifetime ? The heart of man is constantly assailed by the Four Passions – love, hate, anger, fear – like a tree on a lofty mountain which is blown by winds from the four directions; what are its moments of respite ? It gets lost in alcohol and sex, or in achievements and ambitions, or in riches; everyone is troubled by his desires. Who is satisfied with his own destiny, and does not try to obtain something external to it ? Even if man possessed the width of the four seas, if he ruled billions people, he would still be dissatisfied. Here is the stupidity of the human being!

夫此只訴其外苦耳，其內苦誰能當之？[18]凡世界之苦辛，為真苦辛，其快樂為偽快樂，其勞煩為常事，其娛樂為有數。一日之患，十載訴不盡，則一生之憂事，豈一生所能盡述乎？人心有此，為愛惡忿懼四情[19]所

---

17 *Sal* 89.

18 內苦和外苦都是佛教詞彙。內苦有二種，即一切疾病為身苦，憂愁嫉恨為心苦；外苦也有二種，即盜賊虎狼之害，和風雨寒暑之災。此處「中士」對人生的理解很有佛教色彩。這與《明史・馮琦傳》裏所載馮琦反佛教的態度形成了有趣的對照。

19 通過中士，利瑪竇列舉了四個情感。前面他提出中國傳統的七種情感（83）。《中庸》列舉了四個情感（喜，怒，哀，樂）。其實，這裡利瑪竇採用斯多葛

伐，譬樹在高山，為四方之風所鼓，胡時得靜？或溺酒色，或惑功名，或
迷財貨，各為欲擾，誰有安本分而不求外者？雖與之四海之廣，兆民之
眾，不止足也。愚矣！

Questa è solo una descrizione delle sofferenze esteriori; chi potrebbe
parlare di tutte le sofferenze interiori？Ogni dolore di questo mondo è reale,
mentre le gioie sono illusorie; il duro lavoro e la preoccupazione sono frequenti,
mentre i momenti di gioia sono pochi. Ci vorrebbero più di dieci anni per
descrivere le sofferenze di un giorno; come potrebbe un'esistenza di patimenti
essere raccontata nello spazio di una sola vita？Il cuore dell'uomo è
costantemente assalito dalle quattro passioni – amore, odio, ira, timore – come
un albero su un'alta montagna battuta da venti che soffiano dalle quattro
direzioni; quali sono i suoi momenti di tregua？Si perde nell'alcool e nel sesso,
o nei successi e nelle ambizioni, o nelle ricchezze; tutti sono turbati dai propri
desideri. Chi si accontenta del proprio destino, e non cerca di ottenere qualcosa
al di fuori di esso？Anche se l'uomo possedesse l'ampiezza dei quattro mari,
anche se governasse miliardi di persone, sarebbe ugualmente insoddisfatto. Ecco
la stupidità dell'essere umano!

## 123.

Man continues not to understand the Way concerning himself; how much
less will he understand the Way concerning all other things？Some follow
Śākyamuni, some Laozi, some Confucius, thus dividing the hearts of people
under heaven into three Ways of thought. Other meddlesome people have
established further sects, inventing new doctrines, so that the Three Religions
will before long be divided into three thousand at least.[20] Each claims to be the
right Way, but the Ways under heaven become increasingly confused and
wicked. The superior oppresses the inferior, the inferior abuses the superior, the

---

學派的排列：如果現在感覺到好的東西，有愛；如果現在感覺到壞的東西，
有惡；如果預見好東西，有欲；如果預見不好的東西，有懼。參見西塞羅
《圖斯庫勒論辯》（*Tusculanae Quaestiones*）第 4 章第 6 段；第歐根尼・拉爾
修（Diogenes Laërtius）《名哲言行錄》第 7 卷 110 段。

20 The Three Religions (三教 Sān Jiào) are: Confucianism, Daoism, and Buddhism.

father behaves violently and the son rebelliously, sovereign and ministers suspect each other, brothers murder each other, husbands and wives divorce, friends cheat on each other. Mankind is filled with fraud, flattery, arrogance and deceit; there is no longer a sincere heart.

　　然則人之道人猶未曉，況於他道？而或從釋氏，或由老氏，或師孔氏，而折斷天下之心於三道也乎。又有好事者，另立門戶，載以新說，不久而三教之岐，必至於三千教而不止矣。雖自曰「正道！正道！」，而天下之道，日益乖亂[21]。上者陵下，下者侮上，父暴子逆，君臣相忌，兄弟相賊，夫婦相離，朋友相欺，滿世皆詐諂誑誕，而無復真心。

L'uomo continua a non comprendere la Via che riguarda se stesso; quanto meno comprenderà la Via che riguarda tutte le altre cose ? Chi segue Śākyamuni, chi Laozi, chi Confucio, dividendo così in tre Vie il cuore degli uomini sotto il ciclo. Altri intriganti hanno fondato ulteriori sette, inventando nuove dottrine, cosicché tra breve le Tre Religioni si troveranno divise in almeno tremila.[22] Ciascuna afferma di essere la Via giusta, ma le Vie sotto il cielo diventano sempre più confuse e perverse. Il superiore vessa l'inferiore, l'inferiore insulta il superiore, il padre si comporta con violenza e il figlio con ribellione, il sovrano e i ministri si sospettano a vicenda, i fratelli si uccidono tra loro, i mariti e le mogli si separano, gli amici si ingannano reciprocamente. Il genere umano è pieno di truffa, lusinga, arroganza e menzogna; non c'è più un cuore sincero.

---

21　1601～1603 年間禮部尚書馮琦意識到意識形態統一的重要性，「禁止應試者在文章中頌佛，違者不予錄取。」參見裴化行《利瑪竇神父傳》，北京商務印書館，1998 年，第 387～398 頁。1602 年，由於禮部的控告，李贄（1527～1602）被逮捕，幾個月之後在監獄去世了。沈定平認為，利瑪竇影響了馮琦，使他發動了在北京的反佛教運動。參見沈定平《明清之際中西文化交流》（北京：商務印書館，2001 年），第 572～573 頁。不過，李聖華認為，馮琦一直以來對佛教保持敵對態度，因此，並不是利瑪竇影響了馮琦，而相反，利瑪竇認識馮琦之後，他才敢對佛教表現很激烈的批評，在《天主實義》稿子上，更加攻擊佛教。參見李聖華《利瑪竇與京師攻禪事件——兼及〈天主實義〉的修訂補充問題》，《中國文化研究》，2009 年，第 86～92 頁。

22　Le Tre Religioni（三教　Sān Jiào）sono il confucianesimo, il daoismo e il buddhismo.

## 124.

Alas! Looking at people in the world, they are like a boat in the ocean buffeted by winds and waves, on the verge of breaking and sinking; they are castaways drifting to the extreme corners of the ocean, each eager to escape from the wreck, no one willing to help another. Some cling to broken axles, some climb up sails and decaying awnings, some grab bamboo baskets, some hold tight to whatever come into their hands, dying one after the other; what a tragedy! Why does the Lord of Heaven want man to live in such a place of adversity? It seems that He loves him less than animals.

嗚呼！誠視世民，如大洋間著風浪，舟舶壞溺，而其人蕩漾波心，沉浮海角。且各急於己難，莫肯相顧。或執碎板，或乘朽蓬，或持敗籠，隨手所值，緊操不捨，而相繼以死，良可惜也！[23]不知天主何故生人於此患難之處？則其愛人，反似不如禽獸焉？

Ahimé! Guardando gli uomini del mondo, essi sono come una barca nell'oceano battuta dai venti e dalle onde, sul punto di rompersi e di colare a picco; naufraghi alla deriva agli angoli estremi dell'oceano, ognuno impaziente di salvarsi dal naufragio, nessuno desideroso di aiutare l'altro. Chi si avvinghia ad assi rotte, chi si arrampica su vele e teloni in disfacimento, chi afferra ceste di bambù, chi si tiene stretto a qualsiasi cosa gli capiti tra le mani, morendo l'uno dopo l'altro; che tragedia! Perché il Signore del Cielo vuole che l'uomo viva in questo luogo di avversità? Sembra che Egli lo ami meno degli animali.

## 125.

*The Western Scholar replies*: Despite the many hardships in the world, we are still so captivated by it that we are not able to leave it. What would happen if the earth were constantly at peace, and we enjoyed perfect health? Even when the depravity and suffering are at their worst, people refuse to wake from their dull stupidity: wishing to amass great treasures, to own land and fields, to chase fame, to pray for a long life, to plan for the future of their children, to usurp the throne, to murder, to assault, to steal, nothing excluded. Is all this not

---

23 利瑪竇親身經歷過這種可怕的海航。

dangerous？

　西士曰：世上有如此患難，而吾癡心猶戀愛之，不能割。使有寧泰，當何如耶？世態苦醜，至如此極，而世人昏愚，欲於是為大[24]業，闢田地，圖名聲，禱長壽，謀子孫，篡弒攻併，無所不為，豈不殆哉？

*Il Letterato Occidentale replica*: Malgrado tante avversità presenti nel mondo, ne siamo ancora così infatuati da non poterlo abbandonare. Che cosa avverrebbe se la terra fosse sempre in pace, e noi godessimo di perfetta salute？ Anche quando la depravazione e la sofferenza sono massime, gli uomini si rifiutano di svegliarsi dalla propria ottusa stupidità: desiderando accumulare grandi tesori, possedere campi e terreni, rincorrere la fama, pregare per una vita lunga, pianificare il futuro per i propri figli, usurpare il trono, assassinare, aggredire, rubare, nulla escluso. Tutto questo non è pericoloso？

## 126.

In ancient times, in a Western nation, there were two wise men: one called Heraclitus, the other Democritus. [25] Heraclitus was always laughing, Democritus was always weeping, since both saw people in the world pursuing vain things; one laughed to ridicule them, the other wept to pity them. I have also heard that, in more recent times, a custom was established in a country (I am not sure whether it is still in vogue or not): when a baby was born in a family, relatives and friends would gather at the door to pity it, because it had come to light in this world of pain and toil; when a person died, they gathered at his door to rejoice and congratulate, because he had abandoned this world of pain and toil. This is to regard life as evil and death as a great fortune. Although this attitude seems excessive and extreme, it could be said that they were well aware of the reality of the world.

　古西國有二聞賢，一名黑蠟，一名德牧，黑蠟恒笑，德牧恒哭，皆因

---

24 大，BC 本作「太」。

25 Heraclitus of Ephesus (535-475 BC) is considered as the "philosopher of Becoming", and his conception is summarized in the maxim: "everything flows" (πάντα ῥεῖ). Democritus of Abdera (460-360 BC) was a pupil of Leucippus (V century BC); they together were the founders of Greek philosophical atomism.

視世人之逐虛物也。笑因譏之，哭因憐之耳。[26]又聞近古一國之禮，不知今尚存否：凡有產子者，親友共至其門，哭而弔之，為其人之生於苦勞世也；凡有喪者，至其門作樂賀之，為其人之去勞苦世也。則又以生為凶，以死為吉焉。[27]夫夫也，太甚矣！然而可謂達現世之情者也。

Nei tempi antichi, in una nazione occidentale, c'erano due saggi: uno chiamato Eraclito, l'altro Democrito.[28] Eraclito rideva sempre, Democrito piangeva sempre, poiché entrambi vedevano gli uomini del mondo perseguire cose vane; l'uno rideva per deriderli, l'altro piangeva per compiangerli. Ho anche sentito dire che, nell'antichità più recente, si era stabilita in un paese una consuetudine (non so se oggi sia ancora in voga o meno): quando in una famiglia nasceva un bambino, i parenti e gli amici si riunivano alla porta per commiserarlo, perché era venuto alla luce in questo mondo di sofferenza e di fatica; quando un uomo moriva, si riunivano alla sua porta per rallegrarsi e congratularsi, perché aveva abbandonato questo mondo di sofferenza e di fatica. Ciò significa considerare la vita come un male, e la morte come una gran fortuna. Sebbene tale attitudine sembri eccessiva ed estrema, si potrebbe dire però che costoro conoscevano bene la realtà del mondo.

## 127.

This world is not the eternal abode of man, but the proper dwelling place of animals; therefore they live comfortably in it.[29] Man only temporarily lodges here; therefore he is restless and dissatisfied.[30] You, my dear friend, are a

---

26 黑蠟即赫拉克利特，德牧即德謨克里特。在《致路奇利烏斯書信》（*Epistulae ad Lucilium*）中，塞內加比較了赫拉克利特與德謨克利特。不過這裡利瑪竇的記憶有誤，他把兩個哲學家的角色弄錯了。

27 也許利瑪竇在他的世界之旅中看到過這個民族。參見《德訓篇》七 1：「死日勝於生日。」這個觀念遭到許多中國人的批評。參見謝和耐，法文版本，第232頁。

28 Eraclito di Efeso (535-475 a.C.) è considerato come il "filosofo del divenire", e la sua concezione è sintetizzata del motto "tutto scorre" (πάντα ρεῖ). Democrito di Abdera (460-360 a.C.) è stato allievo di Leucippo (V sec.), e fondatore insieme a lui dell'atomismo.

29 See *Qo* 1:2.14.

30 See Augustine of Hippo, *Confessions*, I, 1; *STh*, I-II, 5, 4.

Confucian scholar, so I will draw an example from Confucius. The present day can be compared with the day of an examination: the examinees appear weary, while their servants seem serene. It would be absurd to say that this is because the officials in charge of the examination treat servants with kindness and the examinees harshly. The examination marks are posted in less than a day; when the examination is over it becomes clear who is worthy of honour and who is at a lower level.

現世者，非人世也，禽獸之本處所也，所以於是反自得有餘也。人之在世，不過暫次寄居也，所以於是不寧不足也。賢友儒也，請以儒喻。今大比選試，是日士子似勞，徒隸似逸[31]；有司豈厚徒隸而薄士子乎？蓋不越一日之事，而以定厥才品耳，試畢，則尊自尊，卑自卑也。

Questo mondo non è la dimora eterna dell'uomo, ma il luogo proprio degli animali; perciò essi ci vivono comodamente.[32] L'uomo soggiorna qui solo temporaneamente; perciò è inquieto e insoddisfatto.[33] Lei, mio caro amico, è un allievo di Confucio, quindi farò un esempio confuciano. Il presente può essere paragonato al giorno degli esami: gli esaminandi appaiono affaticati, mentre i loro servitori sembrano sereni. Sarebbe assurdo affermare che ciò avviene perché i funzionari incaricati dell'esame trattano i servitori con gentilezza e gli esaminandi con durezza. I voti degli esami sono affissi in meno di un giorno; al termine dell'esame risulta chiaro chi è degno di onore e chi è di livello inferiore.

## 128.

We see that the Lord of Heaven has placed man in this world to test and to determine his level of morality; so this world is a location of sojourn, not our definitive residence. Our true home is not in this world, but in the life to come; not among people, but in Heaven.[34] We should establish our residence in that place. This is the world of animals, therefore the bodies of all kinds of animals

---

31 如同李奭學說，「今」指示 1594 年，因為當年適逢「大比」；參見第 88 頁。其實，這部分對應利瑪竇與馮琦的對話。這裡的「今」應改指示舉行「大比」的 1601 年。

32 Cf. *Qo* 1,2.14.

33 Cf. Agostino d'Ippona, *Confessiones*, I, 1; *STh*, I-II, 5, 4.

34 See *Ph* 3:20.

incline earthwards; man is born to be a citizen of Heaven, therefore his head inclines upwards.[35] He who considers this world as his home is akin to animals; it is not surprising, then, if he thinks that the Lord of Heaven treats mankind with greater severity than He treats animals.

吾觀天主亦置人於本世，以試其心，而定德行之等也。故現世者，吾所僑寓，非長久居也。吾本家室，不在今世，在後世；不在人，在天，當於彼創本業焉。今世也，禽獸之世也，故鳥獸各類之像，俯向於地；人為天民，則昂首向順於天。[36]以今世為本處所者，禽獸之徒也，以天主為薄於人，固無怪耳。

Noi vediamo che il Signore del Cielo ha posto l'uomo in questo mondo per metterlo alla prova, e per determinare il livello della sua moralità; così il mondo presente è un luogo di soggiorno, e non la nostra residenza definitiva. La nostra vera casa non è in questo mondo, ma nella vita che verrà; non tra gli uomini, ma in Cielo.[37] Dovremmo stabilire la nostra residenza in quel luogo. Questo è il mondo degli animali, perciò i corpi degli animali di ogni specie tendono verso la terra; l'uomo è nato per essere cittadino del Cielo, perciò la sua testa tende verso l'alto.[38] Chi considera questo mondo come sua dimora è affine agli animali; non sorprende, allora, se egli pensa che il Signore del Cielo tratti gli uomini con più severità degli animali stessi.

## 129.

*The Chinese Scholar says*: If you speak of Heaven and Hell in the world to come, then this is Buddhism; we Confucians do not believe in it.

中士曰：如言後世天堂地獄，便是佛教，吾儒不信。

---

35 See *Col* 3:1.
36 參見董仲舒《春秋繁露》：「是故凡物之形，莫不伏從旁折天地而行，人獨題直立端尚正正當之」，也參見《哥羅森書》三 1「你們既然與基督一同復活了，就該追求天上的事，在那裡有基督坐在天主的右邊」；另見阿奎那《神學大全》第三冊，第 244 頁，「人體雖是挺直的，與植物的距離卻非常大。人的高級部分，即頭部，是朝向上界，低級部分是朝向下界，所以與宇宙配合得最好」。
37 Cf. *Fil* 3,20.
38 Cf. *Col* 3,1.

*Il Letterato Cinese dice*: Se Lei parla del paradiso e dell'inferno nel mondo che verrà, questo è buddhismo; noi confuciani non ci crediamo.

130.

*The Western Scholar replies*: What words are these ? Buddhism forbids the killing of people and Confucianism also forbids murder; does it mean that Buddhism and Confucianism are the same ? The phoenix flies, the bat also flies; docs it mean that the phoenix and the bat are the same ? Things may be similar in some respects, yet in reality they are decidedly different. The religion of the Lord of Heaven is very ancient, and Śākyamuni lived in the West; somehow he must have heard of these teachings. Anyone who whishes to spread his doctrine has to incorporate some element of orthodoxy, othcrwise who will believe him ? Śākyamuni borrowed the doctrines concerning the Lord of Heaven, Heaven, and Hell to diffuse his private view and hetcrodox teachings; should wc who transmit the correct Way put them aside, and say nothing about them ? Even before the birth of Śākyamuni the followers of thc religion of the Lord of Heaven taught that, in the life to come, the one who devoted himself to the Way will certainly be in heaven, will experience eternal happiness and escape hell, a place of endless sufferings. Thus, we know that the human soul lives forever and never dies.

西士曰：是何語乎？佛氏戒殺人，儒者亦禁人亂法殺人，則儒佛同歟？鳳凰飛，蝙蝠亦飛，則鳳凰、蝙蝠同歟？事物有一二情相似，而其實大異不同者。天主教，古教也；釋氏西民，必竊聞其說矣。凡欲傳私道者，不以三四正語雜入，其誰信之？釋氏借天主、天堂、地獄之義，以傳己私意邪道，吾傳正道，豈反置弗講乎？釋氏未生，天主教人已有其說。修道者[39]後世必登天堂，受無窮之樂，免墮地獄，受不息之殃。故知人之精靈[40]，常生不滅。[41]

---

39 修道原是佛教教義名詞，是佛教修行的階位之一，與「見道」、「無學道」合稱「三道」。修道者，regular 的音譯，來自於拉丁語 regula，意為「規則」。用來指遵守一定的會規，過集體生活的教士，以區別於「世俗」教士，即在「外部世界」的教職人員。利瑪竇在此以修道者指那些信仰天主的人。

40 這裡的「精靈」應指靈魂。利瑪竇在本文中提及靈魂的概念時，所用中文翻

*Il Letterato Occidentale replica*: Che parole sono queste ? Il buddhismo probisce l'uccisione degli uomini, e anche il confucianesimo proibisce l'omicidio; vuol dire che il buddhismo e il confucianesimo sono la stessa cosa ? La fenice vola, anche il pipistrello vola; vuol dire che la fenice e il pipistrello sono uguali ? Le cose possono essere simili sotto qualche aspetto, ma in realtà essere decisamente diverse. La religione del Signore del Cielo è molto antica, e Śākyamuni viveva in Occidente; in qualche modo deve aver sentito parlare di questi insegnamenti. Chiunque voglia diffondere la propria dottrina deve inserirvi qualche elemento di ortodossia, altrimenti chi gli crederà ? Śākyamuni ha preso in prestito le dottrine riguardanti il Signore del Cielo, il paradiso e l'inferno per diffondere la sua visione privata e i suoi insegnamenti eterodossi; noi che trasmettiamo la Via corretta dobbiamo metterle da parte e non parlarne ? Ancor prima della nascita di Śākyamuni i seguaci della religione del Signore del Cielo insegnavano che, nella vita che verrà, chi si è dedicato alla Via sarà certamente in paradiso, sperimenterà la felicità eterna e scamperà all'inferno dove ci sono infinite sofferenze. Per questo noi sappiamo che l'anima dell'uomo vive in eterno, e non muore mai.

## 131.

*The Chinese Scholar says*: Speaking of eternal life: the enjoyment of inexhaustible happiness is certainly the greatest human desire. However, the principles of this question are not well understood.

中士曰：夫常生而受無窮之樂，人所欲無大於是者。但未深明其理。

*Il Letterato Cinese dice*: Parlando di vita eterna: il godimento di una felicità infinita è di certo il più grande desiderio dell'uomo. Tuttavia, non si comprendono chiaramente i princìpi di tale questione.

---

譯不統一，有時用「魂」，有時「靈魂」或者「精靈」，「魂魄」等。

41 對利瑪竇而言，釋迦牟尼沒有什麼獨特的思想，只是從各處採取一些看法糅合到一起，比如從猶太教採取天堂、地獄和天主的概念。在第五章（260～261），利瑪竇也說，釋迦牟尼採取了畢達哥拉斯（Pythagoras）的輪迴觀。也參見《天主教傳入中國史》，第99頁。

132.

*The Western Scholar replies*: Man has both a soul and a body, and when they are united he is alive; when man dies, his body is dissolved and returns to the earth, whereas his soul continues to exist. When I arrived in China, I heard someone say that the human soul ceases to exist, like the soul of animals. Now, all the most renowned religions and countries in the world know that the human soul is immortal and greatly different from the soul of animals; I ask you, Sir, to listen patiently whilst I explain this doctrine.

西士曰：人有魂魄[42]，兩者全而生焉；死則其魄化散歸土，而魂常在不滅[43]。吾入中國，嘗聞有以魂為可滅，而等之禽獸者；其餘天下名教名邦[44]，皆省人魂不滅，而大殊於禽獸者也。吾言此[45]理，子試虛心聽之。

---

42 魂魄，FJ 本作「形神」。魄：1. 古指依附於人的形體而存在的精氣、精神。以別於可游離於人體之外的魂。《左傳・昭公七年》：「人生始化曰魄。既生魄，陽曰魂。」杜預注：「魄，形也。」孔穎達疏：「人之生也，始變化為形，形之靈者，名之曰魄也……附形之靈為魄。」《柱馥義證》引傅遜曰：「左氏所謂魄，不專指形而言。如下文所云『魂魄能憑依於人』及前所云『奪伯有魄』，皆非形也。」2. 指可游離於人體之外的精氣，鬼魂。3. 泛指事物的精神。4. 人的形體。《太平御覽》卷五四九引唐成伯璵《禮記外傳》：「人之精氣曰魂，形體謂之魄。」在宋明理學中，魄一詞可說兼具上述意義。張載認為：「氣於人，生而不離、死而遊散者謂魂；聚成形質，雖死而不散者謂魄。」認為魄乃氣聚成行者，乃指人之形質。朱熹對於魂魄則是揉合了上述幾種解釋，「陰陽之始交，天一生水。物生始化曰魄。既生魄，暖者為魂。先有魄而後有魂，故魄常為主。」朱熹主先魄後魂說，「清者是氣，濁者是形。氣是魂，謂之精；血是魄，謂之質。」「氣曰魂，體曰魄。」「魂便是氣之神，魄便是精之神」「魄者形之神，魂者氣之神，魂魄是神氣之精英，謂之靈」「魄是精，魂是氣」「魄是一點精氣，氣交時便有這神。魂是發揚出來底，如氣之出入息。」「暖氣便是魂，冷氣便是魄。」「陽者氣也，歸於天；陰者質也，魄也，降於地，謂之死也。」說：「鬼神不過陰陽消長而已。亭毒化育，風雨晦冥，皆是。在人則精是魄，魄者鬼之盛也；氣是魂，魂者神之盛也。」「魄主靜，魂主動。」「會思量討度底便是魂，會記當去底便是魄。」概述之，朱熹的魂魄說並非是在物質與精神的對立中區分出來的，而是在氣說上發揮出來的，氣有陰陽清濁，陰陽消長謂之鬼神，陰氣濁氣稱精、質、體，陽氣清氣仍稱氣，精、質、體是魄，氣是魂，魄為鬼之盛，魂為神之盛。可見，朱熹所謂的魄實則乃指一點精氣、陰氣，乃是形之神，精之神，主靜而能記。

43 死則其魄化散歸土，而魂常在不滅，FJ 本作「死則其形體化歸土，而神魂常在不滅」。

44 名教名邦，FJ 本作「各教各邦」。

*Il Letterato Occidentale replica*: L'uomo ha un'anima e un corpo, e quando sono uniti egli è vivo; alla morte dell'uomo il corpo si dissolve e ritorna alla terra, mentre l'anima continua ad esistere. Arrivato in Cina udii qualcuno affermare che l'anima umana cessa di esistere, allo stesso modo di quella degli animali. Ora, tutte le religioni e i paesi più noti del mondo sanno che l'anima umana è immortale, e che differisce enormemente da quella degli animali; Le chiedo, Signore, di ascoltarmi con pazienza mentre spiego questa dottrina.

## 133.

In this world there are three kinds of souls.[46] The lowest is called "vegetative soul," that is the soul of plants; it supports vegetation in its growth, and when vegetation dies it is also destroyed. The middle one is called "sensitive soul," that is the soul of animals; it allows them to grow and reproduce, causes their ears and eyes to be able to hear and see, their mouths and noses to be able to taste and smell, their limbs and bodies to be able to perceive things, though animals cannot reason; when they die their soul is also destroyed. The highest is called "intellectual soul," that is the human soul; it includes the vegetative and sensitive souls, allows man to grow and breed, causes human beings to have consciousness, makes them reason and know the principles of reality.

彼世界之魂有三品。下品名曰生魂,即草木之魂是也。此魂扶草木以生長,草木枯萎,魂亦消滅。中品名曰覺魂,則禽獸之魂也。此能附禽獸長育,而又使之以耳目視聽,以口鼻啖嗅,以肢體覺物情,但不能推論道理,至死而魂亦滅焉。上品名曰靈魂,即人魂也。此兼生魂、覺魂,能扶人長養,及使人知覺物情,而又使之能推論事物,明辨理義。[47]

---

45 此字不清,據 FJ 本補。利瑪竇把中國的「魄」和「魂」分別地跟亞里士多德的「感覺靈魂」和「理性靈魂」對應起來。《禮記·郊特牲》:「魂氣歸於天,形魄歸於地」。不過,利瑪竇意識到二者的不同之處:在中國傳統裏,魂魄最終消失了,分散在大宇宙裏。相反,在基督宗教,理性靈魂是永恆的實體。

46 Here Ricci strictly follows the Aristotelian-Thomistic conception of the soul. See *STh*, I, 76, 3-4.

47 關於靈魂第三個部分,參見 ST Ia, q. 75-76。這一段利瑪竇大體上採自《天主實錄》,只是加上了三個部分的專名:「欲知禽獸之魂不同乎人,必須虛心舉耳以聽可也。彼世界之魂,有三品:下品之魂者,草木也。此魂只扶其草木長大而已。及草木枯萎,此魂遂滅矣。中品之魂者,禽獸也。此魂在於禽獸

In questo mondo esistono tre tipi di anime.[48] Quella inferiore è chiamata "anima vegetativa", cioè anima dei vegetali; sostiene la vegetazione nella crescita, e quando questa muore anche l'anima viene distrutta. Quella intermedia è chiamata "anima sensitiva", cioè anima degli animali; permette loro di crescere e di riprodursi, fa sì che le orecchie e gli occhi siano in grado di sentire e di vedere, che le bocche e i nasi sappiano gustare e odorare, che gli arti e i corpi siano in grado di percepire le cose, sebbene non possano ragionare; alla morte anche la loro anima è distrutta. Quella superiore è chiamata "anima intellettiva", cioè anima dell'uomo; comprende in sé le anime vegetativa e sensitiva, consente all'uomo di crescere e di procreare, fa sì che l'essere umano abbia consapevolezza, gli permette di ragionare e di conoscere i princìpi della realtà.

## 134.

Although man dies his soul does not die, because it is immortal.[49] Perception depends on the body: when it decomposes the sensitive soul has no further function. The vegetative and sensitive souls of animals depend on the body, which is their permanent abode; when the body dies they also die. But a being which can reason and distinguish is not dependent on a material body, so its soul can exist separately; although the body dies and the matter decomposes, the human soul keeps its faculties. Thus, the human being is different from plants and animals.

　　人身雖死，而魂非死，蓋永存不滅者焉。凡知覺之事，倚賴於身形，身形死散，則覺魂無所用之。故草木禽獸之魂，依身以為本情，身殞而情魂隨之以殞。若推論明辨之事，則不必倚據於身形，而其靈自在。身雖

　　之身，能助禽獸之長大，及其耳目之視聽，鼻口知其眾味，身能探其冷熱。至於身死，則此魂遂滅矣。上品之魂者，世人也。此魂之扶乎人有三：一則能扶其身之長大，二則能助其耳目之視聽，口鼻知其眾味，身能知其冷熱。人身既死，則此二事俱無矣。若夫第三，則精靈之魂，能明事理，欲為則為，欲止則止。雖至身死，而此一事固常存而不滅也」（第38～39頁）。

48 La distinzione dell'anima in vegetativa, sensitiva e intellettiva è propria di Aristotele (384/383-322), ed è condivisa da S. Tommaso d'Aquino. Cf. *STh*, I, 76, 3.
49 See *STh*, I, 75, 6.

歿，形雖渙，其靈魂仍復能用之也。故人與草木禽獸不同也。[50]

Anche se l'uomo muore la sua anima non muore, perché è immortale.[51] La percezione dipende dal corpo: quando questo si decompone l'anima sensitiva non ha più alcuna funzione. L'anima vegetativa e l'anima sensitiva degli animali dipendono dal corpo, che è la loro dimora definitiva; alla morte del corpo, anch'esse muoiono. Ma un essere che può ragionare e discernere non dipende da un corpo materiale, perciò la sua anima può esistere separatamente; malgrado il corpo muoia e la materia si decomponga, l'anima dell'uomo conserva le proprie facoltà. Per questo motivo l'uomo differisce dai vegetali e dagli animali.

## 135.

*The Chinese Scholar says*: What is meant by the expression "to depend on the body ?"

中士曰：何謂賴身與否？

*Il Letterato Cinese dice*: Che cosa si intende con l'espressione "dipendere dal corpo"?

## 136.

*The Western Scholar replies*: Growth and maturation depend on the body; if there were no body it would not be possible to grow and mature. The eyes can see, the ears can hear, noses can smell, mouths can eat, the four limbs can feel: nevertheless, if there were no colours before the eyes they would not see anything; if no sound reached the ears nothing would be heard; only when a smell is close can the nose perceive it; the saltiness, pungency, sweetness, and bitterness of a taste can only be recognized when they enter the mouth, otherwise one does not know what taste it is; in order to perceive cold and heat, softness and hardness we need to touch things, since if they are distant we cannot be aware of them. Moreover, even though he is in presence of the same

---

50 這一段也採自《天主實錄》「扶長五覺之二事，皆賴身用事，故身而此二事俱滅。若人之欲明物理者，不賴乎身，故身死而精靈之魂，悠久常存而不滅也」（《天主實錄》，第 40 頁）。

51 Cf. *STh*, I, 75, 6.

sounds we hear, a deaf person cannot hear them; even though he is in presence of the same colours we see, a blind person cannot see them. We say, then, that the sensitive soul depends on the body; when the body dies, it dies as well.

西士曰：長育身體之事，無身體則無所長育矣。視之以目司焉，聽之以耳司焉，嗅之以鼻司焉，啖之以口司焉，知覺物情之以四肢知覺焉。然而色不置目前，則不見色矣；聲不近於耳，則聲不聞矣；臭近於鼻則能辨，遠則不辨也；味之鹹酸甘苦，入口則知，不入則不知也；冷熱硬懦合於身，我方覺之，遠之則不覺也。況聲，同一耳也，聾者不聞；色，同一目也，瞽者不見。故曰覺魂賴乎身，身死而隨熄也。[52]

*Il Letterato Occidentale replica*: La crescita e la maturazione dipendono dal corpo; se il corpo non ci fosse non si potrebbe crescere e maturare. Gli occhi possono vedere, le orecchie udire, i nasi odorare, le bocche mangiare e i quattro arti percepire: ciononostante, se non ci fossero colori davanti agli occhi, questi non vedrebbero nulla; se un suono non giungesse alle orecchie, nulla verrebbe udito; solo quando un odore è vicino al naso esso lo può cogliere; il gusto salato, aspro, dolce, e amaro può essere riconosciuto solo quando entra nella bocca, altrimenti non si sa che sapore sia; affinché il freddo e il caldo, la morbidezza e la durezza vengano percepiti occorre che noi tocchiamo le cose, giacché se sono lontane non possiamo averne consapevolezza. Inoltre, pur in presenza degli stessi suoni che noi sentiamo, un sordo non può sentirli; pur in presenza degli stessi colori che noi vediamo, un cieco non può vederli. Diciamo quindi che l'anima sensitiva dipende dal corpo; quando il corpo muore, essa ugualmente muore.

## 137.

The faculties of the soul do not depend on the body; what is dependent on

---

52 這一段利瑪竇採自《天主實錄》：「吾今先以二端之賴乎身者言之。誠以目司視、耳司聽、鼻之於臭、口之於味、四肢之知其冷熱，固矣。設有一物，不置之目前而置之背後，則不見。物之有聲者，近於耳則聞，遠則不聞。物之或香或臭，近於鼻則能辨，遠則不辨。物之鹹苦酸辛甘，入口則知，不入口則不知。又如同一耳也，聾者則不聞；同一目也，瞽者則不見。此所以僧言身死，而二事亦隨之以滅矣。」（第 40～41 頁）

the body is controlled by the body and cannot choose between good and evil. When an animal sees something palatable and wants to eat it, being unable to control itself how can it discern whether such an action is right or wrong ? On the contrary, when a man is hungry, if the moral sense tells him not to eat he chooses not to eat; although a delicious food is set before him, he refuses to taste it. Another example: a man may travel abroad, but he constantly pines for his family and always thinks to return home. Then, how can the intellectual soul depend on the body ?

　　若夫靈魂之本用，則不恃乎身焉。蓋恃身則為身所役，不能擇其是非。如禽獸見可食之物即欲食，不能自己，豈復明其是[53]非？人當飢餓之時，若義不可食，立志不食，雖有美味列前，不屑食矣。又如人身雖出遊在外，而此心一點，猶念家中，常有歸思。則此明理之魂，賴身為用者哉？[54]

Le facoltà dell'anima non dipendono dal corpo; ciò che dipende dal corpo ne è dominato e non può scegliere tra il bene e il male. Quando un animale vede qualcosa di commestibile e vuole mangiarlo, come può discernere se ciò è giusto o sbagliato dal momento che è incapace di dominarsi ? Quando un uomo ha fame, invece, qualora il senso morale gli dica di non cibarsi egli sceglie di non mangiare; benché un cibo delizioso gli sia posto davanti, rifiuta di assaggiarlo. Ancora un altro esempio: un uomo viaggia all'estero, ma si preoccupa costantemente della propria famiglia pensando sempre di tornare a casa. Come può dunque l'anima intellettiva dipendere dal corpo ?

## 138.

If you wish to know why the human soul is immortal, you should first understand the reality of the things of this world. For everything which is destroyed there is a cause. The cause of destruction is mutual opposition; if

---

53　是，BC 本作「天」。

54　《天主實錄》：「若夫精靈之一事，固不論賢愚而皆有之者也。譬如禽獸若逢飢餓，見有可食之物，不擇是非而遽食之，若人則不然。苟遇飢餓之時，立志不食，即雖美味擺列於前，而亦不食。又如一人之身，遠遊在外，而此心一點，尤必時常掛念家中。則此明理之魂，誠不賴身而用事也。故僧言人之魂靈，大異乎禽獸者如此。」（第 41～42 頁）

things were not opposed to one another, they would not reciprocally destroy themselves. The sun, moon and stars are attached to the heavens in the same way; they are not destroyed because there is no conflict between them. Everything under heaven is formed by the combination of the Four Elements: fire, air, water, earth. Fire is naturally dry and hot, so as to be in opposition with water, which is naturally cold and wet; air is by nature moist and warm, so it is the exact opposite of earth, which is by nature dry and cold. Two by two, these mutually antagonistic elements are bound to damage each other; if they combine in a thing, how can they remain in harmony for long ? There is inevitably a constant opposition between them; when one prevails this thing will definitely be destroyed. Thus, anything composed of the Four Elements is bound to be destroyed. The intellectual soul is spirit, and has no relation with the Four Elements; how could it be destroyed ?

　　子欲知人魂不滅之緣，須悟世界之物，凡見殘滅，必有殘滅之者。殘滅之因，從相悖起，物無相悖，決無相滅。日月星辰麗於天，何所繫屬，而卒無殘滅者，因無相悖故也。凡天下之物，莫不以火氣水土四行相結以成。然火性熱乾，則背於水，水性冷濕也；氣性濕熱，則背於土，土性乾冷也。兩者相對相敵，自必相賊，即同在相結一物之內，其物豈得長久和平？其間未免時相伐競，但有一者偏勝，其物必致壞亡。故此有四行之物，無有不泯滅者。夫靈魂則神也，於四行無關焉，孰從而悖滅之？[55]

　　Se Lei desidera sapere perché l'anima umana è immortale, dovrebbe prima comprendere la realtà delle cose di questo mondo. Per tutto ciò che viene distrutto c'è una causa. La causa della distruzione è l'opposizione reciproca; se

---

55 利瑪竇發揮了《天主實錄》這一段：「禽獸之身魂，皆因土水氣火而成。苟此四者，有一相勝而不相和，則身隨死。身既死，則魂遂滅矣。人之身，亦由於水土火氣而成，若有相勝即死。若人之魂，乃天主所賦，非成於土水氣火，是以不能滅也。」（第42頁）在第二卷中（36），利瑪竇已提出古希臘哲學恩培多克勒（Empedocles）的四元素說。這裡，他進一步說明，物質靈魂（即生魂與覺魂所依賴的物質身體）由四個元素構成，並且這一靈魂是不穩定的、暫時性的。這種說法跟中國傳統的五行學說有類似之處。不過，與中國傳統不同，柏拉圖證明存在一個精神性的靈魂，並且，因為它是單一的、非物質的，所以它是永恆的。這個論證可以在《斐多篇》（78b～81a）找到。

le cose non si opponessero le une alle altre, non si distruggerebbero a vicenda. Il sole, la luna e le stelle sono infissi nei cieli alla stessa maniera; non vengono distrutti perché non c'è conflitto tra di essi. Tutte le cose sotto il cielo si formano dalla combinazione dei quattro elementi: fuoco, aria, acqua, terra. Il fuoco è per natura secco e caldo, così da essere in opposizione con l'acqua, che è naturalmente fredda e bagnata; l'aria è per natura umida e calda, ed è quindi l'esatto opposto della terra, che è naturalmente secca e fredda. A due a due questi elementi, mutuamente antagonisti, sono destinati a danneggiarsi vicendevolmente; se si combinano in una cosa, com'è possibile che rimangano a lungo in armonia ? Essi si oppongono inevitabilmente in modo costante; quando uno dei due prende il sopravvento tale cosa viene sicuramente distrutta. Così, tutto ciò che è composto dai quattro elementi è destinato a distruggersi. L'anima intellettiva è spirito, e non ha nessun rapporto con i quattro elementi; come potrebbe venire distrutta ?

## 139.

*The Chinese Scholar says*: Within spirit there is certainly no opposition; but how can we know that the human soul is spiritual, and that the soul of animals is not ?

中士曰：神誠無悖也。然吾烏知人魂為神，而禽獸則否耶？[56]

*Il Letterato Cinese dice*: Nello spirito sicuramente non c'è opposizione; ma come possiamo sapere che l'anima umana sia spirituale, e che l'anima degli animali non lo sia ?

## 140.

*The Western Scholar replies*: In order to undoubtedly prove it one may put forward a number of reasons; which, once understood, will dissipate all doubts.

西士曰：徵其實何有乎？理有數端，自悟則可釋疑也。

*Il Letterato Occidentale replica*: Al fine di dimostrarlo in modo evidente si

---

56 中士提出了關鍵的問題。在倫理思想方面，中國思想很嚴格地區分人類和動物，不過，從宇宙的本質來看，人類與動物都屬於同一個整體。相反，西方思想包括基督宗教認為，人類與動物之間存在本質上的差別。

possono addurre numerose ragioni; le quali, una volta comprese, dissiperanno ogni dubbio.

141.

The sensitive soul cannot dominate the body but is its servant, finally perishing with it. Thus, animals always follow their instincts and go wherever their feelings lead them, unable to control themselves. Only the human soul is the master of its body, and causes acts to follow the will; therefore, when the will has an intention, the human forces obey it. Even if a person is moved by disordered passions, how could he disobey the dictates of universal reason ? So the human soul retains dominion over the whole body, belongs to the spiritual realm, and is decidedly different from the sensitive soul.[57]

　　其一曰：有形之魂，不能為身[58]之主，而恒為身之所役，以就墮落。是以禽獸常行本欲之役，徇[59]其情之所導，而不能自檢。獨人之魂能為身主，而隨吾志之所縱止。故志有專向，力即從焉，雖有私欲，豈能違公理所令乎？則靈魂信專一身之權，屬於神者也，與有形者異也。[60]

　　Primo. L'anima sensitiva non può dominare il corpo bensì lo serve, fino a morire con esso. Così gli animali seguono sempre i propri istinti e vanno ovunque le loro sensazioni li conducono, incapaci di dominarsi. Solo l'anima dell'uomo è padrona del corpo, e l'agire segue il volere; perciò quando la volontà ha un'intenzione, le forze umane le obbediscono. Anche se la persona è mossa da passioni disordinate, come potrebbe disobbedire ai dettami della ragione universale ? Così l'anima dell'uomo mantiene il dominio su tutto il corpo, appartiene alla sfera spirituale ed è decisamente diversa dall'anima sensitiva.[61]

142.

Second. Other living creatures have only one kind of cognitive faculty, but

---

57　See *STh*, I, 76, 1.
58　身，BC 本、底本作「有」，FJ 本作「身」，據 FJ 本改。
59　狥，FJ 本作「狗」。
60　第一個論證是人的靈魂使得人比動物優秀。
61　Cf. *STh*, I, 76, 1.

man has two: the animal instinct and the human intellect. So he also has two natures: a physical one and a spiritual one.[62] Conflicting passions necessarily result from the two opposing natures.[63] When a man is confronted by something, he may have two wishes at the same time, which often seem to be opposing. For example, we are tempted by the vices of drinking and lust; on the one hand we are seduced and would go along with them, on the other hand we think that they are contrary to reason. To pursue vices is said "to have the animal instinct," which is not different from being beasts; to follow reason is said "to have the human intellect," which is like being angels. Using the same faculty, at the same time, and in relation to the same thing man cannot have two incompatible dispositions: for example, the eyes cannot simultaneously see and not see, the ears cannot simultaneously hear and not hear a certain sound. Thus, two opposing passions must be derived from two conflicting cognitive faculties; two conflicting cognitive faculties must stem from two opposing natures. If we taste the waters of two rivers and find that one is salty and the other sweet, we have sufficient evidence to say that they stem from different sources, even though we have never seen them.

其二曰：一物之生，惟得一心。若人則兼有二心，獸心、人心是也。[64]則亦有二性，一乃形性，一乃神性也。故舉凡情之相背，亦由所發之性相背焉。人之遇一事也，且同一時也，而有兩念並興，屢覺兩逆。如吾或惑酒色，既似迷戀欲從，又復慮其非理。從彼謂之獸心，與禽獸無別；從此謂之人心，與天神相同也。人於一心、一時、一事，不得兩情相背並立。如目也，不能一時覩一物，而並不覩之也；如耳也，不能一時聽一聲，而並不聽之也。是以兩相悖之情，必由兩相背之心；兩相悖之心，必由兩相背之性也。試嘗二江之水，一鹹一淡，則雖未見源泉，亦證所發不一矣。[65]

---

62 See *STh*, I, 77, 2.

63 See *Rm* 7:23.

64 阿奎那區分了智性慾望（*appetitus intellectivus*）和感覺慾望（*appetitus sensitivus*）。參見 ST Ia, q.80, a.2。

65 第二個論證是在人心中存在兩個意志之間的鬥爭。參見柏拉圖《菲德羅篇》（246b）、聖保祿《羅馬書》（七 23）、奧古斯丁《上帝之城》（XIV.28）等。

Secondo. Le altre creature viventi hanno solo un tipo di facoltà conoscitiva, ma l'uomo ne ha due: l'istinto animale e l'intelletto umano. Perciò possiede anche due nature: una corporea e l'altra spirituale.[66] Le passioni contrastanti derivano necessariamente dalle due opposte nature.[67] Quando un uomo si trova di fronte a qualcosa può avere due desideri nello stesso tempo, e spesso gli sembra che siano opposti. Ad esempio, noi siamo tentati dai vizi del bere e della concupiscenza; da una parte ne siamo trascinati e vorremmo assecondarli, dall'altra pensiamo che siano contrari alla ragione. Assecondare quelli è detto "avere l'istinto animale", e non è diverso dall'essere bestie; seguire questa è detto "avere l'intelletto umano", ed è come l'essere angeli. L'uomo con lo stesso tipo di facoltà, allo stesso tempo e nei confronti della stessa cosa non può avere due disposizioni incompatibili: ad esempio, gli occhi non possono contemporaneamente vedere e non vedere, le orecchie non possono contemporaneamente udire e non udire un determinato suono. Perciò due opposte passioni devono provenire da due facoltà conoscitive in conflitto; due facoltà conoscitive in conflitto debbono derivare da due nature opposte. Se assaggiamo le acque di due fiumi, e avvertiamo che l'una è salata e l'altra dolce, abbiamo una prova sufficiente per affermare che derivano da sorgenti diverse, anche se non le abbiamo mai viste.

## 143.

Third. There is a natural affinity between a being and the object of its love or hate.[68] Therefore, material beings love or hate only what is material; instead, beings which transcend matter love or hate only what is transcendent. When we examine the circumstances concerning the ten thousand living beings, we find that what animals desire is merely food, sex and comfort of the four limbs; what they fear is merely hunger, toil and injuries of the four limbs. So, one can assert

---

中國哲學沒有把心這樣分「人心」與「獸心」。朱熹只區分心的兩層，即「道心」與「人心」。

66 Cf. *STh*, I, 77, 2.
67 Cf. *Rm* 7,23.
68 See *STh*, I, 78, 1.

with certainty that the nature of these species is not spiritual, but material. When we speak of the things which man loves or hates, between them we find material things but also much more: virtues or sins, which are immaterial. Therefore, it is possible to state definitely that man's nature is composed of two parts, the material one and the immaterial one; and that man's soul can only be spiritual.

其三曰：物類之所好惡，恒與其性相稱焉。故着形之性，惟着形之事為好惡；而超形之性，以無形之事為愛惡。[69]吾察萬生之情，凡禽獸所貪娛，惟味、色、四肢安逸耳已，所驚駭，惟饑、勞、四肢傷殘耳已。是以斷曰：此諸類之性不神，乃着形之性也。若人之所喜惡[70]，雖亦有形之事，然德善[71]罪惡之事為甚，皆無形者也。是以斷曰：人之性，兼得有形、無形兩端者也。此靈魂之為神也。

Terzo. C'è un'affinità naturale tra un essere e l'oggetto del suo amore e del suo odio.[72] Pertanto gli esseri materiali amano od odiano solo ciò che è materiale; invece gli esseri che trascendono la materia amano od odiano solo ciò che è trascendente. Quando esaminiamo le circostanze riguardanti i diecimila viventi, troviamo che le cose desiderate dagli animali sono soltanto il cibo, il sesso e la comodità dei quattro arti; le cose da essi temute sono soltanto la fame, la fatica e le ferite dei quattro arti. Così, si può affermare con certezza che le nature di queste specie viventi non sono spirituali, bensì materiali. Quando parliamo delle cose amate od odiate dall'uomo, tra di esse ci sono le cose materiali ma c'è anche molto di più: le virtù o i peccati, che sono immateriali. Perciò si può sicuramente affermare: la natura dell'uomo è composta di due parti, quella materiale e quella immateriale; e l'anima dell'uomo non può che essere spirituale.

## 144.

Fourth. Whatever is received, is received according to the mode of the

---

69 第三個論證是同樣本質的事物相互吸引。因為人傾向於思想的東西，所以我們的靈魂主要是心靈的。參見 *ST*, Ia, q.78, a.1。

70 惡，BC 本作「樂」。

71 德善，BC 本作「悖義」。

72 Cf. *STh*, I, 78, 1.

receiver.[73] For example, we pour water into a container: if it is round, the water also becomes round, if it is square, the water also becomes square. Everything in the world which can receive other things behaves in the same way; why then do we doubt that the human soul is spiritual ? If I wish to understand something, it is like using my mind and heart to contain it; and if that something is material, I must first remove matter and elevate it to spirit; only then will I be able to receive it into my mind and heart.[74] For example, if there were a yellow ox here and I wanted to know the nature of the ox, seeing its yellowness I would say that this is not an ox, but its colour; hearing its sound I would say that this is not an ox, but its bellowing; eating its flesh I would say that this is not an ox, but the taste of its meat. Thus, it is obvious that the ox can be abstracted from material details such as sound, colour, taste, and be thought of as immaterial.

其四曰：凡受事物者，必以受者之態受焉。譬如瓦器受水，器圓則所受之水圓，器方則所受之水方。世間所受，無不如是。則人魂之神，何以疑乎？我欲明物，如以己心受其物焉。其物有形，吾必脫形而神之，然後能納之於心。如有黃牛於此，吾欲明其性體，則視其黃，曰「非牛也，乃牛色耳」；聽其聲，曰「非牛也，乃牛聲耳」；啖其肉味，曰「非牛也，乃牛肉味耳」；則知夫牛白有可以脫其聲、色、味等形者之情，而神焉者。[75]

Quarto. Qualunque cosa sia contenuta in un recipiente, lo è al modo del recipiente stesso.[76] Ad esempio, in un contenitore si versa acqua: se esso è rotondo, anche l'acqua diventa rotonda, se esso è quadrato, anche l'acqua diventa quadrata. Tutte le cose al mondo che ne contengono altre si comportano allo stesso modo; perché allora dubitiamo che l'anima umana sia spirituale ? Se voglio comprendere qualcosa, è come se usassi la mente e il cuore per contenerlo; e se questo qualcosa è materiale, devo prima eliminare la materia ed

---

73 Here Ricci quotes the scholastic *effatum*: "quidquid recipitur ad modum recipientis recipitur". See *STh*, I, 12, 4; 14, 1 ad 3; 16, 1; 19, 6 ad 2; 75, 5.

74 See *STh*, I, 85, 1.

75 通過牛的例子，利瑪竇介紹亞里士多德的認識論。

76 Ricci cita l'effatum scolastico "quidquid recipitur ad modum recipientis recipitur"; cf. *STh*, I, 12, 4; 14, 1 ad 3; 16, 1; 19, 6 ad 2; 75, 5.

elevarla a spirito; solo allora sarò in grado di contenerlo nella mente e nel cuore.[77] Ad esempio, se qui ci fosse un bue giallo, e io volessi conoscere la natura del bue, osservando il suo essere giallo direi che questo non è un bue, ma solo il suo colore; ascoltando il suo verso, direi che questo non è un bue, ma solo il suo muggito; mangiando la sua carne direi che questo non è un bue, ma solo il sapore della sua carne. Da ciò risulta ovvio che il bue può essere astratto da dettagli materiali quali il suono, il colore, il sapore, ed essere pensato come immateriale.

## 145.

Yet another example. A person, looking at the walls of a city with a hundred bastions, can retain them in his mind. If the human mind were not spiritual, how could the space of a square *cun* contain the walls of a city with a hundred bastions ? How could man make the things he understands as spiritual, if he himself were not a spiritual being ?

又如人觀百雉之城[78]，可置之於方寸之心。非人心至神，何以方寸之地，能容百雉之城乎？[79]能神所受者，自非神也，未之有也。[80]

Un altro esempio ancora. L'uomo, guardando le mura di una città con cento bastioni, può comprenderle nella sua mente. Se la mente umana non fosse spirituale, come potrebbe lo spazio di un *cun* quadrato contenere le mura di una città con cento bastioni ? Come potrebbe l'uomo rendere spirituali le cose che comprende, se non fosse lui stesso un essere spirituale ?

## 146.

Fifth. When the Lord of Heaven created human beings, He endowed them with sense organs which perfectly correspond to the different kinds of sensitive objects. The eyes are responsible for the sense of sight, their object is what is

---

77 Cf. *STh*, I, 85, 1.

78 雉：古時計算城牆面積的單位。《左傳・隱公元年》：「都城過百雉，國之害也。」杜預注：「方丈曰堵，三堵曰雉，一雉之牆長三丈，高一丈。」

79 「方寸之地」指心臟。

80 第四個論證是在認識過程中，人們可以從具體事物中獲得對超越物質的事物的理解。參見 *ST*, Ia, q.75, a.5。

coloured; the ears are responsible for the sense of hearing, their object is sounds; the nose is responsible for the sense of smell and the mouth for the sense of taste, their object is what has smell and taste. Ears, eyes, mouth, nose are made of matter; therefore, colours, sounds, smells, and flavours are something material.

其五曰：天主生人，使之有所司官者，固與其所屬之物相稱者也。目司視，則所屬者色相；耳司聽，則所屬者音聲；鼻、口，司臭、司嗜，則所屬者臭味。耳目口鼻有形，則併色音臭味之類，均有形焉。

Quinto. Quando il Signore del Cielo creò gli uomini, li dotò di organi di senso perfettamente corrispondenti ai diversi generi degli oggetti sensibili. Gli occhi sono responsabili della vista, il loro oggetto è ciò che è colorato; le orecchie sono responsabili dell'udito, il loro oggetto sono i suoni; il naso è responsabile dell'olfatto e la bocca del gusto, il loro oggetto è ciò che è dotato di odore e sapore. Le orecchie, gli occhi, la bocca, il naso sono fatti di materia; pertanto i colori, i suoni, gli odori, i sapori sono qualcosa di materiale.

## 147.

The human soul has two faculties: the will and the intellect.[81] The object of the will is goodness, the object of the intellect is truth. Both goodness and truth are immaterial; the will and intellect are also immaterial, hence spiritual. The spiritual nature can penetrate the nature of material things, but what is material cannot penetrate the immaterial nature. Therefore, because man can understand spiritual beings and the nature of many immaterial realities, what is he if not a spiritual being ?

吾人一心，乃有司欲、司悟二官。欲之所屬，善者耳；悟之所屬，真者耳。善與真無形，則司欲、司悟之為其官者，亦無形矣，所為神也。神之性，能達形之性，而有形者，固未能通無形之性也。夫人能明達鬼神及諸無形之性，非神而何？[82]

---

81 According to Aristotelian-Thomistic anthropology, the intellect and the will are the higher faculties of the human soul (which is therefore called "intellectual soul"). See *STh*, I, 79; 82.

82 第五個論證是具有理性的靈魂是朝向無形之物的。在理性靈魂上，阿奎那區

L'anima umana ha due facoltà: la volontà e l'intelletto.[83] L'oggetto della volontà è il bene, l'oggetto dell'intelletto è il vero. Sia il bene sia il vero sono immateriali; la volontà e l'intelletto sono anch'essi immateriali, quindi spirituali. La natura spirituale può penetrare la natura delle cose materiali, ma ciò che è materiale non può penetrare la natura immateriale. Pertanto, poiché possono comprendere gli esseri spirituali e la natura di molte realtà immateriali, che cosa sono gli uomini se non esseri spirituali ?

## 148.

*The Chinese Scholar says*: Saying that there are no spiritual beings in the world, we also assert that there are no immaterial natures. How could man understand them ? The five reasons mentioned above seem quite unsustainable.

中士曰：設使吾言世無鬼神，則亦言無無形之性，而人豈能遽明之乎？則此五理，似無的據。[84]

*Il Letterato Cinese dice*: Dicendo che nel mondo non esistono esseri spirituali, noi affermiamo anche che non esistono nature immateriali. Come potrebbe l'uomo comprenderle ? Le cinque ragioni sopra citate sembrerebbero del tutto insostenibili.

## 149.

*The Western Scholar replies*: Although somebody affirms that there are spiritual beings and immaterial realities, he would need to understand their nature before stating that they exist or not.[85] If one does not know anything about the nature of spiritual beings, how can one know whether they exist or not ? The one who says that snow is white and not black must know what black and white are before he can assert, with certainty, its being white and not black.

---

分了兩種活動，即意志和理解，參 Ia,q.84,a.2 和 IIae, q.8-9。另外，利瑪竇對「鬼神」好像有寬泛對理解，把它們看作任何無形者。

83 Nell'antropologia di S. Tommaso d'Aquino, che si ispira a quella di Aristotele, l'intelletto e la volontà sono le facoltà superiori dell'anima umana (detta perciò "anima intellettiva"). Cf. *STh*, I, 79; 82.

84 利瑪竇假定無形者的存在，所以需要理性靈魂來理解它們。不過，如果沒有這個假定，從極端唯物主義立場出發，利瑪竇這個論證是無效的。

85 See *STh*, I, 88, 1.

Thus, it is even more evident that man's mind is able to grasp the nature of what is immaterial.

　　西士曰：雖人有言無鬼神，無無形之性，然此人必先明鬼神、無形之情性，方可定之曰有無焉。苟弗明曉其性之態，安知其有無哉？如曰「雪白，非黑」者，必其明黑白之情，然後可以辨雪之為白而非黑。則人心能通無形之性，益著矣。

*Il Letterato Occidentale replica*: Anche se qualcuno sostiene che non esistono esseri spirituali e realtà immateriali, costui avrebbe bisogno di comprenderne la natura prima di affermare se ci siano o meno.[86] Se non si conosce nulla della natura degli esseri spirituali, come si può sapere se essi esistano o no ? Chi dice che la neve è bianca e non nera, deve sapere che cosa sono il bianco e il nero prima di poterne affermare, con certezza, il suo essere bianca e non nera. Così, appare ancora più evidente la capacità della mente umana di cogliere la natura di ciò che è immateriale.

## 150.

　　Sixth. The mind linked to matter is like a small instrument, what it can understand is limited. It is like a sparrow tied to a tree by a string: which, because of the impediment of the string, cannot spread its wings and fly high in the sky. Thus, although animals have the faculty of perception, they cannot understand what goes beyond the matter, and are incapable of reflecting on themselves so as to know their own nature. The spiritual mind, however, is extremely great and extensive, is not limited to a small container, and there is no place where it cannot penetrate. It is like the sparrow which, having cut the string that binds it, is able to fly high in the sky; who can hold it back ? So it happens that the human soul not only knows the exterior appearance of things, but is also able to understand thoroughly the hidden secrets of things and reflect on itself, coming to know its own nature.[87] Thus, we understand even better how the human soul cannot be something material.

---

86 Cf. *STh*, I, 88, 1.
87 See *STh*, I, 87.

　　其六曰：肉心之知，猶如小器，有限不廣，如以線繫雀於木，不能展翅高飛，線之阻也。是以禽獸雖得知覺，有形之外，情不能通，又弗能反諸己，而知其本性之態。若無形之心，最恢最宏，非小器所限，直通乎無礙之境。如雀斷其所束之線，則高非戾天，誰得而御之？[88]故人之靈非惟知其物外形情，且暢曉其隱體，而又能反觀諸己，明己本性之態焉，此其非屬有形，益可審矣。

　　Sesto. La mente legata alla materia è come un piccolo utensile, ciò che può comprendere è limitato. Essa è come un passero legato a un albero con uno spago: che a causa dell'impedimento dello spago, non può dispiegare le ali e volare alto nel cielo. Così, sebbene gli animali abbiano la facoltà percettiva, non possono comprendere ciò che oltrepassa la materia e sono incapaci di riflettere su se stessi per conoscere la propria natura. La mente spirituale, invece, è quanto mai grande ed estesa, non è limitata da un piccolo contenitore, e non esiste alcun luogo in cui essa non penetri. È simile al passero che, avendo reciso lo spago che lo lega, può volare alto nel cielo; chi lo può trattenere ? Così accade che l'anima umana non solo conosce l'esteriorità delle cose, ma è in grado di capire fino in fondo i segreti nascosti delle cose e riflettere su se stessa, arrivando a conoscere la propria natura.[89] Da ciò si comprende ancor meglio come l'anima umana non possa essere qualcosa di materiale.

## 151.

　　For all these reasons we affirm that the human soul is spiritual, and cannot be destroyed. In this truth there is the assured foundation of the cultivation of the Way. I will still try to give you some reasons in order to demonstrate this clearly.

　　所以言：人魂為神，不容泯滅者也。因有此理，實為修道基焉。又試揭三四端理，以明徵之。[90]

---

88　參見《詩經・大雅・旱麓》：「鳶飛戾天。」

89　Cf. *STh*, I, 87.

90　以上利瑪竇以五個證明說明靈魂不滅，是永恆的。這一點非常重要。孫尚揚提出：「如果利瑪竇對靈魂之存在的證明帶有較多哲學意味，那麼，他對靈魂不朽所作的證明帶有更多的神學道德色彩……明末逃禪出世之風頗盛，那些既關心生死大事（個體關切），又尋求實心實學以兼濟天下的士大夫則不願與逃禪者為伍，正是他們，才可能是利瑪竇的聽眾。這些為數不多的士大夫對

Per tutti questi motivi noi affermiamo che l'anima umana è spirituale, e non può essere distrutta. In tale verità c'è il fondamento certo della pratica della Via. Provo ancora a darLe qualche ragione, per dimostrarlo con chiarezza.

152.

First. All people have in their hearts the desire to spread a good reputation and not to hand down a bad one, and they are afraid of finding themselves in their future life with a poor name. So, whatever they do, people always hope that their actions will accord with public opinion in order to earn the praise of others; either by creating something extraordinary, or by writing books, or by engaging themselves in the arts, or by risking their lives to the point of death. In everything they do they pursue fame and seek to be known throughout the world; even if they had to sacrifice their lives they would not regret it. Probably all people have this kind of heart, except for fools: the more foolish they are, the less they have such a heart.

其一曰：人心皆欲傳播善名，而忌遺惡聲，殆與還生[91]不侔。是故行事期協公評，以邀人稱賞：或立功業，或輯書冊，或謀術藝，或致身命，凡以求令聞廣譽，顯名於世，雖捐生不惜。此心人大緊皆有之，而愚者則無，愈愚則愈無焉。

Primo. Tutti gli uomini hanno nel cuore il desiderio di diffondere una buona fama di sé e di non tramandarne una cattiva, temendo di trovarsi nella vita futura con una reputazione inadeguata. Così, qualsiasi cosa facciano, sperano sempre che le proprie azioni si accordino con l'opinione pubblica, in modo da guadagnarsi l'elogio degli uomini: o realizzando qualcosa di straordinario, o scrivendo libri, o impegnandosi nelle arti, o rischiando la vita fino a morire. In tutto ciò essi cercano di avere grande fama e di essere noti in tutto il mondo; anche se dovessero sacrificare la propria vita non lo rimpiangerebbero. Probabilmente, tutte le persone hanno un cuore di questo genere; ad eccezione

---

來世的關切，正好成為利瑪竇證明靈魂不朽並使之信仰天主教的基礎」；孫尚揚、鐘鳴旦《一八四〇年前的中國基督教》（北京：學苑出版社，2004 年），第 155～157 頁。

91 還生，FJ 本作「蠢動」。

degli stolti, che più lo sono meno hanno un cuore siffatto.

## 153.

Let me ask you: is it possible that I will come to know of the reputation I have left after my death ? From a material point of view, how could I be aware of it once my bones have decomposed and turned to dust ? But the soul continues to exist and is immortal; the goodness or badness of reputation which I have left behind is the same as when I was alive. If you claim that the soul is destroyed by death, then to trouble your mind about a good reputation is like preparing a beautiful painting in order to look at it after becoming blind, or a beautiful piece of music in order to listen to it after becoming deaf. What has such a reputation to do with us ? But people aspire to it, and they are unwilling to give it up even on their deathbed.

試問：死後，吾聞知吾所遺聲名否？如以形論，則骨肉歸土，未免朽化，何為能聞？然靈魂常在不滅，所遺聲名善惡，寔與我生無異。若謂靈魂隨死銷滅，尚勞心以求保譽，譬或置玅畫，以己既盲時看焉；或備美樂，以己既聾時聽焉。此聲名何與於我？而人人求之，至死不休。

Mi permetta di chiederLe: è possibile che io venga a sapere qualcosa della reputazione lasciata dopo la mia morte ? Dal punto di vista materiale, come potrei esserne consapevole una volta che le mie ossa si sono decomposte e ridotte in polvere ? Ma l'anima continua ad esistere ed è immortale; la buona o la cattiva reputazione che ho lasciato non differisce da quando ero in vita. Se Lei afferma che l'anima si distrugge con la morte, allora angustiarsi per una buona reputazione è come preparare un bel quadro per vederlo dopo essere diventato cieco, o un bel brano musicale per ascoltarlo una volta diventato sordo. Che cosa ha a che fare con noi una reputazione del genere ? Ma le persone ambiscono ad essa, e non la vogliono abbandonare neanche in punto di morte.

## 154.

According to the ancient Chinese rites, filial children and merciful grandchildren must keep the temples of the ancestors in good condition throughout the four seasons of the year, must make clothes, and must present food appropriate to the season so as to please the departed parents. If the flesh and spirit of our parents had dissolved completely, they could not listen to our prayers, or see our bowing down to the ground, or know our heart which "serves the dead as if they were alive, serves the defuncts as if still they existed."[92] And then, these rites practised by everyone, from the sovereign down to the common person, would be nothing more than nonsensical games played by children.

彼孝子慈孫[93]，中國之古禮，四季修其祖廟，設其裳衣，薦其時食，以說[94]考妣。使其形神盡亡，不能聽吾告哀，視吾稽顙[95]，知吾「事死如事生，事亡如事存」[96]之心，則固非自國君至於庶人大禮，乃童子空戲耳。[97]

In conformità agli antichi riti cinesi, i figli pietosi e i nipoti misericordiosi devono tenere i templi degli antenati in buone condizioni nelle quattro stagioni dell'anno, confezionare vestiti, presentare cibi adatti alla stagione per compiacere i genitori defunti. Se la carne e lo spirito dei genitori si fossero completamente dissolti, essi non potrebbero ascoltare le nostre suppliche, o vedere il nostro inchinarci fino al suolo, o conoscere il nostro cuore che "serve i morti come se fossero vivi, serve i defunti come se ancora esistessero"[98] E allora tali riti praticati da tutti, dal sovrano fino agli uomini comuni, non sarebbero altro che insensati giochi da bambini.

---

92 *Doctrine of the Mean*, XIX, 5.

93 孝子慈孫，FJ 本作「有事追遠」。

94 說，FJ 本作「祀」。

95 稽：叩；顙：額頭，頭。叩頭稱稽顙，簡稱為顙。《荀子‧大略》：「下衡曰稽首，至地曰稽顙。」稽顙：居喪時答拜賓客之禮。行禮時，屈膝於地，以額著地，用以表示極度悲痛或感謝之情。《禮記‧問喪》：「男子哭泣悲哀，稽顙觸地。」

96 見《中庸》第十九章。

97 使其形神盡亡……乃童子空戲耳，FJ 本作「使其形神盡亡，何有斯禮？雖致愛致愨，惟盡吾『事死如事生，事亡如事存』之心，然制斯禮者，必知神不滅，不然，乃童子空戲耳。」靈魂不滅的一個論證是人要立德。利瑪竇提出中國人對祖先對祭祀。針對這種祭祀後來的歐洲人有不同的理解和爭論。利瑪竇選擇對他有利的解釋，即祭祀是為了與死者的靈魂保持往來。

98 *Dottrina del Mezzo*, XIX, 5.

155.

Second. The Supreme Ruler created the ten thousand species; every being is provided with laws; there is neither an insignificant being nor a useless law.[99] I will provide you with a few concrete examples: all beings seek to follow their desires and nature, and do not strive to gain unattainable positions. Fish and turtles live submerged in rivers and deep waters, and do not wish to roam the mountains; hares and deer love to race over the mountains and do not wish to hide in water. Therefore, animals do not desire eternal life: a paradise in a world to come, where one will experience joy without end. What their nature enjoys does not go beyond the things of this world.

其二曰：上帝[100]降生[101]萬品，有物有則，無徒物，無空則。且歷舉各品[102]之情，皆求遂其性所願欲，而不外求其勢之所難獲。是以魚鱉樂潛川淵，而不冀遊於山嶺；兔鹿性喜走山嶺，而不欲潛於水中。故鳥獸之欲，非在常生，不在後世之躋天堂，受無窮之樂，其下情所願，不踰本世之事。

Secondo. Il Sovrano Supremo creò le diecimila specie; ogni essere è provvisto di leggi; non esiste un essere insignificante né una legge inutile.[103] Le farò qualche esempio concreto: tutti gli esseri cercano di seguire i propri desideri e la propria natura, non si sforzano di conquistare posizioni irraggiungibili. I pesci e le tartarughe vivono sommersi nei fiumi e nelle acque profonde, e non desiderano vagare per le montagne; le lepri e i cervi amano correre sulle montagne e non vogliono nascondersi in acqua. Perciò il desiderio degli animali non contempla la vita eterna: il paradiso nel mondo che verrà, in

---

99  See *STh*, I-II, 91; *Book of Odes*, III, III, VI, 1; *Mencius* (孟子 *Mèngzǐ*), VI, I, VI, 8. This last work, belonging to the *Four Books*, collects the speeches of Mencius (372-289 BC or 385-303/302 BC), who was the most famous and influential interpreter of Confucius' thought.

100 上帝，FJ 本作「天主」。

101 降生，FJ 本作「化生」。

102 各品，底本作「名品」，BC 本、FJ 本作「各品」，據 BC 本、FJ 本改。

103 Cf. *STh*, I-II, 91; *Libro delle Odi*, III, III, VI, 1; *Mencio* (孟子 *Mèngzǐ*), VI, I, VI, 8. Quest'ultima opera, facente parte dei *Quattro Libri*, raccoglie i discorsi di Mencio (372-289 a.C. ovvero 385-303/302 a.C.), che è stato il più noto e influente interprete del pensiero di Confucio.

cui si sperimenta la gioia senza fine. Ciò di cui gode la loro natura non va oltre le cose di questo mondo.

## 156.

We human beings only, though used to hearing odd speeches intended to persuade us that the soul will be destroyed just like the body, love eternal life, without exception; we wish to dwell in a place of joy, and to enjoy an infinite happiness. If no one could achieve this goal, would perhaps the Lord of Heaven have bestowed this inclination on man's heart in vain ? Have you not noticed how many people under heaven free themselves from their property, abandon their family, enter deep into mountains and deserts, so as to devote themselves radically to religious practice ? All of them do not attach any importance to this world, and hope for true bliss in the world to come. If the soul died with the body, then would not they, although their intention is sincere, be acting futilely ?[104]

獨吾人雖習聞異論，有神身均滅之說，亦無不冀愛長生，願居樂地，享無疆之福者。設使無人可得以盡實其情，豈天主徒賦之於眾人心哉？何不觀普天之下，多有拋別家產，離棄骨肉，而往深山窮谷，誠心修行？此輩俱不以今世為重，祈望來世真福。若吾魂隨身而歿，詎不枉費其意乎？[105]

Soltanto noi uomini, sebbene abituati a sentire strani discorsi volti a persuaderci che l'anima sarà distrutta come il corpo, amiamo la vita eterna, nessuno escluso; desideriamo abitare in un luogo di felicità, e godere di una beatitudine infinita. Se nessuno potesse conseguire questo obiettivo, il Signore del Cielo avrebbe forse posto invano tale inclinazione nel cuore degli uomini ? Non ha notato come molte persone sotto il cielo si liberino dei propri beni, abbandonino i familiari, si addentrino nella profondità delle montagne e dei deserti per dedicarsi in modo radicale alla pratica religiosa ? Tutti costoro non

---

104 See *1 Co* 15:19.
105 參見《格林多前書》十五 19：「如果我們在今生只寄望於基督，我們就是眾人中最可憐的了。」羅明堅提出了同樣的證據：「且普世之人，亦有棄其事業、家產而往山修行，若魂與身俱滅，人何須修行哉？」（第 43 頁）。

danno alcun peso a questo mondo, e sperano nella beatitudine autentica del mondo che verrà. Se l'anima morisse insieme al corpo, non compirebbero forse un tentativo inutile, nella loro pur sincera intenzione ?[106]

## 157.

Third. Of the ten thousand beings under heaven, man's heart is the greatest; even if you possessed all the things in this world, they could not fill it. So it becomes clear that only in the world to come can man's heart be overwhelmed.[107] Because the Lord of Heaven is supremely wise and merciful, man can find nothing faulty in any of His works. He created everything in accordance with its nature. He wanted that the life of animals be limited to this world, so that the desires He bestowed on them would not go beyond corruptible things; when they try to be satiated and succeed, they are satisfied. But He wants that the human race live for ten thousand generations; hence the desires He has bestowed on it are not merely centered on the ephemeral realities of this world. For this reason man is not simply content to eat his fill, but looks for something which he cannot obtain here.

　　其三曰：天下萬物，惟人心廣大，窮本世之事物，弗克充滿，則其所以充滿之者在後世，可曉矣。蓋天主至智至仁，凡厥所為，人不能更有非議。彼各依其世[108]態，以生其物之態。故欲使禽獸止於今世，則所付之願，不越此一世墜落事，求飽而飽則已耳。欲使人類生乎千萬世，則所賦之願，不徒在一世須臾之欲，於是不圖止求一飽，而求之必莫得者焉。

Terzo. Dei diecimila esseri sotto il cielo il cuore dell'uomo è il più grande; anche se si possedessero tutte le cose di questo mondo, non si potrebbe riempirlo. Perciò si capisce chiaramente che solo nel mondo venturo il cuore dell'uomo potrà essere colmato.[109] Poiché il Signore del Cielo è sommamente sapiente e misericordioso, l'uomo non può trovare nulla da criticare in nessuna delle Sue opere. Egli ha creato ogni cosa in conformità con la natura di essa. Ha

---

106 Cf. *1Cor* 15,19.
107 See Augustine of Hippo, *Confessions*, I, 1.
108 世，FJ 本作「勢」。
109 Cf. Agostino d'Ippona, *Confessiones*, I, 1.

voluto che la vita degli animali fosse limitata a questo mondo, cosicché i desideri di cui li ha dotati non oltrepassino le cose corruttibili; quando cercano di saziarsi e ci riescono, sono soddisfatti. Ma Egli vuole che il genere umano viva per diecimila generazioni; quindi i desideri di cui lo ha dotato non sono incentrati soltanto sulle realtà effimere di questo mondo. Per questo motivo l'uomo non si accontenta semplicemente di mangiare a sazietà, ma cerca qualcosa che qui non può ottenere.

## 158.

Try to observe the businesspeople: although their chests are filled with gold and precious stones, and they are the richest of all in the country, their hearts are still unsatisfied.[110] Another example: mandarins, going beyond their social class of birth, obtain the empty fame of this world, and taking advantage of every opportunity which presents itself crown themselves with the glory of ever higher ranks. No matter whether they become senior officers at court and are assigned to the emperor's escort, their heart is still unsatisfied. And even if they come to possess all things within the four seas, ruling the people as sovereigns and handing down benefits to their offspring, they still do not see the bottom of their insatiable desire.

試觀商賈殖貨之人，雖金玉盈箱，富甲州縣，心無慊足。又如仕者，躡身世之浮名，趨明時之捷徑，惟圖軒冕華袞為榮。即至於垂紳朝陛[111]，晉職臺階，心猶未滿。甚且極之，奄有四海，臨長百姓，福貽子孫，其心亦無底極。

Provi ad osservare gli uomini d'affari: malgrado abbiano i forzieri pieni d'oro e di pietre preziose, e siano più ricchi di tutti nel paese, il loro cuore è ancora insoddisfatto.[112] Un altro esempio: i mandarini, oltrepassando la propria classe sociale di nascita, ottengono la vuota fama di questo mondo, e approfittando di ogni opportunità che loro si presenta si cingono della gloria di

---

110 See *Mk* 8:36.

111 垂紳朝陛：對皇帝的恭敬肅立貌。《禮記‧玉藻》：「凡侍立於君，垂紳」。孔穎達疏「紳，大帶也。身直則帶倚，磬倚則帶垂。」

112 Cf. *Mc* 8,36.

ranghi sempre più alti. Ma se anche divengono alti ufficiali a corte e sono assegnati al seguito imperiale, il loro cuore è ancora insoddisfatto. E se persino arrivano a possedere tutte le cose racchiuse tra i quattro mari, governando i popoli come sovrani e tramandando i benefici alla propria discendenza, non si vede ancora il fondo del loro insaziabile desiderio.

## 159.

This should not surprise us, because the desires bestowed on man by the Lord of Heaven are naturally oriented to an immeasurable life and an infinite joy. How can the petty joys of this world ever satisfy man's heart ? The tininess of a mosquito will never satisfy a dragon or an elephant; the small size of a grain of food will never fill a barn. A saint of the ancient West understood this truth; looking up to heaven he sighed and said: "Supreme Ruler and Father of all people, you have made us for yourself, and only you can satisfy our hearts. If man does not rest in you, his heart will never find peace and be calm."[113]

此不足怪，皆緣天主所稟情慾，原乃無疆之壽、無限之樂，豈可以今世幾微之樂，姑為饜足者？一蚊之小，不可飽龍象；一粒之微，弗克寔太倉。西土古聖曾悟此理，瞻天歎曰：「上帝[114]公父，爾寔生吾人輩於爾，惟爾能滿吾心也。人不歸爾，其心不能安足也。」[115]

Ciò non dovrebbe meravigliarci, perché i desideri donati all'uomo dal Signore del Cielo sono naturalmente orientati a una vita incommensurabile e a una gioia infinita. Come possono le insignificanti gioie di questo mondo soddisfare pienamente il cuore dell'uomo ? La piccolezza di una zanzara non potrà mai saziare un drago o un elefante; l'esiguità di un granello di cibo non potrà mai riempire un granaio. Un santo dell'antico Occidente comprese questa verità; guardando verso il cielo sospirò e disse: "Sovrano Supremo e Padre di tutti gli uomini, tu ci hai creati per te, e solo tu puoi soddisfare il nostro cuore.

---

113 See Augustine of Hippo, *Confessions*, I, 1.

114 上帝，FJ 本作「上主」。

115 參見奧古斯丁《懺悔錄》第一卷第一章：「你創造我們是為了你，我們的心如不安息在你的懷中，便不會安寧」（Fecisti nos ad te et inquietum est cor nostrum, donec requiescat in te）。這一論證表達了心靈無限的追求和世界的有限性。

Se l'uomo non riposa in te, il suo cuore non potrà mai trovare pace ed essere quieto"[116]

## 160.

Fourth. All people are by nature afraid of the dead. Nobody approaches serenely to the body of a deceased person, despite being a relative or friend, whereas no one is afraid of a dead wild animal. Man can understand things intuitively, because of the intelligence of his nature: he realizes that the soul continues to live after death, and of course he fears it. On the contrary, the souls of animals are totally destroyed, so that there is nothing to fear.

其四曰：人性皆懼死者，雖親戚友朋，既死則莫肯安意近其屍。然爾猛獸之死，弗懼者。則人性之靈，自有良覺，自覺人死之後，尚有魂在，可懼；而獸魂全散，無所留以驚我也。[117]

Quarto. Tutti gli uomini hanno per natura timore dei defunti. Nessuno si accosta con serenità alla salma di un defunto, malgrado sia un parente o un amico, mentre nessuno ha paura di un animale feroce morto. L'uomo può comprendere le cose intuitivamente, grazie all'intelligenza della propria natura: egli intuisce che l'anima continua a vivere dopo la morte, e naturalmente la teme. Le anime degli animali, invece, sono totalmente distrutte, cosicché non c'è nulla da temere.

## 161.

The recompense given by the Lord of Heaven is impartial: the good are certainly rewarded, the wicked are certainly punished. However, in the present world there are people who do evil while enjoying wealth and comfort, and people who do good while living in poverty and suffering. No doubt the Lord of Heaven waits until the death of people, and then rewards good souls and punishes evil souls.[118] If the soul were destroyed with the death of the person,

---

116 Agostino d'Ippona, *Confessiones*, I, 1.
117 注意，這裡「人性」指「情」，因為「懼」是七情之一。這個論證不是哲學式的。
118 See *Mt* 25:31-32.

how could the Lord of Heaven reward or punish him ?

其五曰：天主報應無私，善者必賞，惡者必罰。如今世之人，亦有為惡者富貴安樂，為善者貧賤苦難。天主固待其既死，然後取其善魂而賞之，取其惡魂而罰之。若魂因[119]身終而滅，天主安得而賞罰之哉？[120]

Quinto. La retribuzione assegnata dal Signore del Cielo è imparziale: il buono è certamente premiato, il cattivo è certamente punito. Tuttavia, nel mondo attuale ci sono persone che agiscono male pur godendo di ricchezze e di comodità, e persone che agiscono bene pur vivendo nella povertà e nella sofferenza. Senza dubbio il Signore del Cielo attende fino alla morte degli uomini, per poi premiare le anime buone e punire le cattive.[121] Se l'anima venisse distrutta con la morte dell'uomo, come potrebbe il Signore del Cielo premiarlo o punirlo ?

## 162.

*The Chinese Scholar says*: On earth a noble man differs from a petty man, and such a distinction should be maintained even after death. It does not matter whether in life or in death, the above distinction certainly depends on the soul. Thus, Confucian scholars say that a good man cause the Way to live in his own heart, which consequently does not die with the body; an evil man with his sins destroys his own heart, which consequently dies with the body. This encourages people to do good.

中士曰：君子平生異於小人，則身後亦宜異於小人。死生同也，則所以異者必在於魂也。故儒有一種言：善者能以道存聚本心，是以身死而心不散滅；惡者以罪敗壞本心，是以身死而心之散滅隨焉。此亦可誘人於善

---

119 因，FJ 本作「同」。

120 參見《瑪竇福音》二五 31～32：「當人子在自己的光榮中，與眾天使一同降來時，那時，祂要坐在光榮的寶座上，一切的民族，都要聚在祂面前；祂要把他們彼此分開，如同牧人分開綿羊和山羊一樣。」亦參見《天主實錄》：「且天主報應無私，善者必賞，惡者必罰。假如今世之人，亦有為惡者而富貴，為善者而貧賤，天主必待其人既死之時，然後取其善者之魂，而升之天堂受福；審其惡者之魂，而置之地獄受苦。若魂隨身而滅，天主安得而賞罰之哉？」（第42～43 頁）

121 Cf. *Mt* 25,31-32.

焉。[122]

*Il Letterato Cinese dice*: Sulla terra un uomo nobile si distingue da un uomo meschino, e tale distinzione dovrebbe mantenersi anche dopo la morte. Non ha importanza se in vita o in morte, la suddetta distinzione certamente dipende dall'anima dell'uomo. Così, i letterati confuciani dicono che un uomo buono fa vivere la Via nel proprio cuore, che quindi non muore insieme al corpo; un uomo cattivo distrugge con i peccati il proprio cuore, che quindi muore insieme al corpo. Ciò incoraggia le persone ad agire bene.

## 163.

*The Western Scholar replies*: The soul of man, whether it is good or evil, is not destroyed by death. The people of the ten thousand nations believe this teaching, it is also written in the Scripture of the Lord of Heaven;[123] I have already provided some important reasons to prove that. The above distinction between good and evil is not to be found in Scripture, and is not based on reason; I would not be so bold as to create a new doctrine concerning an event of such importance, and I would not be so reckless as to deceive people. In order to encourage mankind to do good and avoid evil there is the right way of reward and punishment; how could one abandon it in favour of other sophistries ?

西士曰：人之靈魂，不拘善惡，皆不隨身後而滅。萬國之士信之，天主正經載之，余以數端寔理證之矣。此分善惡之殊，則不載於經，不據於理，未敢以世之重事，輕為新說，而簧鼓滋惑也。勸善沮惡，有賞罰之正道，奚捐此而求他詭遇[124]？

*Il Letterato Occidentale replica*: L'anima dell'uomo, sia egli buono o cattivo, non viene distrutta dalla morte. Gli uomini delle diecimila nazioni lo

---

122 在《論衡》中，王充（27～97）批評人民相信鬼神，並且認為，人死之後，精氣分散了，魂升上天。因此，死者失去了任何理解和認識能力。在《神滅論》，范縝（450～510）反對佛教，並闡明，隨著死亡，心完全滅了。這裡，中士說明心不滅，並不能代表主流儒家思想。

123 See *Lk* 16:19.

124 詭遇，見《孟子・滕文公下》：「吾為之範我馳騁，終日不獲一；為之詭遇，一朝而獲十。」謂違背禮法，驅車獲禽獸。在此指不正當手段。與中士不同，利瑪竇認為，壞人的心也不滅，因為它必須受永恆的懲罰。

credono, è scritto anche nella Scrittura del Signore del Cielo;[125] Le ho già fornito alcune importanti ragioni per provarlo. La distinzione suddetta tra bene e male non si trova nella Scrittura, e non è basata sulla ragione; non vorrei essere così audace da creare una nuova dottrina riguardante un evento di tale importanza, ed essere così sconsiderato da ingannare le persone. Per esortare gli uomini ad agire bene e ad evitare il male, c'è la via retta dei premi e delle punizioni; come si potrebbe abbandonarla in favore di altre sofisticherie ?

## 164.

The human soul is not sand or water, which can be accumulated or dispersed: the soul is spirit, master of the body and cause of the movements of the four limbs.[126] If the spirit disappears, it is plausible that the body will decompose; but if the body decomposes, how can the spirit disappear ? If evil deeds could destroy the mind and heart, villains could not live long. But some people persist in wrongdoing from youth to old age; how is it possible that they, with their mind and heart destroyed, are still able to live ? The heart in the body is more important than blood: if the blood flows away the body does not stand up, but if the heart is dissolved how can the body still move ? The heart is stronger than the body; if the body which is full of sins is not dissolved by them, how can the heart be dissolved ? If the mind and heart are already dead when the man is alive, why is their destruction deferred until the time of death ?

　　人魂匪沙匪水可以聚散，魂乃神也，一身之主，四肢之動宗焉。以神散身，猶之可也；以身散神，如之何可哉？使惡行能散本心，則是小人必不壽矣。然有自少至老，為惡不止，何以散其心猶能生耶？心之於身重乎血，血既散，身且不能立，則心既散，身又焉能行？[127]況心堅乎身，積惡於己，不能散身，何獨能散其心乎？若生時心已散，何待死後乎？

　　L'anima umana non è sabbia o acqua, che possono essere accumulate o disperse: l'anima è spirito, padrona del corpo e causa dei movimenti dei quattro

---

125 Cf. *Lc* 16,19.

126 See *STh*, I, 75, 1.

127 利瑪竇把血液看作物質，不過，中國文化把它看作精氣的居所，跟心有密切關係。參王充《論衡》。

arti.[128] Se lo spirito scompare, è plausibile che il corpo si decomponga; ma se il corpo si decompone, com'è possibile che scompaia lo spirito ? Qualora le opere malvagie potessero distruggere la mente e il cuore, i cattivi non potrebbero vivere a lungo. Ma alcune persone persistono nell'agire male dalla giovinezza fino alla vecchiaia; come mai, con la mente e il cuore distrutti, possono ancora vivere ? Il cuore nel corpo è più importante del sangue: se il sangue fluisce via il corpo non si regge in piedi, ma se il cuore scompare, come può il corpo muoversi ancora ? Il cuore è più forte del corpo; se il corpo pieno di peccati non viene dissolto da essi, come può dissolversi il cuore ? Se la mente e il cuore sono già morti quando l'uomo è in vita, perché la loro distruzione è differita fino al momento del decesso ?

## 165.

The Creator does not change the nature of creatures because of the good or evil they do. For example: the nature of animals is not destined for eternal life, but though they sometimes do good, that does not mean their fate is changed; the nature of demons is immortal, but though they always do evil, not for that are they annihilated. So, how can the mind and heart of the wicked be destroyed by the evil they have committed ? A punishment that annihilates all the souls of the wicked cannot be considered just, therefore it cannot come from the Lord of Heaven. Since sins are different, how can they all be punished with a single annihilation ? Also, people who have been destroyed have ceased to exist, they can suffer no longer, nor be weary, nor be punished, and so they escape punishment; such a view would encourage people not to fear wrongdoing, and bring evil-doers not to fear their increasing evil.

　　造物者因其善否，不易其性。如鳥獸之性，非常生之性，則雖其間有善，未緣俾鳥獸常生。魔鬼之性，乃常生之性，縱其為惡，未緣俾魔鬼殄滅。則惡人之心，豈能因其惡而散滅焉？使惡人之魂，縶受滅亡之刑，則其刑亦未公，固非天主所出。蓋重罪有等，豈宜一切罰以滅亡哉？況被滅者，既歸於無，則亦必無患難、無苦辛、無所受刑，而其罪反脫。則是引

---

128 Cf. *STh*, I, 75, 1.

導世人以無懼為惡，引導為惡者以無懼增其惡也。

Il Creatore non cambia la natura delle creature a causa del bene o del male che esse compiono. Ad esempio, la natura degli animali non è destinata alla vita eterna, e malgrado talvolta si trovi il bene anche in essi, non per questo il loro destino viene mutato; la natura dei demòni è immortale, e malgrado essi agiscano male, non per questo vengono annientati. Allora, come possono la mente e il cuore dei cattivi essere distrutti per il male che hanno commesso ? Una punizione che annienti tutte le anime dei cattivi non può essere considerata giusta, quindi non può venire dal Signore del Cielo. Dal momento che i peccati sono diversi, come possono essere tutti puniti con un unico annientamento ? Inoltre, le persone distrutte cessano di esistere, non possono più soffrire, né affannarsi, né essere punite, e dunque scampano alle punizioni; una simile visione incoraggerebbe gli uomini a non temere di agire male, e porterebbe i cattivi a non temere di accrescere il male.

## 166.

The destruction, or death, of the mind and heart in the words of saints and sapients is only a simile. For example, being preoccupied with many external things and failing to concentrate may be indicated by the phrase "to have a scattered brain," and being involved in things which fall outside the disposition of one's nature may be expressed by the idiom "to have a broken heart;" but such ways of speaking do not mean that the mind and heart are really destroyed or dead. Virtue hidden in the heart of the good is like an adornment of beauty; sin hidden in the heart of the wicked is like the ugliness of dirt. Our nature is composed of both body and spirit; they have not been assembled by us, but the Lord of Heaven has bestowed them on us in order to constitute ourselves as persons. Thus, the destruction of the body and spirit does not depend on us, but only on the Lord of Heaven. If the Lord of Heaven commands that a body be destroyed in a certain year, in that year it will be so, and we could not make it exist forever. Since He commands that the soul be immortal, how could we destroy it ?

聖賢所謂心散心亡，乃是譬詞。[129]如吾汎濫逐於外事，而不專一，即謂心散；如吾所務不在本性內事，而在外逸，即謂心亡。非必真散真亡也。善者[130]藏心以德，似美飾之；惡者藏心以罪，似醜污之。此本性之體，兼身與神，非我結聚，乃天主賦之，以使我為人。其散亡之機，亦非由我，常由天主。天主命其身期年而散，則期年以散，而吾不能永久；命其靈魂常生不滅，而吾焉能滅之耶？

La distruzione, ovvero la morte, della mente e del cuore, nei detti dei santi e dei sapienti, è solo una similitudine. Ad esempio, l'essere in affanno per molte cose esteriori e non riuscire a concentrarsi si può indicare con la frase "avere la mente in pezzi", e l'essere impegnati in cose che non rientrano nelle disposizioni della propria natura si può esprimere dicendo di "avere il cuore a brandelli"; ma con tali locuzioni non si vuol dire che la mente e il cuore siano veramente distrutti o morti. La virtù nascosta nel cuore dei buoni è come ornamento di bellezza; i peccati nascosti nel cuore dei cattivi sono come bruttura di sporcizia. La nostra natura è composta sia dal corpo sia dallo spirito; non siamo stati noi a unirli, ma il Signore del Cielo ce li ha donati per costituirci come persone. Così la distruzione del corpo e dello spirito non dipende da noi, ma soltanto dal Signore del Cielo. Se il Signore del Cielo ordina che un corpo sia distrutto in un certo anno, in quell'anno così avverrà, e noi non potremmo farlo esistere per sempre. Dal momento che Egli ordina che l'anima sia immortale, come potremmo distruggerla ?

## 167.

Everything depends on how we use it: those who use it well, attain peace and health; those who use it badly, already live in mortal danger. To be equipped with our nature is like being in possession of gold: we can use it to forge a chalice for sacred use, or to make a container for storing waste; it all depends on us. However, does the plate used for depositing dirt perhaps cease to be gold ? If man adds light to his heart, after his death he will ascend to the great light of

---

129 比如，朱熹《論語章句》：「游氏曰『人而不仁，則人心亡矣，其如禮樂何哉？』」
130 者，FJ 本作「也」。

Heaven; if man adds darkness to his heart, after his death he will descend to the great darkness of Hell. Who can oppose this great truth?

顧我所用何如：善用之，則安泰；惧用之，則險危云耳。吾稟本性，如得兼金[131]，吾或以之造祭神之爵，或以之造藏穢之盤，皆我自為之。然其藏穢盤，獨非兼金乎？增光於心，則卒騰天上之大光；增暝於心，則卒降地下之大暝。誰能排此理之大端哉？

Ogni cosa dipende da come la usiamo: chi la usa bene, ottiene pace e salute; chi la usa male, già vive in pericolo mortale. Essere dotati della nostra natura è come possedere oro: possiamo usarlo per forgiare un calice destinato all'uso sacro, o possiamo farne un contenitore per depositare i rifiuti; tutto dipende da noi. Ma il piatto usato per metterci la sporcizia cessa forse di essere d'oro? Se l'uomo aumenta la luce nel suo cuore, dopo la morte ascenderà alla grande luce del paradiso; se l'uomo aumenta l'oscurità nel suo cuore, dopo la morte discenderà nella grande oscurità dell'inferno. Chi può opporsi a questa grande verità?

## 168.

*The Chinese Scholar says*: Well! I have only now realized that there are quite a few things in which man differs from animals.[132] The doctrine on the immortality of the soul is just and very clear.

中士曰：吁！今吾方知，人所異於禽獸者，非幾希也。[133]靈魂不滅之理，甚正也，甚明也。

*Il Letterato Cinese dice*: Bene! Solo ora ho capito che non sono poche le cose in cui l'uomo differisce dagli animali.[134] La dottrina riguardante l'immortalità dell'anima è giusta e molto chiara.

## 169.

*The Western Scholar replies*: Those who believe that their own behaviours

---

131 兼金，見《孟子‧公孫丑下》：「前日於齊，王餽兼金一百而不受。」趙岐注：「兼金，好金也，其價兼倍於常者。」

132 See *Mencius*, IV, II, XIX, 1.

133 見《孟子‧離婁上》：「人之異於禽獸者幾希，庶民去之，君子存之。」

134 Cf. *Mencio*, IV, II, XIX, 1.

are similar to animal behaviours, and refuse to pay attention to the differences between the two kinds of nature, are stubborn and obtuse. How can a refined scholar, endowed with noble ambitions, want to belong to the same realm as animals ? You, my good friend, have complied with the supreme goodness, and your words will certainly be different. Since the nature of man and that of animals differ greatly, their behaviour must be dissimilar.

西士曰：期己行於禽獸，不聞二性之殊者，頑也。高士志浮人品之上，詎願等己乎鄙類者哉？賢友得契尊旨，言必躍如[135]。然性遐異矣，行宜勿邇焉。[136]

*Il Letterato Occidentale replica*: Chi ritiene che i propri comportamenti siano simili a quelli degli animali, e rifiuta di prestare attenzione alle differenze esistenti tra le due nature, è ostinato e ottuso. Come può un letterato raffinato, dotato di nobili ambizioni, voler appartenere allo stesso genere degli animali ? Lei, mio caro amico, si è conformato alla bontà suprema, e le Sue parole saranno certamente diverse. Poiché la natura degli uomini e quella degli animali differiscono grandemente, i loro comportamenti dovranno essere dissimili.

---

135 躍如，見《孟子·盡心上》：「君子引而不發，躍如也。中道而立，能者從之。」朱熹注：「躍如，如踊躍而出也。」

136 這一句好像用來下啟討論倫理學的第六篇。如果是這樣，第四五篇可能是利瑪竇后來加入的。